新装版「こつ」の科学

調理の疑問に答える

杉田浩一 著

柴田書店

新装版刊行によせて

杉田浩一先生が、昭和四十年代に数年を費やしてまとめられた『「こつ」の科学』は、調理関連の専門職、教員はいうまでもなく、専門学校、大学の学生等にとっても、常に手元に置き調理の疑問を解決するための重要な参考書といえよう。初版発行からすでに三十年余。時間経過とともに見づらくなった写真・図版等を入れかえ、『新装版「こつ」の科学』として出版したい、と柴田書店の編集者から相談があり、この度ご協力することとなった。

柴田書店より『世界食材事典』の訳書が出版される際、杉田先生から「一緒に事典をつくりませんか」とのお誘いをうけたのが、一九九九年。杉田先生は調理科学の大御所でご高名であったから、突然のお電話に恐縮した。原著を拝見し、美しい写真、挿絵、食品・調理学的視点からの内容の豊かさに魅了されて力足らずも顧みず、先生とご一緒できるというれしさもあって即座に承諾。共同翻訳者の人選もまかせていただき、本づくりがスタートした。訳者の、個性的で直訳調の難解な訳文は、先生の巧みな文章力で美しくわかりやすい日本語となり、着々と一冊の本にまとまっていった。約半年後、『世界食材事典』は、当初から思っていた通り立派に完成した。先生は、その後しばらくして肝臓を悪くされ、間もなく他界された。『世界食材事典』の完成間近には、柴田書店の一室で杉田先生、三ツ木編集長等とともに監修の仕事に没頭した日々が楽しく、そしてまたなんとも寂しく懐かしい思い出となってしまった。

今回改めて『「こつ」の科学』を熟読した。先生の調理科学への情熱、多様な問題を一冊にまとめられた綿密な研究心、そのご苦労が行間からひしひしと伝わってくる。今回は、旧版のなかでも、時代とともに大きく変化した部分のみ、注釈を加えさせていただいた。先生のこのご著書が、座右の書としてより一層広い分野の方々にも活用されることを願っている。

杉田先生の代表的著書に、新装出版のお手伝いというかたちで関わる機会を与えてくださった柴田書店に心から御礼申し上げたい。

二〇〇六年九月

村山篤子

著者のことば

大きなマグロのかたまりはただの「食品」にすぎませんが、それを切ってつくったさしみは日本を代表する「料理」です。しかしマグロそのものにはなんの化学変化もおこったわけではありません。加熱も味つけもせず、もちろん栄養素の損失もなく、要するに切って形が変わっただけなのです。

ところが、この「切る」という仕事ひとつが、何年もの長い修業を経ないと一人前になれないむずかしい仕事なのです。さしみに限らず、調理の世界はこういう「こつ」のいる仕事に満ちています。

この本は調理にあらわれるいろいろな「こつ」を、科学の目でながめるのを目的としています。すべての学問は、身近な現象に対して「なぜ?」と考えるところから出発しました。調理の学問もその例外ではありません。「なぜ?」を知っても調理のウデが急に上がることはないかもしれません。ところが逆に、ウデをもつ人が「なぜ?」を考えることは、調理という仕事の進歩と向上に、はかり知れない大きな力になると思います。

この本の内容は昭和四十三年から四十四年まで二年にわたって「月刊専門料理」に連載した記事を出発点にしていま

す。しかしそれは二年分合わせても全体の約五分の一にしかなりません。あとは現場のベテランの調理師の方々から出された問題や、私が勤務先の大学で講義していることのなかから問題をひろいあげ、これを調理操作別に分類して、私なりの解説を試みました。多くの文献から貴重な成果を引用させていただき、私自身にとってもたいへん勉強になったと思います。

この本が数年を費やしてようやくできあがったのは、決して私一人の力ではありません。たくさんの問題を提供された調理師の方々、写真の撮影にご助力いただいた土井勝料理学校の皆様、写真を提供して下さった井上幸作氏など、また資料の蒐集、整理から実験の進行まで長い間苦労をともにされた昭和女子大学・助教授の比護和子氏をはじめ研究室の諸氏、さらに終始おせわをおかけした柴田書店の皆様、とりわけいつも私を励ましてくださった井上恵子さん、矢部須賀子さんのお二人、以上おおぜいの方々に心からお礼を申し上げたいと思います。

杉田浩一

一九七一年三月

目次

1 洗う

2 ひたす

3 切る

4 する・おろす

5 こねる・混ぜる

6 冷やす

7 焼く

8 炒める

9 揚げる

◎油の劣化と変敗……145

10 蒸す

11 ゆでる

12 煮る

13 たく

14 電子レンジでの調理

15 味つけ

16 保存・加工

17 食品の組み合わせ

◆調理協力　岩森大（新潟医療福祉大学講師）、新潟医療福祉大学医療技術学部健康栄養学科調理・食品研究グループ
◆装丁・レイアウト　石山智博
◆撮影　海老原俊之（新規撮影分）・川島英嗣・越田悟全・曽根のぼる・高島不二男・高瀬信夫・髙橋栄一・長瀬ゆかり・早川哲・吉澤善太・渡辺伸雄
◆新装版編集　井上美希

1 洗う

よごれと水量

食品のよごれをおとすとき、水の量を増やすより回数を増やしたほうがよいのはなぜでしょう

洗うという仕事は、すべての調理の出発点として欠かせない重要な仕事ですがその割には軽くみられがちです。しかし、加熱をしない料理はあっても、洗いの全くない料理はまずありません。食品を洗うのは、ただ「安全」だけではなく、色や味をよくして、おいしく食べるためにも必要なことなのです。

いま一、〇〇〇個の細菌のついた食品があったとして、これを水中で洗い、水を全部捨てたとき、一〇パーセントに当たる一〇〇個が残ったとします。ところが同じ量の水を三等分して三回に分けて洗うと、もし前より洗いの能率が悪く、三〇パーセントの細菌が残ったと仮定しても、一回目には三〇〇個、二回目にはその三〇パーセントの九〇個、三回目の水では、さらに二七個に減ることになります。よごれによっては三〇パーセントも残ることはありませんから、この差はもっと大きくなるわけで、同量の水を一回に使うより、小分けにして回数を多くしたほうが、いかにきれいになるかわかります。その意味では流水を直接かけるのが最も好ましいのですが、材料に相当強い圧力がかかるので、カキなどは必ず静水中で洗うようにします。

ただし同じ流水でも、おけに水道の水を出しっぱなしにしてそのなかで洗う方式では、よごれた水がいつまでも残り、完全に新しい水と入れかわるのに二〇~三〇分はかかってしまいます。必ず水をこぼしてから新しい水を注ぐようにします。

1,000個の細菌の残留量

1回にまとめて洗う（10パーセント残留）	$1{,}000\times\frac{1}{10}=100$（個）
3回に分けて洗う（30パーセント残留）	$1{,}000\times\frac{3}{10}\times\frac{3}{10}\times\frac{3}{10}=27$（個）

卵は洗わないほうがよい

卵の殻を水で洗ったり、ごしごしこすると、卵が腐りやすいといわれますが、どうしてでしょう

卵は殻を食べるわけではないので、割るときに気をつければいちいち洗う必要はありません。しかし、ゆで卵のように、殻ごと食卓に出すこともあるので、よごれがついていると洗いたくなるものです。

卵の殻には気孔という孔があって、生きている卵はその孔を通して呼吸をしていますが、その殻はさらにクチクラ層という薄い膜でおおわれています。この膜は、殻を通して微生物がはいりこんでくるのを防ぐ役割をもっています（図参照）。

ところが、水で洗ったり、ごしごし殻の表面をこすりますと、殻の表面についていたよごれといっしょに、このクチクラ層まで洗いおとされてしまうのです。この膜は呼吸作用の調節をしており、気孔がむき出しになると水分や二酸化炭素が外部に抜け出し、卵の内部のバランスがくずれ、卵が死んだ状態になります。しかも、気孔を通して卵のなかまで微生物が侵入し、卵が腐りやすくなるのです。もし洗ったらすぐに使うようにしましょう。

このごろは出荷のさい洗卵が行なわれていますが、ほんとうはできるだけさけたほうがよく、どうしても必要なら使う直前に洗うようにしたいものです。

卵の内部構造図

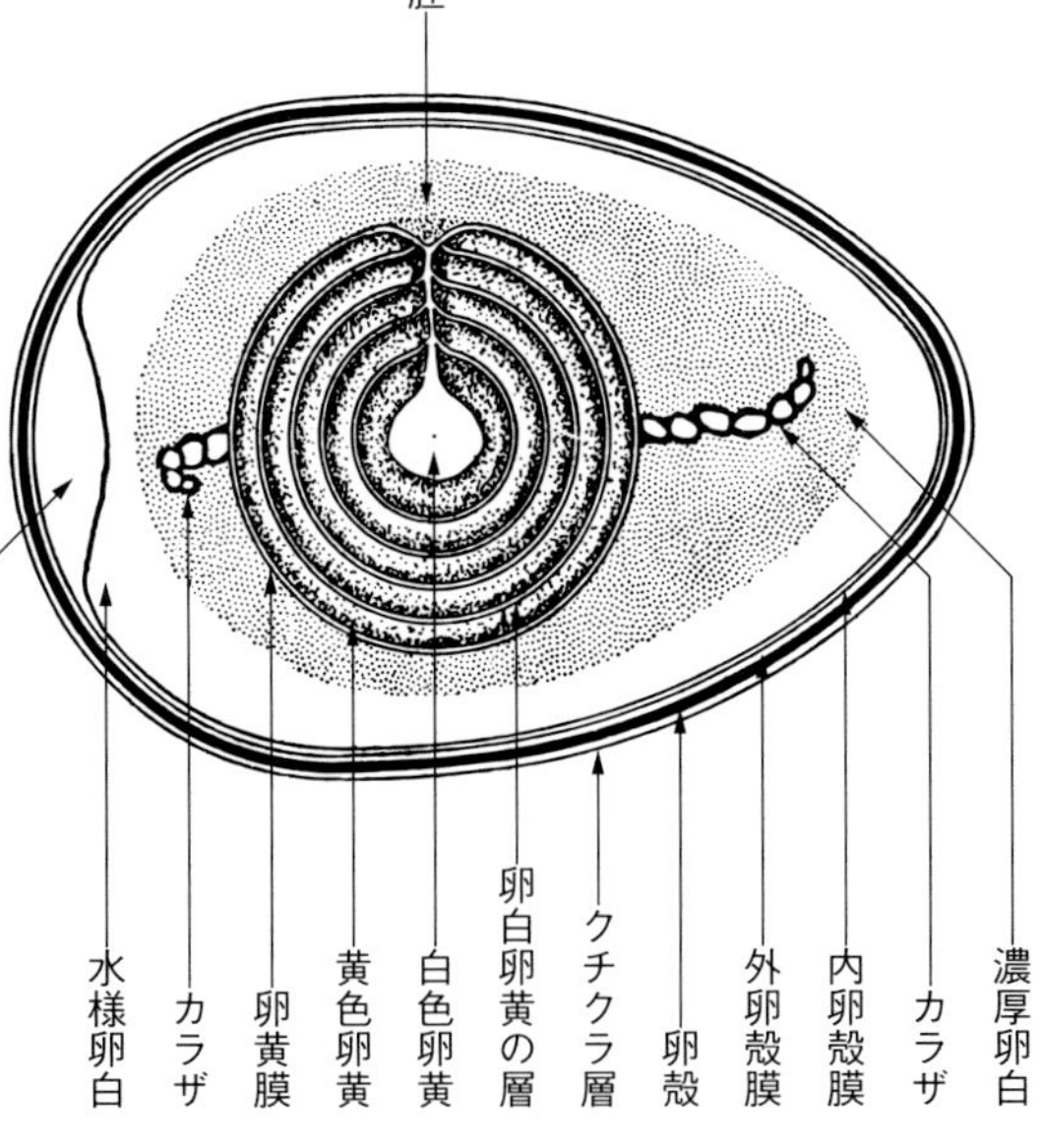

肉・魚の切り身は洗わない

肉や魚の切り身を洗うと味がおちるのはなぜでしょう

洗うという操作は、材料の表面についているよごれや微生物などを取り去るのが主目的です、このためには材料の表面にひだが少ないこと、表面がかたく水が浸透しにくいこと、よごれが水にとけやすく、しかも食品と強く結びついていないことなどの条件が必要です。

しかし、食品は洗うためにあるわけではありません。したがってこれらの条件に完全にあてはまる食品はめったになく、それぞれの性質に応じた洗い方のくふうがたいせつなわけです。

切った肉や魚は、前の条件とすべてが反対で、表面がやわらかく無数の凹凸があり、よごれや細菌がつくとこすって洗うわけにいかず、水で洗うとせっかくのうま味もとけ出してしまいます。そこで肉は加熱により微生物を殺し、なまで食べる魚は切り身にする前によく洗い、包丁からまな板まできれいにしておくようにします。

野菜と果実の洗い方

野菜は切ってから洗いますが、くだものは必ず切る前に洗うのはなぜでしょう

野菜とくだものは、ビタミンやミネラルなど栄養的には役目が似かよっていますが、味の面では全く性質がちがい、野菜はほかの材料といっしょに煮たり焼いたりすることが多いのです。これは野菜にくだもののような強い甘味や酸味がないうえ、香りのほうもくだものとちがって、肉や魚と組み合わせて調味料で味つけしたとき、はじめて生かされてくるような性質のものが多いからです。これに対してくだものは、単独で食べてこそはじめて味、香り、色などが生かされてくるような性質をもっており、デザートや間食に向いています（八一ページ）。

一方、多くの野菜にはくだものにない「アク」という成分があり、これが調理の上では、じゃまになるのです。アクの本体はホモゲンチジン酸とかシュウ酸などのえぐ味、タンニンの渋味、一部の無機質の苦味など、いろいろな成分の集合体ですが、多くはいずれも水にさらすと

とけて出てくる性質をもっています。

　野菜を切ってから洗うのは、よごれをおとすことよりも、このアクを少しでも取り除くのがおもな目的です。ゴボウ、レンコン、ジャガイモ、サトイモなどの根菜類や、ホウレンソウなどの葉菜類、タケノコ、ワラビ、ゼンマイのような野生に近い植物などは、いずれもアクが強く、切ってから水に浸漬してアクぬきをしますが、このとき流水中で洗うことによって、アクぬきの効果をさらに高めることができるわけです。これらの野菜はいずれも加熱して食べるものですから、切ってから洗ったといっても、過度でないかぎり決して味をそこなうことはありません。

　一方、くだものは、切ったあと褐変がおこりやすいこと、切り口から香りが逃げること、加熱をせずにそのまま食べることなどの理由から、なるべく元のままの形を保っていることが望ましいので、切ってから洗うことはさけ、丸のまま洗うのです。

　ただ、野菜を切ってから洗うといっても、泥やよごれはなるべく切る前に洗いおとしておくのが原則であることはいうまでもありません。

魚・貝の洗浄と塩水

魚や貝類を洗うとき、塩を使うのはなぜでしょう

　魚や貝類を洗うのは、おもに表面の「ぬめり」を取り除くのが目的です。魚体の表面は一種の粘膜で、このぬめりは、もともと魚体や貝の表面を保護するために存在しているのです。

　ぬめりは化学的には糖類と蛋白質の結合した「粘質物」とよばれるものですが、細菌やいろいろなよごれはすべてこの粘質物の層に付着しています。またなまぐさみのもとになるトリメチルアミンなどのような物質も、この部分に多量に吸着されています。

　ぬめりは水には案外強く、簡単に水洗いしたぐらいではおちません。ところが、塩水にはとける性質がありますので、塩を使って洗うと、おちやすいのです。

　魚の場合は、海水程度の濃さ（二〜三パーセント）の食塩水で洗い、貝のむき身のようにやわらかいものは、ザルに入れて塩水のなかでゆすって洗うようにします。

貝のいろいろ

塩で洗うもうひとつの利点は、真水のなかで洗うより、魚や貝の体液の濃さにちかい食塩水のほうが、うま味が水中にとけ出すことを多少とも遅らせてくれることです。海水に住んでいる魚貝は、塩水の濃さとつり合うような体液をもっているので、真水で洗うと浸透圧（二一六ページ）の差が大きく、うま味のとけ出しがはやくなるおそれがあります。したがって、淡水魚の場合には食塩は必ずしも使う必要はありません。

レモンと食塩

レモンを塩で軽くもんでから洗うのはなぜでしょう

レモンに塩を軽くまぶしてもむと、皮のいちばん表面にある細胞の水分が食塩の浸透圧のため引き出されて（二一六ページ）、細胞膜は多少張りを失った状態になります。このあとレモンを水洗いすると、塩気はなくなり、細胞のなかにおさまっていた香りや色の成分は、前よりも外へ引き出されやすい状態になっています。

この変化はごくわずかなものですが、色や香りの成分は、もともとごく微量でその効果を発揮するものなので塩を使わない場合と比べて香りもよくなり、色も引き立ってくるものと考えられます。

キュウリを板ずりにするのも、目的はちがいますが同じ原理を利用したものです。キュウリに塩をまぶして板の上でもむと、皮に細かいきずがつき、やがて水分が引き出されてやわらかくなり、味がしみこみやすくなるうえ、緑色も安定するわけです（二三七ページ）。

洗剤の使いわけ

野菜やくだものは洗剤で洗っても、漬けものには洗剤を使わないのはどうしてでしょう

洗剤を使って洗う食品は、比較的限られていますが、かつては野菜やくだものがそのひとつでした。

寄生虫卵や農薬など、水だけではおちにくいよごれがついているもの、形が入り組んでいて、手でもブラシでも洗いにくいもの、洗剤が材料の内部まであまりしみこんでいかないものが、洗剤を用いて洗うことのできる食品です。

これらの条件に合っているのが野菜やくだものです。

野菜やくだものを洗剤で洗うと、回虫卵も細菌類も九〇パーセント以上九七、八パーセントまで洗い流され、農薬も数分間で許容限度以下に減ることが知られています。これが普通の水だけでは、回虫卵はせいぜい五〇～七〇パーセント、細菌類は約二五パーセントが洗いおとされる程度で、農薬も初めについていた量によっては許容限度以上残っていることもあります。

ただ近ごろの野菜やくだものは、栽培法が変わり、洗浄や包装もていねいになって、回虫卵、農薬の心配もあまりなく、洗剤を使う必要性も減ってきました。

くだものは皮のまま洗剤溶液にひたして、そのあと十分に水洗いすれば、ブドウなども、こすらずに洗えます

ホウレンソウ表面の洗剤の残留量

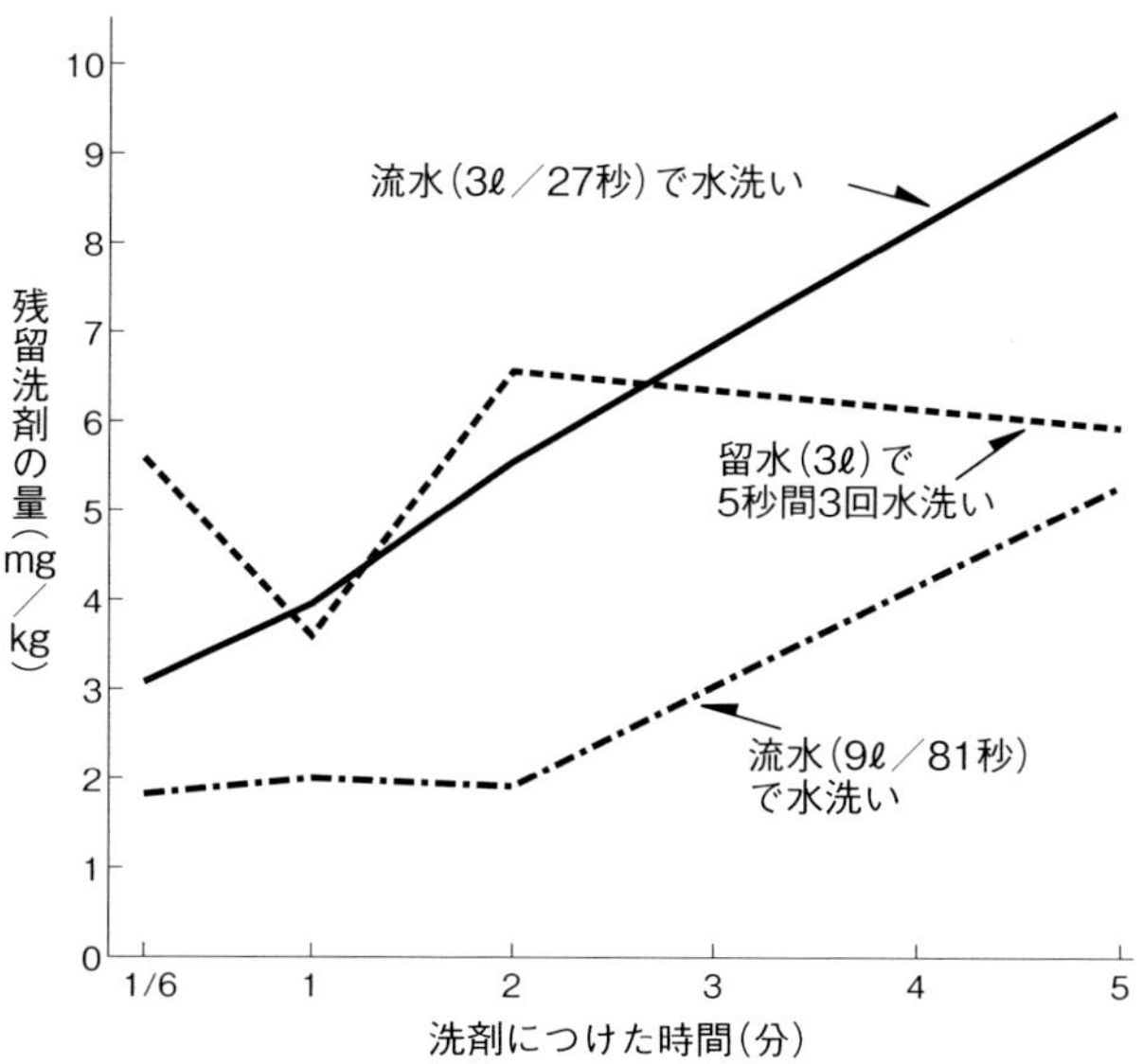

加藤澄江：現代ホーム百科事典第3巻、145(1966)より

し、イチゴのように皮がなく、組織のやわらかいものでも、普通の使い方をすれば無害ともいえます。

ところで、漬けものは野菜の本来の味に加えて、塩味や発酵によるうま味、風味などが一体となっておいしさをつくり出すものですから、取り出した後であまりよく洗うと、本来の持ち味が失われてしまいます。

漬けものはあらかじめ、よく洗った野菜を入れてあるはずなので、食べるときにはヌカ、そのほか漬け床の成分をさっと洗いおとすのを目的に、なるべく手ばやく洗うのが原則です。

なお、洗剤を使って野菜やくだものを洗ったときは、そのあとで十分水洗いすることが必要です。ホウレンソウを一〇秒間洗剤につけたものは、三リットルの流水で洗っても一キログラム中二・九ミリグラムの洗剤が、五分間つけたものは九・五ミリグラムの洗剤が残留しているといわれます(図参照)。野菜・果物の処理については、大量調理施設衛生管理マニュアル：最終改定平成二〇年六月一八日食安発第〇六一八〇〇五号（厚生労働省医薬食品局食品安全部）に示されています。

ゆでてから洗う青菜・サトイモ

青菜やサトイモをゆでたあと、冷水で洗うのはなぜでしょう

「洗う」という仕事は、ただ食物を清潔にし、「安全」をはかるだけではなく、ほかにもいろいろな目的があり、それぞれの目的に応じて、おのずから効果的な洗い方も決まってきます。

ゆでてから水洗いするという食品は、ほとんどの場合「安全性を高める」ことよりも、「色や味をよくし、おいしく食べられるようにする」のを目的に、洗浄を行なっています。こういう食品はたくさんあり、青菜もサトイモもそのうちのひとつですが、目的はそれぞれ少しずつちがっています。

青菜は主として緑の色を美しく保つのが目的で、長く加熱が続くと色があせてくる葉緑素（クロロフィル）の変化（一六六ページ）を、冷水で洗うことによってとめようとするものです。ゆでたあとそのままおくと余熱で色があせてきますので、この場合の水洗いは冷却による

色どめが主目的です。

一方、冷却と同時にアクぬきも行なわれ、風味がよくなります。青菜ばかりでなくフキやタケノコもゆでてから十分水にさらしますが、これはむしろアクぬきのほうが目的です。青菜をあまり長く洗っていると色や味はよくなっても、水にとけやすいビタミンCなどの損失が大きいので注意しなければなりません。

サトイモの皮をむいてゆでたあと水で洗うのは、粘りを取り除くのが目的です。サトイモには粘質多糖類という粘りのある物質が含まれ、いきなり煮ると煮汁が粘り、熱の伝導や調味料の浸透が妨げられます。これを、ゆでてから水である程度洗いおとすことにより、おいしくなります。

もし直接煮るときは、この粘質多糖類を除くため、前に述べた魚と同じように（五ページ）、塩でもんで洗うようにします。

このほか日本料理に使うエビは、あくまでも色と姿をきれいに仕上げるのが目的なので、なまではやわらかくぬるぬるして洗いにくい殻を、ゆでたあとていねいに水で洗います。

ゆで麺は冷水で

麺類をゆでたあと、冷水で十分洗うのはなぜでしょう

前の青菜やサトイモと同じように、麺類もゆでてから必ず水洗いします。しかし、その目的は青菜のような色、アクにあるのではなく、必要以上の糊化の進行が停止するための冷却を主目的としています。

麺類をゆでると表面の澱粉の糊化（五二ページ）がすすんで表面の粘着力が増すばかりでなく、汁のほうへとけ出して、濁りの原因になります。また、ゆであげても余熱が残っていると、芯のほうまで糊化がしだいにすすんで水を余分に吸いこみ、コシの弱い、いわゆる伸びた状態になってしまいます。

麺類をゆでるときは少し控えめにし、ゆでたらすぐにザルに取り上げて、冷水でよく洗います。これにより表面の澱粉の粘りを取り去ると同時に麺を冷やし、糊化の進行をとめることができますので、べとつかない、しっかりしたゆで麺になります。ただし、あまりいつまでも

洗っていると、逆に冷水を吸いこんでしまうので手ばやく洗い終わるように注意すべきです。

そうめんをゆでたときは冷水にさらして水をかえながら軽くもみ洗いします。これはそうめんをつくるとき細く伸ばしても切れないように油を混ぜてこねてあるためで、もみ洗いにより、余分な油気を取り去ることができます。もみ洗いしたものは小さく玉にしてザルにあげ、水気をきるようにします。

野菜・くだものの褐変

野菜や果実のなかに、切ったり皮をむいたりして、そのまま空気にさらしておくと、切り口がきたない褐色に変わってしまうものがたくさんあります。

これは野菜や果実に含まれるポリフェノール系物質とよばれる一群の物質が、空気中の酸素によって酸化され、それがさらに縮合という変化をおこして褐色の物質に変わるためといわれています。もっとも、ただ空気にさらしても酸化はすすみません。その酸化反応をすすめる酸化酵素（オキシダーゼ）が存在することが必要です。つまり、ポリフェノール系物質、酸素、酸化酵素の三拍子そろったときでないと褐変はすすまないのです。リンゴ、モモ、ゴボウ、レンコン、ナスなどはこれらがそろっていて褐変しやすく、ナシ、イチゴ、葉菜類、ニンジンなどはポリフェノール系物質や酵素が欠けていて褐変しません。

褐変の原因が以上の三つであるということは、裏を返せばこれらの作用のひとつでもとめてやれば褐変を防げるということです。そこで「水につける」、「食塩水につける」、「酸性の液につける」、「短時間加熱する」など、空気をしゃ断したり、酵素の作用を停止させる方法が行なわれるわけです。またアスコルビン酸（ビタミンC）のような強力な還元作用をもつ物質を加えて、酸化をとめるのも一方法で、ジュースやモモの缶詰などに応用されています。

2 ひたす

せん切り野菜の浸漬

せん切りした野菜を必ず一度水につけるのはなぜでしょう

キャベツのサラダ、さしみに添える「けん」など、何によらず、せん切りの野菜を生食するときには、普通切ったあとで水につけます。野菜は一般に九〇パーセント以上の水分を含んでいますが、切ってそのままおくと、特にせん切りでは切り口からこの水分が蒸発したり流れ出したりして、風味をそこなうと同時に、野菜特有の歯切れのよさが失われてしまいます。

野菜を水につけると、細胞内の液の濃度のほうが高いので、外の水が細胞のなかへはいりこんでいきますが、内部の物質は、すぐには外へ出ることができません（二六ページ）。このように外の水がなかへはいりこむ一方なので、その圧力（浸透圧）で細胞がふくらんで、組織全体が緊張した状態になり、歯切れがよくなるのです。

野菜をつける水があたたかいと、細胞膜の繊維が水を吸ってやわらかくなるので、歯切れのよさが感じられません。そこで、必ず冷水を使って細胞膜に張りをもたせてやることがたいせつです。

逆に、濃度の高い調味液や食塩水のなかに野菜を入れたり、塩をふっておいたりすると、細胞の水分が引き出されて、しんなりとやわらかくなってきます。野菜のふり塩、ピクルス、漬けものはこれを利用したものです。

なお、水につけて組織に張りをもたせるといっても、あまり長時間になり、吸水が限界にくると、逆に組織のなかから水のほうへビタミンCなどの栄養素がとけ出すようになりますので、水につけるのは短時間にとどめなければなりません。

野菜の吸水

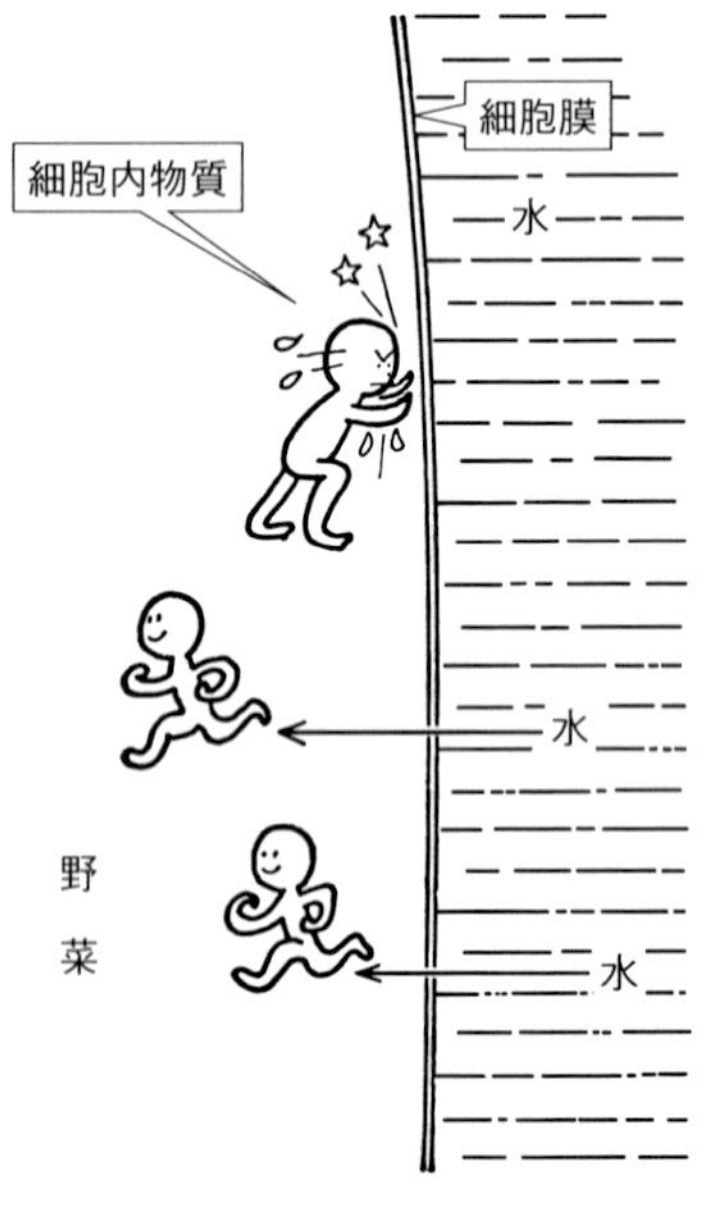

ジャガイモの褐変

ジャガイモを切ったあと、すぐに水につけるのはなぜでしょう

ジャガイモの切り口を空気にさらすと、褐色になります。これはジャガイモのなかのチロシンという、一種のアミノ酸が空気にふれて、同じくジャガイモのなかのチロシナーゼという酵素の力で酸化され、メラニンという褐色の物質に変わるためです。

メラニンという物質はわたしたちが日に焼けたとき、皮膚の表面にたまる色素と同じものです。チロシンの酸化も光を当てると驚くほど急にすすみ、どんどん黒くなるので光酸化とよばれるほどです。いわばジャガイモの「日焼け」ともいえるでしょう。この褐変反応は、原理的には前に述べたポリフェノール系物質と酸化酵素による野菜・くだものの褐変と同じ現象で(一〇ページ)、チロシンがポリフェノールに相当し、チロシナーゼもオキシダーゼ(酸化酵素)の一族なのです。

ジャガイモの日焼けをとめるには、空気にふれないようにして酸化がおこらないようにするか、チロシナーゼの働きをとめるよりほかはありません。ジャガイモを切ってすぐ水に放つのは、チロシンやチロシナーゼを少しでも水のなかにとかし出してしまうことと、もうひとつは切り口を少しでも空気にさらすのをさけるためです。

なお、切ったジャガイモをビタミンC溶液につけると、酸化と逆の還元作用がおこり、水から引き上げても褐変を防ぐことができます。ビタミンCをジャガイモの褐変防止に使うことはあまりありませんが、人間のほうは日焼け止めにビタミンCが使われたことがあります。

この反応は酵素による褐変のなかでは比較的よく研究されており、反応の途中で3、4－ジオキシフェニルアラニン(略してドパ)という物質をとおり、さらにこれがキノンの形になり、最後にインドール核をもった化合物をへてメラニンになることがわかっています。

ジャガイモの褐変

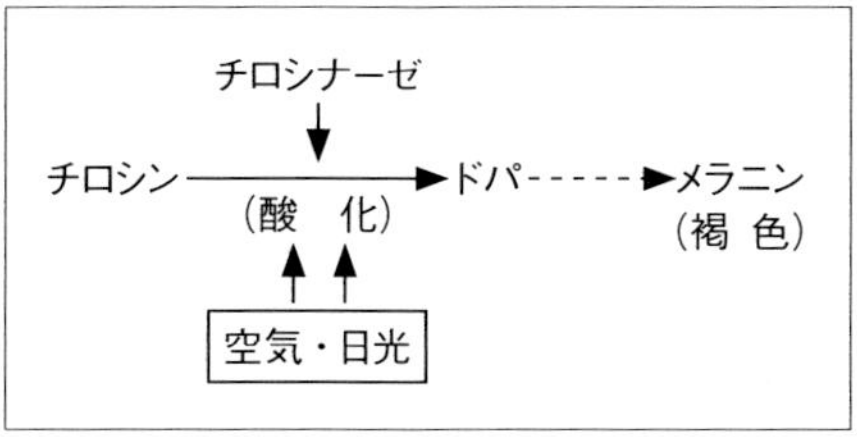

モヤシの浸水

モヤシを水につけておくと色が黒ずんでこないのはなぜでしょう

これはゴボウやレンコンの切り口が褐変するのと基本的には同じ現象ですが（一〇ページ）、モヤシの場合は組織がやわらかいこと、空気にふれる表面積が大きいこと、発芽というきわめて生活作用の活発な状態にあることなどの理由で、酵素の酸化作用がきわめてはやく、そのため、みるみるうちに黒ずんでくるわけです。

　八百屋の店頭では、モヤシを水につけて空気をしゃ断することが、以前には行なわれていました。これはいまではなくなりましたが、家庭でも、短時間ならば水につけ少し長くなるときは乾燥しないようにポリエチレン袋などに入れ、冷蔵庫に保管します。

　女子栄養大『食物のぎもん』によると、水につけたモヤシは、ビタミンCが三日後には半分に減り、ポリ袋に入れたものは三日たっても八五パーセントが残っているといわれます。

フラボノイドとアントシアン

ゴボウ、ウド、レンコン、ズイキなどを酢水につけるのはなぜでしょう

　野菜を酢につけるとつぎのような効果があります。

　ひとつには、酸化酵素の働きをおさえ、ポリフェノール系物質の酸化による褐変を防ぐこと（一〇ページ）、もうひとつには、野菜に含まれるフラボノイドという色素が、酸性では無色、アルカリ性では褐色になるという性質を利用して、色を白く保つことができることです（一九九ページ）。

　またフラボノイドと同系統の色素のアントシアンは、アルカリ性では青や緑、紫などの色をしていますが、酸性にすると赤くなる性質があります（二〇一

酸・アルカリによる色素の変化

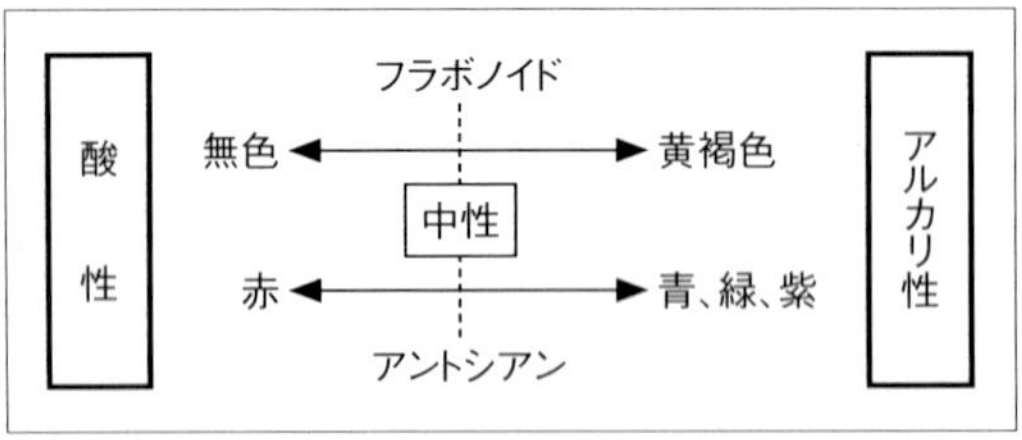

ページ）。

ゴボウやウドを酢につけるのは、以上のような現象を利用して、色を白く仕上げるため、ズイキの場合はあざやかな赤い色を出すためです。

レンコンの場合は、白く仕上げる目的のほかにも、特有の粘りをもったムチン質（糸をひく成分）が酢によって変化し、歯切れがよくなるという効果をもねらったものです。

レンコンの酢水つけ

干し魚のもどし

ニシンやタラの干物をもどすとき、アク汁や米のとぎ汁につけるのはなぜでしょう

ニシンやタラのように大きい魚の干物は、乾燥に時間がかかっているため、脂肪が酸化されて、遊離脂肪酸という酸性の物質ができ、干物特有の渋味があります。これがすすんだものが俗に「油焼け」といわれています。

木灰の濃厚な水溶液であるアク汁は、炭酸カリウムを含んでいてアルカリ性が強く、干物をつけると中和され、渋味がぬけて風味がよくなります。また、一方では魚の蛋白質にアルカリが作用して膨潤《ぼうじゅん》をはやめ、細胞膜をやわらかくし、水の浸入を容易にして、ムラなくもどすことができます。また米のとぎ汁につけるのは、水よりも濃度が高く、うま味成分などがとけ出すのをある程度防ぐのと、もうひとつは表面に生じた渋味物質をとぎ汁のなかのコロイド性の物質が、少しでも吸着して取り除いてくれる効果をねらったものと思われます。ただ現在は製造法もすすみ、油焼けはあまりみられなくなりました。

ワラビ・ゼンマイのアク汁つけ

ワラビやゼンマイをアク汁につけるのはなぜでしょう

アク汁の主成分はアルカリ性の炭酸カリウムで、繊維をやわらかくする性質があります。このため、繊維の多いワラビ、ゼンマイのような山菜や、ヨモギのようなかたい野草をアク汁につけると、やわらかく煮たり、ゆでたりすることができるのです。

またアク汁のアルカリ性成分は、クロロフィルの緑色を保つ作用が食塩よりも強く、色どりもよくなります。

アク汁の代わりに重曹を使っても、同様の効果があります。〇・二〜〇・三パーセントくらいの重曹水を加えて加熱すると、ナトリウムイオンがクロロフィル分子の一部と結合して、クロロフィリンというものになり、緑色があざやかになります（一六九ページ）。

アク汁につける代わりに、木灰をかけて熱湯を注いでも同じ効果が得られます（アク汁は木を焼いた灰汁）。

このような効果はワラビやゼンマイばかりでなく、ほかの緑の野菜に対しても同様ですが、ただやわらかい野菜にアルカリ分を加えると、繊維の軟化とともに組織までくずれ、しかも、クロロフィリンはクロロフィルとちがって水にとけやすいので、色がゆで汁にとけ出してきます。歯切れのよさをたいせつにするおひたしなどには、木灰や重曹は使えません。

乾物の水もどし

食品	もどし時間	重量増加	容積増加
ユバ	4〜5分	4.0倍	3.5倍
高野豆腐	4〜5分	5.5倍	4.0倍
干しシイタケ	15〜20分	5.5倍	2.5倍
ヒジキ	20〜30分	6.5倍	10.0倍
ダイコン切干し	50〜70分	5.0倍	4.0倍
貝柱	20〜22時間	2.0倍	2.3倍

（水温20℃）

貝の砂とり

ハマグリやアサリの砂をはかせるとき、食塩水につけるのはなぜでしょう

貝類は砂にもぐって呼吸をしているとき、たくさんの砂を水とともに吸いこんでいるので、とりたてのものをそのまま食べるとジャリジャリします。これをひと晩水につけておくと、吸いこまれる砂はなく、吐き出される一方なので、しだいに貝の体内の砂は減っていきます。

このとき、貝は生きて呼吸をしているのですから、なるべく海水と同じ濃度の食塩水にするのが望ましいわけです。

海の貝を真水に長くつけると貝が弱ってくるので、ハマグリやアサリは海水の塩分濃度にちかい約三パーセントの塩水につけておきます。

一方、シジミは河口の、海水と淡水の境に生息しているので、必ずしも塩水につける必要はなく、真水で十分です。

そのほか明るいところより暗いところが、冷蔵庫内より常温のほうがよいといった結果が、芦沢悦子氏によって発表されています。これによると、水に包丁などを入れておいても、ほとんど効果がありません。

アサリの砂抜き

実験の条件	用いた水の状態	光と温度の状態	吐き出した砂の量
アサリ1kg（千葉産）各3時間 室温28℃	水道水3.6ℓ		0.0862g
	井戸水3.6ℓ		0.0832g
	水道水3.6ℓ	包丁を入れた	0.0844g
	水道水3.6ℓ	さびた包丁入り	0.0620g
	2%塩水3.6ℓ	自然の明るさ	0.4398g
	2%塩水3.6ℓ	暗いところ	0.7554g
	2%塩水3.6ℓ	20W射光	0.3760g
	2%塩水3.6ℓ	水温20℃	0.3738g
	2%塩水3.6ℓ	水温30℃	0.4221g
	2%塩水3.6ℓ	水温10℃,冷蔵庫内	0.2136g

（砂は残ったものを乾燥させた重量）

迎え塩

塩魚の塩出しをするとき、真水より食塩水のほうがよいといわれるのはなぜでしょう

保存のために多量の塩を使った塩サケや塩タラは、かつては多くの場合、水につけて塩出ししていました。この場合、理屈のうえでは真水を用いるのがよいわけですが、実際には一・五パーセントくらいの食塩水を用いて塩出しすることがあります。これをよび塩または迎え塩といいます。

迎え塩の実験には、古く昭和二年に栄養研究所で行なわれたものがありますが、一パーセントまでの食塩濃度では真水の場合とほとんど変わらず、五パーセント以上になると、はじめて塩のとけ出しが少し遅くなる程度です（表参照）。

一・〇～一・五パーセントの食塩水を塩出しに用いることは、塩出しの速度をそれほどひどく遅らせることなく、しかもつぎのような効果があります。まず、水に接した魚の表面の塩だけが先にぬけ、うま味成分もとけ出して表面が水っぽくなるのを防ぎ、内部の塩をゆっくりと引き出すのにも役だちます。

つぎに塩魚に用いられる食塩中の不純物、塩化マグネシウムや塩化カルシウムのとけ出しが、食塩（塩化ナトリウム）より遅いため、塩化ナトリウムだけがぬけたところで塩出しをやめると、残ったカルシウムやマグネシウムイオンの苦味や渋味が魚の味をおとすので、これらがとけ出すまでゆっくり時間をかけて塩出しする必要がありますが、そのときに塩水を用いていれば、塩味やほかのうま味がぬけてしまうのをおさえることができます。これが塩出しに迎え塩をする理由です。

迎え塩の実験

食塩液の濃度(%)	浸出時間 2.5時間	4時間	24時間
0	12.00	13.11	13.85
0.5	12.03	12.91	13.60
1.0	11.95	13.09	13.64
5.0	10.70	10.81	12.63
10.0	9.45	9.55	11.75

浸漬液中に溶出する食塩量
(供試品に対する%)

高田亮平、原実、福岡国男
:栄研報2(1927)より

ゼラチンの吸水

ゼラチンをとかすとき、必ず水でもどしてから加熱を始めるのはなぜでしょう

ゼラチンは湯にとけると流動状のコロイド液になり、さますと固まり、ゼリー状になります（七七ページ）。かわいたゼラチンは、コロイドが水分を失った乾状ゲルという状態になっています。これがふたたびもとのコロイド状態にもどるためには、ゼラチン一グラムにつき最低一〇グラムの水を要します。

かわいたゼラチンに水を加えていきなり加熱を始めると、表面だけが水を吸ってコロイド状態になりますが、そこで粘りが出て水の活動が非常に妨げられるために、いつまでたってもゼラチンの内部まで浸透することができません。そのため、いつまでもかわいた部分が残るのです。

ゼラチンをもどすときは必ずたっぷりの水につけておき、なかまで十分吸水してから加熱を始めるようにすることがたいせつです。

もし時間がないときには、なるべく大量の水中でかきまぜながら、少しずつ温度を上げていくようにして、ゼラチンと水とをまんべんなく接触させるようにします。浸漬は温度にもよりますが、三〇分以上一時間で十分です。図のように、浸漬時間が一〇分以下では膨潤させた効果はあまりあらわれてきません。

ゼラチンの浸漬時間と吸水量

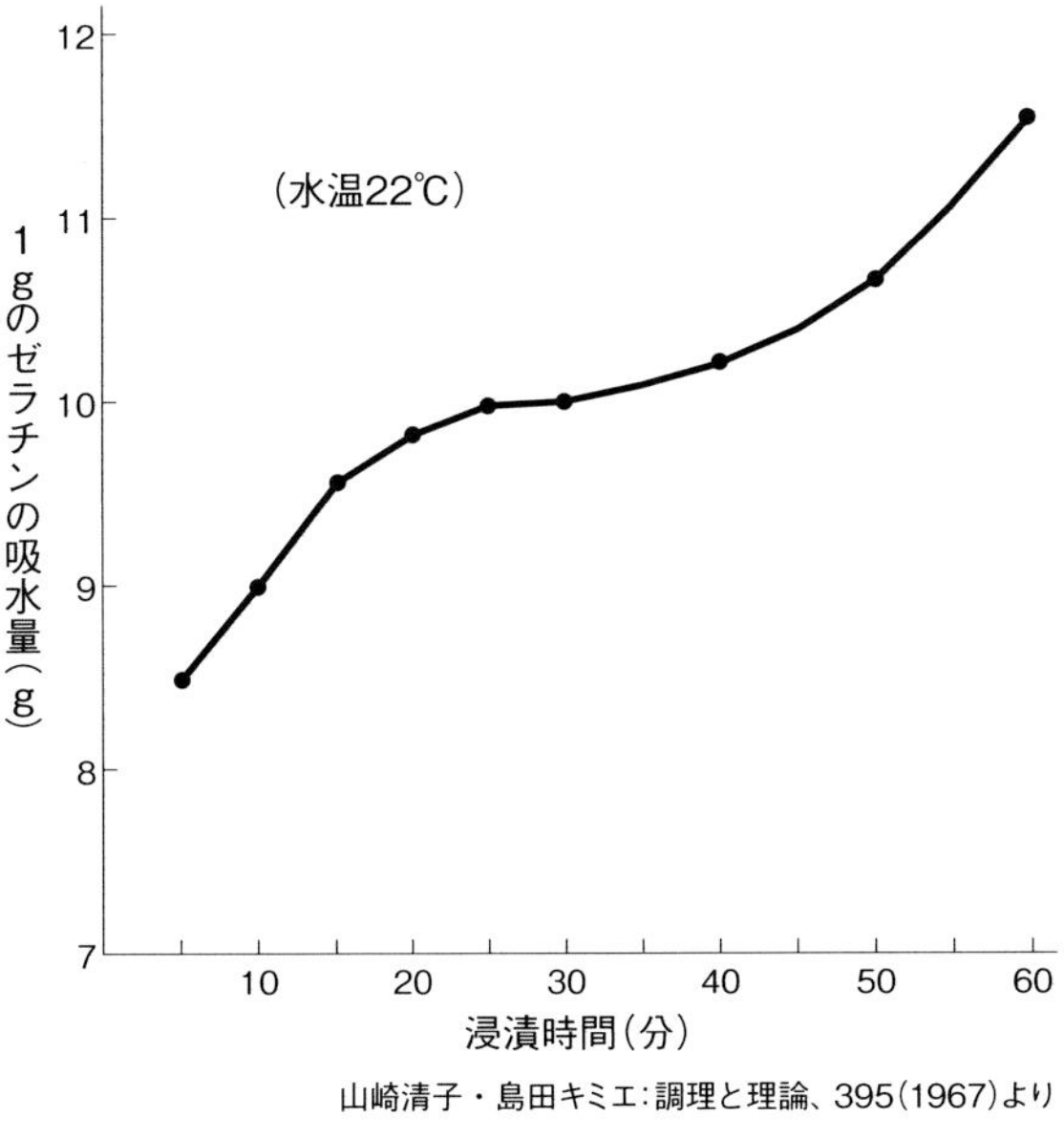

山崎清子・島田キミエ：調理と理論、395（1967）より

シイタケのもどし

干しシイタケをもどすとき、ぬるま湯を使い砂糖を少し加えるのはなぜでしょう

シイタケにはコンブのグルタミン酸や、カツオブシの5′‐イノシン酸のようなうま味物質を全く含まないかわりに、ほかの食品にはない5′‐グアニル酸を多量に含んでいます。この物質は自身のうま味はそれほど強くありませんが、グルタミン酸やイノシン酸といっしょになるとうま味がぐんと強まります（相乗効果二三四ページ）。

干しシイタケは水温二〇℃では二〇分、一〇℃では四〇分前後で吸水を完了しますが、これだけの時間水につけておくことは、干しシイタケの生命であるうま味成分をかなり失うことになるわけです。つけ水をそのまま調理に使うときはさしつかえないばかりか、むしろ半日もつけてうま味をとけ出させるほうがよいのですが、干しシイタケそのものの味を目的とする煮ものの場合には味がとけ出すのは好ましくありません。

うま味成分の損失を少しでも防ぐためには、水温を高くして、はやく吸水を終わるのがよいわけですが、吸水がはやいということは内部の味の成分のとけ出しもはやいということで、両方の要求をうまくたてることはなかなか困難です。

そこで、ぬるま湯のなかに砂糖を少し加えておくと、吸水がはやいままで味のとけ出しのほうを遅らせることができるわけです。その理由は、真水より糖液のほうが浸透圧（二六ページ）が高く、内部との濃度差が少ないため、成分の溶出も遅くなるわけです。干しシイタケに砂糖の味が多少しみこむことは味の妨げにはならず、煮ものの材料に使う場合は、なかまで砂糖が先にしみこんでいるほうがむしろ大きなプラスになります。

干しシイタケ10gの水分吸収 （水温9℃）

10分	31.90g
20分	37.75g
30分	42.00g
40分	44.40g
50分	46.00g
24時間	47.80g

高井富美子・小瀬洋喜：調理科学、P.176（1957）より

高野豆腐と落としぶた

高野豆腐をもどすとき、落としぶたをするのはなぜでしょう

高野豆腐というのは凍り豆腐の通称で、かための豆腐を切って、冷凍室で長期間凍結状態のまま乾燥させたものです。高野豆腐は五五パーセントの蛋白質と二五パーセントの脂肪を含んでいますが、蛋白質は変性してスポンジ状になっています。したがって、高野豆腐は吸水力が強く、しかも水につけてもうま味が失われにくいので、もどすとき、大量の水を使いますが、水よりも軽いのでそのままでは浮き上がり、吸水にムラができます。

そこで、吸水をはやめるようにぬるま湯につけ、落としぶたをして十分膨潤させ、水のなかで軽く押えて洗うようにし、組織内のアルカリ分などを追い出すと同時に、水分をムラなく吸収させるわけです。

高野豆腐の吸水時間は水温二〇℃で約五分、一〇℃では一五～二〇分、吸いこむ水の量は、高野豆腐の約四～四・五倍です（一六ページ）。

アズキの吸水

アズキを煮るとき、ほかのマメとちがって、水につけずにいきなり煮ることがありますが、どうしてでしょう

乾燥したアズキの皮はかなりかたいのですが、煮るとほかのマメよりもやわらかくなり、つぶしあんでもわかるように、かんでも皮が苦になりません。

これは、アズキの内部の組織に澱粉が多く、水を吸いやすいため、皮さえやわらかくなれば、あらかじめ水につけておかなくても、はやくやわらかくなるからです。

また、アズキを使う場合は、赤飯のように色をたいせつにすることが多いので、あまり長く水につけておくと、せっかくのきれいな赤色が水にとけ出してしまうおそれがあります。

もうひとつの大きな理由は、アズキの吸水がダイズをはじめ、ほかのマメと少しちがった経過をたどるからです。

ダイズを水につけておくと、五～六時間で約一〇〇パーセント、つまりマメと同量の水を吸収して容積は二倍半にふくらんできますが、このとき表皮のほうがはやく吸水して皮にしわがよってきます。

　ところが、アズキは皮がかたく、一〇時間からときには二〇時間ちかくまでなかなか水を吸水しません。一方、皮が十分水を吸いこむ前に、アズキの腹のところの胚座《へそ》という部分からなかのほうへ水を吸いこみ、皮よりも先に内部の子葉《しよう》がふくらんできます。

　このため、やがて皮が破れて「胴切れ」という現象がおこり、つけ水のほうへ、澱粉その他の成分がとけ出して味をおとし、腐りやすくもなります。

　以上のような理由から、アズキは水につけずにすぐ加熱を始めるほうが、皮もやわらかくなり、ムラなく煮えるのです。

　なお、水から煮て沸騰した直後に、びっくり水といって冷水を加えて水温を下げますが（二〇二ページ）、そのあとふたたび沸騰したとき、ザルに上げて水を注ぎます。これは「渋切り」で、皮や子葉に含まれるタンニン、その他アクや渋味成分を洗い流すのが目的です。

胴切れしたアズキ

ダイズとアズキの吸水曲線

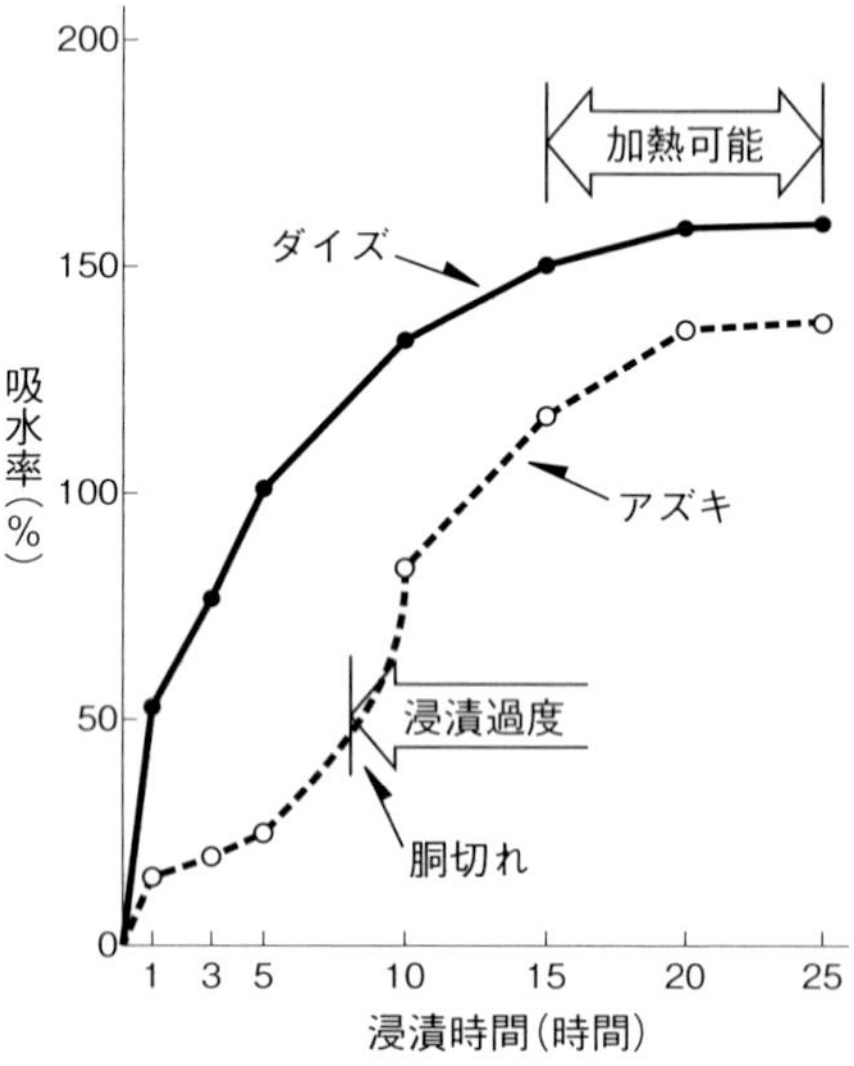

ダイズは吸水完了後加熱、アズキは皮がさける前に浸漬をやめる

煮豆と重曹水

ダイズを食塩水や重曹水につけておきますと、やわらかくなって、はやく煮えるのはなぜでしょう

ダイズには蛋白質が含まれていますが、この蛋白質は「グリシニン」とよばれるもので、普通の水よりも食塩水やうすいアルカリ性の液（重曹水など）にとけやすい性質をもっています。

そこで、このような液につけておきますと、食塩や重曹がマメのなかまでしみこんで、ある程度、蛋白質をとかして組織をやわらかくします。

また、重曹はアルカリ性のため、繊維をやわらかく膨《ぼう》潤《じゅん》させる作用もありますので、皮も内部もいっそうやわらかくなるわけです。しかし重曹を多く使いすぎると、味が悪くなるばかりでなく、アルカリに弱いビタミンB_1が失われてしまいますので注意が必要です。つけ水の重曹濃度は〇・二～〇・三パーセント以下にとどめることが必要です。また食塩の濃度は汁物と同様、一パーセント前後が適当です。

ダイズをつけておいた重曹水を、煮るときに捨てて新しく水を加えれば、つぎの表からもわかるように、B_1の減少をはるかに少なくすることができます。ただ注意したいことは、あまりにもビタミンの損失だけにこだわって、わずかなことでおいしくなるのを犠牲にすることはないということです。

重曹水につけたあと1時間煮たダイズのビタミンB_1の変化

ダイズに対する重曹の割合（%）	重曹水の濃度（%）	ビタミンB_1の残存率（%）	
		水を捨てないとき	水を捨てたとき
0	0	100	94.6
0.5	0.15	90.1	93.2
1.0	0.3	59.9	77.9
2.0	0.6	37.8	73.5
3.0	0.9	32.7	55.4

（重曹を加えないものを100とする）

高井富美子・小瀬洋喜：調理科学、198～199（1957）より

コンブだしのとり方

コンブでだしをとるとき、煮ないで数時間水につけておくことがあるのはなぜでしょう

コンブのうま味はグルタミン酸とマンニットによるものですが、そのほかにも水にとけ出して汁の味をおとすような成分がたくさん含まれています。たとえば、アルギン酸という炭水化物はぬめりの元になりますし、コンブに多く含まれるヨウ素も、二時間水につけたあと、三〇分の煮沸で約八五パーセントが汁にとけ出し、さらに色素も液のほうに移行して黄色味をおびてきます。

だし汁のほうへ目的とするうま味成分だけを引き出して、その他のいらない成分のとけ出しを防ぐには、絶対に煮沸をさけることがたいせつです。コンブの細胞や組織は、野菜とちがってじょうぶなセルロースや、細胞をつなぎ合わせるペクチン質が少なく、加熱を続けるとすぐにやわらかくくずれて、よいだしがとれません。

以上のような理由で、コンブだしは、水のままでとるか、加熱をしても沸騰の前の数分間だけにとどめます。

お茶の湯加減

番茶は熱湯で、煎茶は少しさました湯でいれるのはなぜでしょう

お茶にはうま味の成分としてテアニンという物質のほか、各種のアミノ酸や糖分などが含まれています。よいお茶を舌で味わうと、ほんのりとした甘味とうま味を感じることができます。そのほかに渋味や苦味の成分として、タンニンの一種であるカテキンや、アルカロイドの一種であるカフェインも含まれています。お茶に興奮作用があるのはカフェインによるものです。

お茶の味の成分は玉露のような上質のお茶に多く、煎茶、番茶と下級になるにつれて少なくなります。お茶はこの味と香りが生命なので、よいお茶は原則として低温で時間をかけて浸出します。温度が高いと香りがはやくぬけてしまい、うま味のほか渋味成分も抽出されて、ほんとうのお茶の味を味わうことができません。また糖類やアミノ酸などは、短時間では抽出が不十分です。

そこで玉露は五〇～六〇℃で二～三分、煎茶も八〇℃

で約一分程度抽出し、香りや味を十分引き出すようにします。ところが番茶のように成長した葉でつくったものは、もむときの組織の破壊が大きく、しかもうま味と香りが少ないので、時間をかけて抽出すると香りやうま味より非常に渋味にかたよった味になってしまいます。そのため番茶の場合は一〇〇℃の熱湯で乏しい香りをいかし、しかも短時間にして渋味の溶出は最少限度にとどめるというい れ方をするわけです。

緑茶のカフェイン含量

抹茶	4.6%
玉露	3.0%
煎茶	2.8%
番茶	2.0%

緑茶のいれ方

茶種	分量（1人分）	湯の量	湯の温度	浸出時間
番茶（ほうじ茶）	2g	100mℓ	100℃	30秒
煎茶	2～3g	80mℓ	80℃	約1分
玉露	2g	50mℓ	50～60℃	2～3分

山崎清子・島田キミエ：調理と理論、408～409（1967）より

紅茶とレモン

紅茶にレモンを入れると、色がうすくなるのはなぜでしょう

よい色の出た紅茶にレモンのうす切りを浮かせてしばらくたつと、紅茶の色がおどろくほどうすくなっているのをよく経験します。これはレモンに約六～七パーセント含まれているクエン酸によるものです。紅茶にかぎらず、植物性食品の色素には、酸性でうすくなり、アルカリ性で濃くなるものが多いのは、一四ページにも出てきたとおりです。その代表的なものはフラボノイドで、酸性では無色、アルカリ性では黄色くなります。

紅茶にはタンニンの誘導体であるテアフラビンとテアルビジンという赤色の色素が含まれていますが、このうちテアルビジンのほうが酸を加えると色がうすくなり、アルカリ性では濃くなることが知られています。紅茶の色がレモンのなかのクエン酸によってうすくなるのはそのためです。

なお、紅茶にレモンを入れるのは、さわやかな酸味と

レモンの香りで、紅茶の味を引き立たせるためですが、レモンの香りのおもな成分といわれるゲラニオールという物質は、紅茶の香気成分のなかにも含まれていることが知られ、レモンを加える意義がいっそう明らかに認められるようになりました。

紅茶は味よりもむしろ香りが生命なので、なるべく高温短時間でいれるようにします。沸騰した湯を注ぎ、さめないように二〜三分保って浸出するのがよいとされ、時間が短すぎたり温度が低いと香りが引き立ちません。逆に時間が長すぎると渋味が強くなります。

レモンティー

浸透圧

ゴムの袋に砂糖水を入れて、袋ごと水のなかへつけても何の変化もおこりません。ところがいま、魚のぼうこうでつくった特殊な袋へ同じ砂糖水を入れて水中に入れたとします。この場合、袋は水を自由に通すことができますが、砂糖の分子は通さないという性質をもっています。こういう性質の膜を半透膜といいます。

さて袋のなかへは外から水がはいりこんでいきますが、砂糖の分子は外へ出られないので、袋のなかの圧力はしだいに高まり、袋ははち切れそうになってきます。そして最後には圧力に負けて破れてしまいます。

つぎに、もし袋のなかも外も砂糖水だったらどうでしょう。このときは同じ濃さならば何の変化もおこりませんが、袋のなかが濃く、外の砂糖水がうすいときは、やはり水が外からなかへはいり、内外が同じ濃度になったときとまり、袋の中の圧力はその分だけ高まります。逆に外の液のほうが濃いときは、袋のなかから外へ水が出て外の液がうすめられます。この場合外の容器が密閉でなければ液の体積が増えるだけで圧力は変わりませんが、外の容器も密閉なら当然圧力は高まります。

このように物質が水にとけているとき、「それぞれの濃度に応じて示すはずの圧力」を浸透圧といいます。動植物の細胞膜の多くは半透性をもっているので、細胞内の液はそれぞれ固有の浸透圧をもっており、濃い調味料に接すると、細胞内の水が引き出されて組織がしなびてきたりします。

加熱調理などで細胞膜が半透性を失うと、水だけではなく分子量の大きい物質も細胞膜を通過するようになり、うま味成分がとけ出したり、調味料がしみこんだりできるわけです。

浸透圧の実験

外の水がなかにはいる

なかの水が外に出る

互いに出入りする

3 切る

包丁と切り方

さしみをつくるとき、うすい刃の包丁で引くように切り、野菜を切るときは平らな菜切り包丁で押すように切るのはなぜでしょう

包丁でものが切れるというのは、下へ向かって押す力の一部を、両側へ向かって材料を押し分ける力に変えるという働きによるものです。つぎのページの図のように刃の角度が小さいほど、下へ押す力に対して両側へ押し分ける力が大きく働きます。つまりうすい刃の包丁ほど、同じものを切るのに小さな力ですむということです。

つぎに、さしみのようにやわらかく切断面がなめらかなものを切るときは、切断面が刃に密着するので、そのまま押し下げると形がくずれます。これを防ぐには包丁を動かしながら押し下げるとよいわけです。そのとき包丁を押すよりも引きながら切るほうが、先のほうほど刃はうすくなっているので、より少ない力でつぎつぎに下まで切れていくことになります。

包丁の種類と刃の断面図

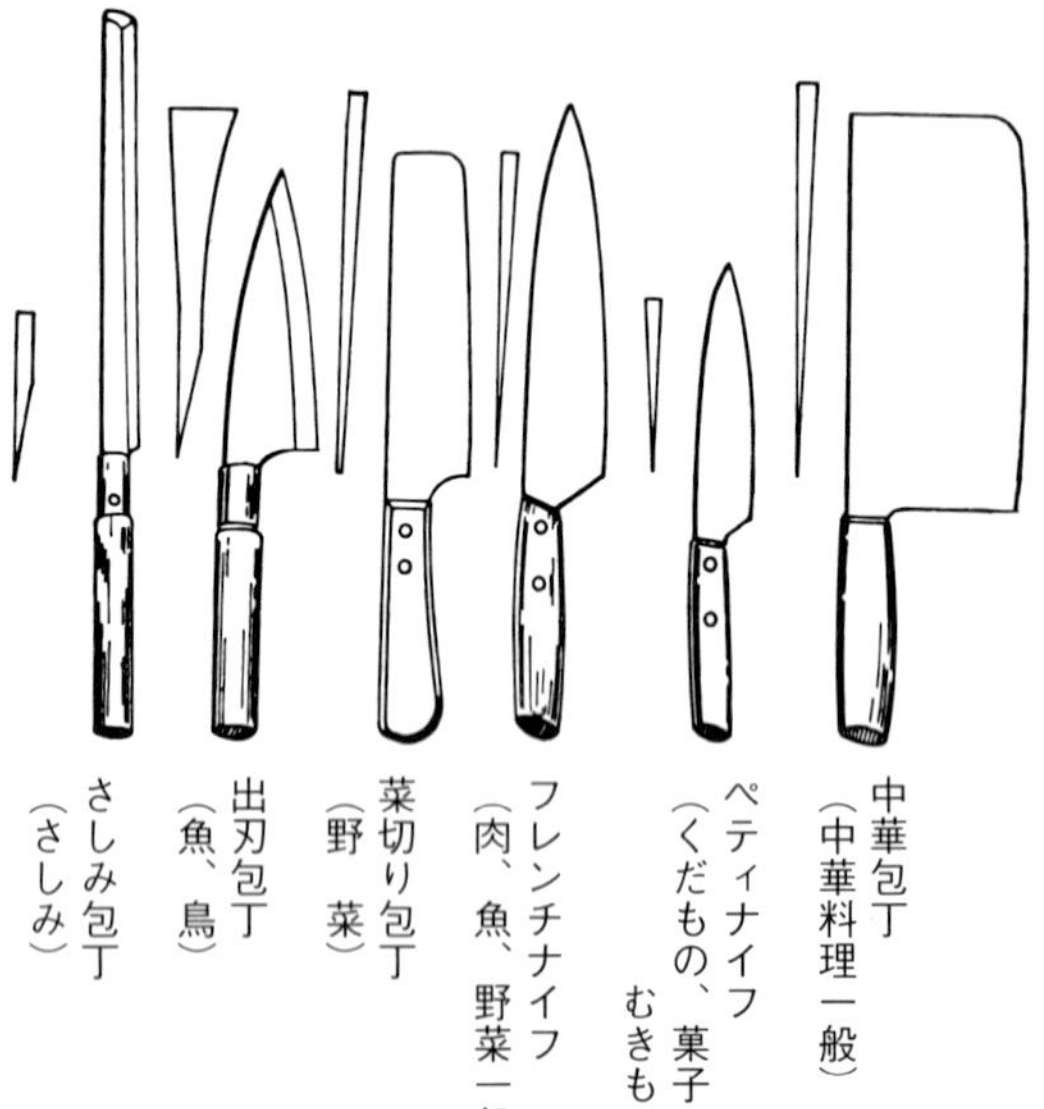

しかし、包丁の刃のほうも材料からの抵抗力を受けますので、いくらうすい刃がよいといっても、かたいものを切るときには強さの点で得策ではありません。たとえば魚の頭をおとすようなときには、力はよけいかかっても、刃の厚い出刃包丁のほうがよいわけです。

一方、野菜のほうは、組織がしっかりしており、切断面は魚とちがってあらいので、むしろ押し下げる力をしだいに強くしていく必要があります。そこで魚とは反対

に押して切るわけです。

なお包丁には両刃と片刃とがあり、両刃では両側に押し分ける力が働くので、ジャガイモなどをまん中から二つに切るようなときは両刃が便利です。野菜は組織がしっかりしているので、菜切り包丁は一般に両刃のほうが切りやすいのです。これに対してさしみのようにやわらかいものを端から切っていく場合は、残った部分に圧力が加わらない片刃のほうがよいわけです。

包丁にかかる力の方向と強さ

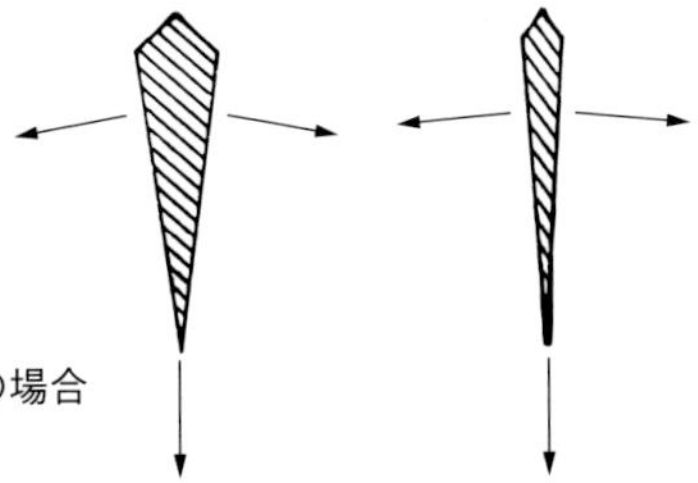

両刃の場合

横への力は両側に働く

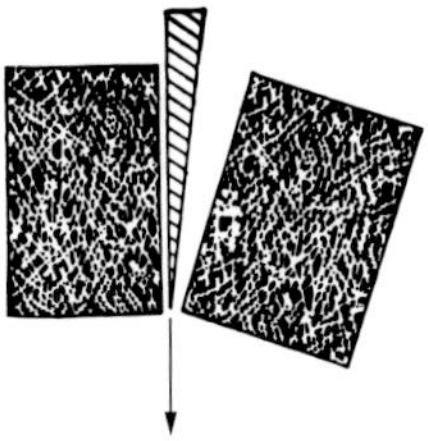

片刃の場合

横への力は一方だけに働き
反対側の材料は変形しない

チーズ切りと摩擦

チーズ切り用のナイフが波形なのはなぜでしょう

包丁の刃が材料を押し分けていくとき、刃の面と材料の切られた面とが密着していると、くさびを打ちこんだときと同じように、摩擦が非常に大きくなって、材料に食いこんだ刃が全く動かなくなることがあります。たとえばチーズをカミソリの刃で切ろうとしてもうまく切れません。いくらよく切れる刃でも、チーズの切り口にペッタリとくっついてしまって、動かなくなるためです。ところが針金を張ったチーズ切りなら簡単に切れるのは、摩擦力がほとんどゼロに等しいからです。

チーズ切り用のナイフの刃に波形の溝《みぞ》があるのは、刃とチーズの面の密着を防ぎ、なめらかに切れるようにするためです。チーズばかりでなく、ようかんなどもナイフより糸のほうがよく切れます。

また先に述べた包丁を引きながら使うことも、ひとつには元で切って手前に引くと、刃がうすくなる分だけ、

チーズの切り口と刃の摩擦

切り口と刃の面との接触がゆるみ、摩擦が減るからといえましょう。

摩擦力は刃の面がぬれていると小さくなるので、のりまきやモチのように粘り気のあるものを切るときや、ゆで卵のように摩擦が大きいと黄味がくずれてしまうようなものを切るときには、ぬれぶきんでふきながら切るとよく切れます。針金を何本も張ったゆで卵切り器も、全く同じ原理を利用したものです。

モチとダイコン

モチを切るときダイコンを切りながら切るとよいのはなぜでしょう

ダイコンを切る理由のひとつは、前と同様包丁に水気を与えて、モチの切り口と包丁の刃の面との摩擦を減らすためですが、もうひとつはダイコンのアミラーゼの力を利用するためと考えられます。ダイコンには澱粉を分解して麦芽糖に変える酵素アミラーゼが含まれており、ダイコンおろしは米飯やモチの消化を助けることが知られています。つきたてのモチをちぎっておろしをつけて食べるおろしモチは、この原理を利用したものです。

ダイコンを切ってその汁のついた包丁でモチを切ると、アミラーゼが切り口の澱粉に働いて、ごくわずかとはいえ、接触面の粘りを減らすことが考えられます。もっともこの作用があまり期待できないとしても、ダイコンを切ってはモチを切っていくほうが、ふきんでその都度ふき取るよりは簡単なわけで、これも昔の人が考え出した自然の知恵のひとつといえましょう。

肉の切り方

肉を切るとき、繊維と直角の方向に切るのはなぜでしょう

肉の蛋白質の約二〇～三〇パーセントは肉基質というかたい部分からなり、残り七〇～八〇パーセントのうち、五〇パーセントはミオシン、アクチンといった繊維状の蛋白質からなりたっています。

繊維状蛋白質は集まって束になり、筋繊維という細長い糸のようなものになり、これが肉基質からなる結合組織によって多数つなぎ合わされて、筋肉組織をつくっています。

肉は魚とちがって、組織をつくっている筋繊維が長くじょうぶなので、そのまま口へ運ぶとかたく、しかも歯の間にはさまったりして食べにくくなります。肉のよい悪いは、やわらかさによって決まるといわれるくらいで、せっかくのやわらかい肉を、切り方によってまずくしてしまってはなんにもなりません。

そこで肉を調理するときは、繊維をなるべく短くするような方向を選んで、まずうす切りにしてから調理にかかるのです。ビーフステーキのように厚切りの肉の持ち味を目的とする調理では、特にこの注意がたいせつです。

これに対して魚の筋繊維は、肉基質部がわずかに三パーセントと少ないために（繊維状蛋白質は七〇～七五パーセント）、もともと肉よりやわらかく、しかも途中に切れ目があって短い層になっているため、大きな切り身のままでも、加熱したあとでつついてたやすくほぐして食べることができるのです（一九二ページ）。

肉の拡大図

▽横断面（筋繊維と直角に切る）

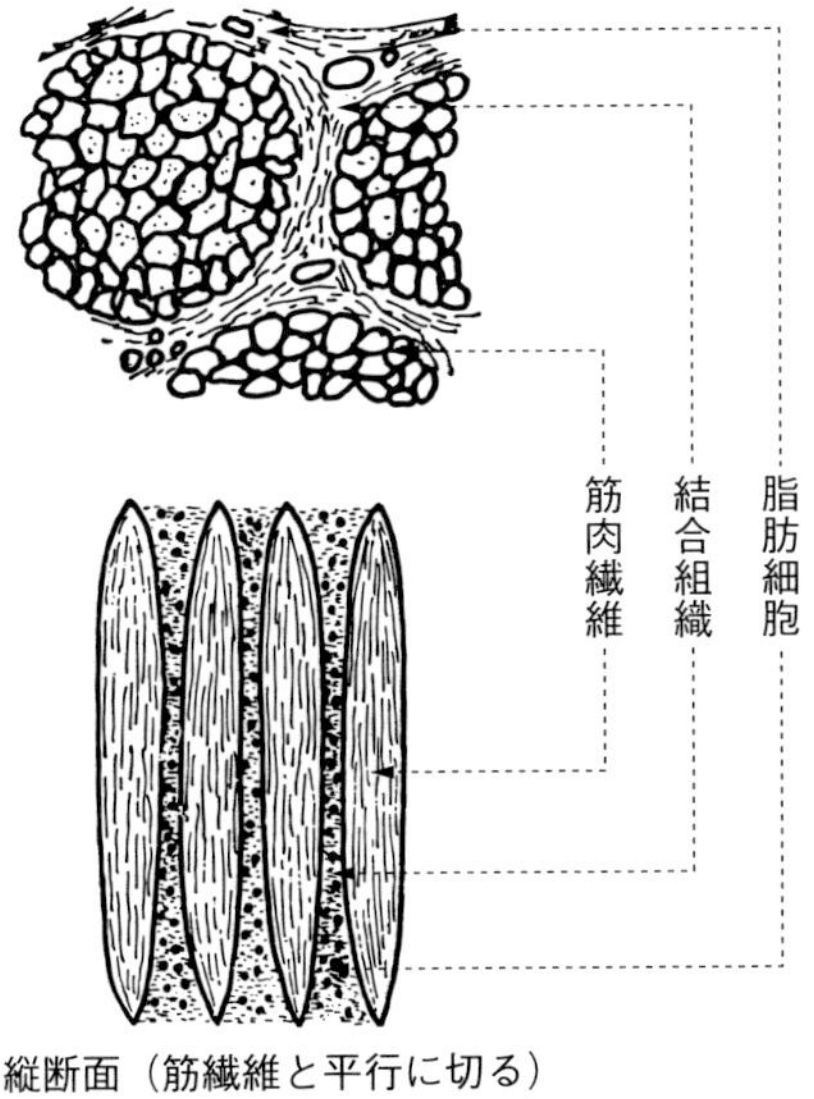

△縦断面（筋繊維と平行に切る）

魚の「あらい」とそぎ切り

魚を「あらい」にするとき、そぎ切りにするのはなぜでしょう

本来、そぎづくりは、平づくりにできない、形の悪い魚に行なうことが多いのですが、「あらい」というのは、生きた魚をその場で殺して、死後硬直という筋肉が収縮して弾力のある状態を味わうものです（二六二ページ）。魚は硬直が非常にはやく、ほうっておくとどんどん硬直したのち、軟化し新鮮な歯ざわりを失っていきます。

そこで、少しでもはやく料理でき、しかも硬直の状態を少しでも長く保つことができるように、手ばやくうすくそぎ切りにしたものを、氷水や井戸水のなかで冷やし、ザルにあげて氷の上にのせて出すわけです（八五ページ）。

これをていねいに平づくりにしたのでは時間がかかるばかりか、氷水に入れても、そのあと氷の上にのせても、厚みがあるので中心部は冷えず、新鮮な魚の歯ごたえを味わうことができません。コイやタイは硬直がおこると筋肉が特に弾力を増すので、あらいに最も適した魚です。

そぎづくり

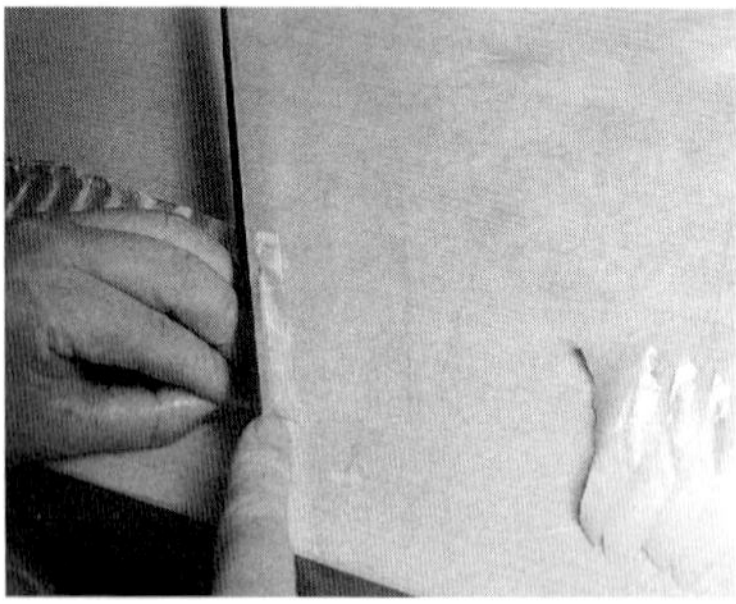
平づくり

あらい

イカの切り目

イカを加熱するとき、必ずたて、横に切り目を入れるのはなぜでしょう

焼きものでも煮ものでも、イカには必ず切り目を入れます。入れ方には「かのこ」、「布目」、「松かさ」などがあり、必ず二方向に切り目を入れる点は共通です。

これはイカの皮が非常に長い繊維からなっており、しかもその方向がたて、横二方向あるからです。

イカを加熱しますと、この繊維が収縮するため、皮のあるほうを内側にしてくるくる巻くように縮みます。

イカの表皮は図のように四つの層が重なっており、外側の三層は胴体を丸く巻くように（輪切り方向）、内側の一層だけはそれと直角に（頭から足へ向かって）コラーゲンという蛋白質の長い繊維が走っています。イカの皮は普通は外側の二層までしかむけませんから、内側にはたて、横一層ずつの繊維のじょうぶな皮が残っているわけで、これを短く切るために必ず二方向から切り目を入れ、丸くなるのを防ぐのです。

イカのかのこ切り

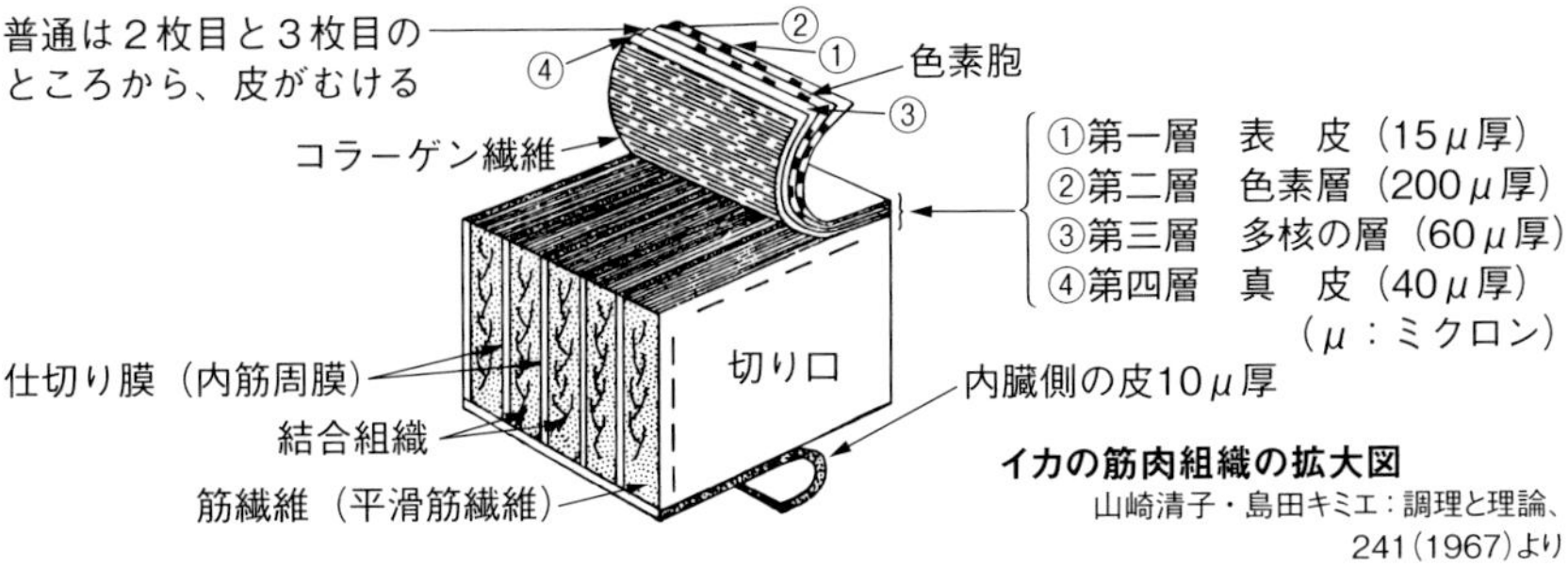

イカの筋肉組織の拡大図
山崎清子・島田キミエ：調理と理論、241（1967）より

肉の切り目

ビーフステーキを焼いたり、ポークカツを揚げる前に、肉にいくつか切り目を入れておくのはなぜでしょう

肉を加熱しますと筋肉の蛋白質が熱変性をおこし、繊維が収縮して、形や大きさが変わってきます。

ビーフステーキやポークカツのように、大きくて厚い切り身を使う料理では、変形が特にはなはだしく、カツレツでは衣がはがれやすくなって困ります。

そこで、あらかじめ、肉に切り目を入れ、筋や繊維を少しでも短くしておこうとするわけです。

切り目を入れることは、特にカツレツでは、内部まではやく火を通すことにも役だちます。

肉に切り目を入れる

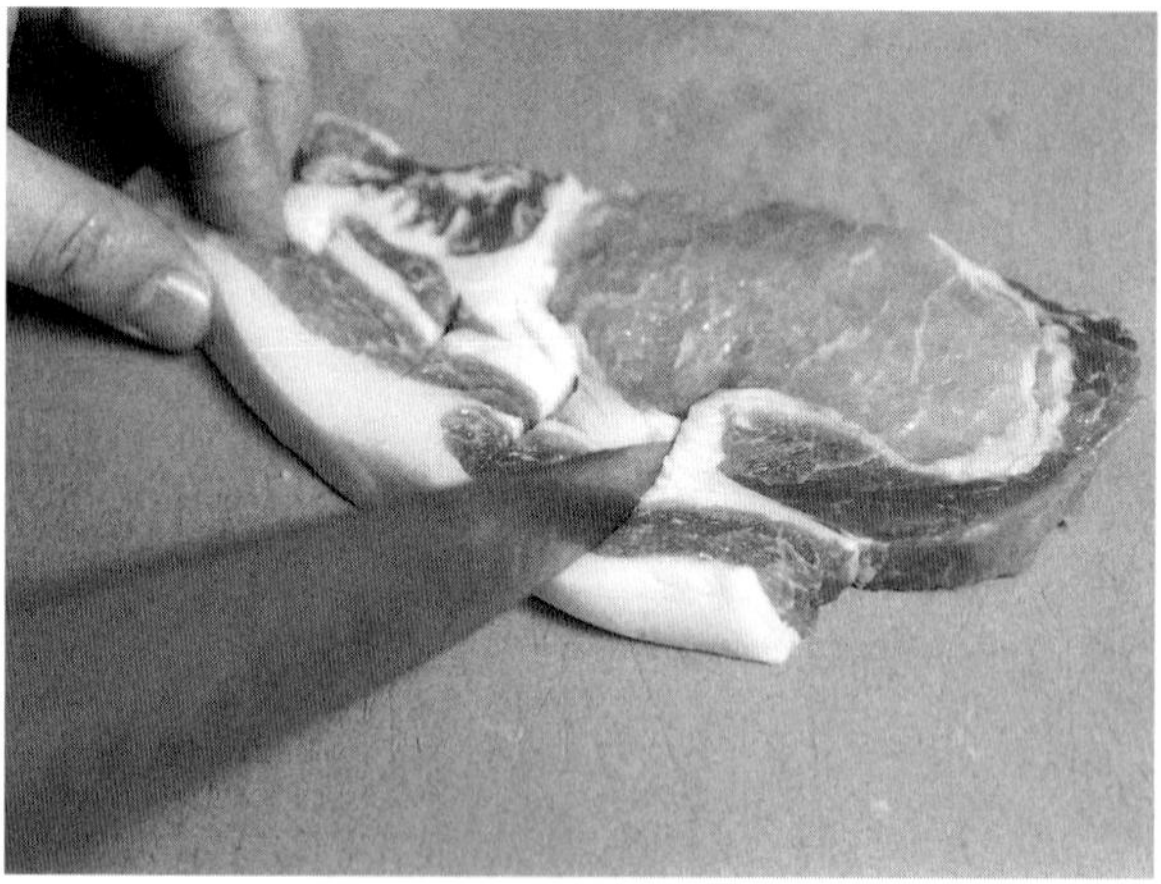

肉とあぶら身

肉の味は牛、豚、鶏肉とそれぞれちがいますが、そのうま味成分はそれほどちがいません。むしろ脂肪の違いが肉の味のちがいになっています。豚肉などであぶら身のきらいな人がいますが、この場合もあぶら身をつけたまま調理し、食べるときに切り離したほうがよいのです。あぶら身はバラ肉に多く、豚のあぶら身つきバラ肉では脂肪が約四〇パーセントも含まれます。

ちぎりコンニャク

煮物に使うコンニャクを、包丁で切らずに手でちぎって使うのはなぜでしょう

切るという調理操作は「いらない部分を除く」、「形をととのえ食べやすくする」という目的のほかに、「食品の表面積を大きくする」という目的があります。材料の表面積を広げることにより、熱の伝わりをよくし、調味料の浸透が容易になるという効果があります。

一辺が一〇センチの立方体の表面積は六〇〇平方センチメートルですが、これをたて、横、高さ、三方向にそれぞれ包丁を入れて切断すると、一辺五センチの立方体が八個でき、その表面積の合計は一，二〇〇平方センチメートル、もし全部を一センチずつの立方体に切ってしまうとその数は一，〇〇〇個、表面積は六，〇〇〇平方センチメートルとなって、同じ容積で、はじめの一〇倍に増えることになります。

コンニャクは素朴な舌ざわりが特徴ですが、味そのものはないといってもよく、あくまでも煮汁をしみこませ、その味で食べるものです。コンニャクを手でちぎると、包丁でスッパリと切ったときより、切り口のでこぼこの分だけ表面積が広がることになり、調味料は浸透しやすくなります。またコンニャク独特の舌ざわりも、あまりになめらかな切り口より、このほうがよく味わうことができるのです。ですから、ちぎらないときでも、「たづな切り」のように、少しでも表面を広くし、凹凸をつける切り方が昔から行なわれています。

ちぎりコンニャク

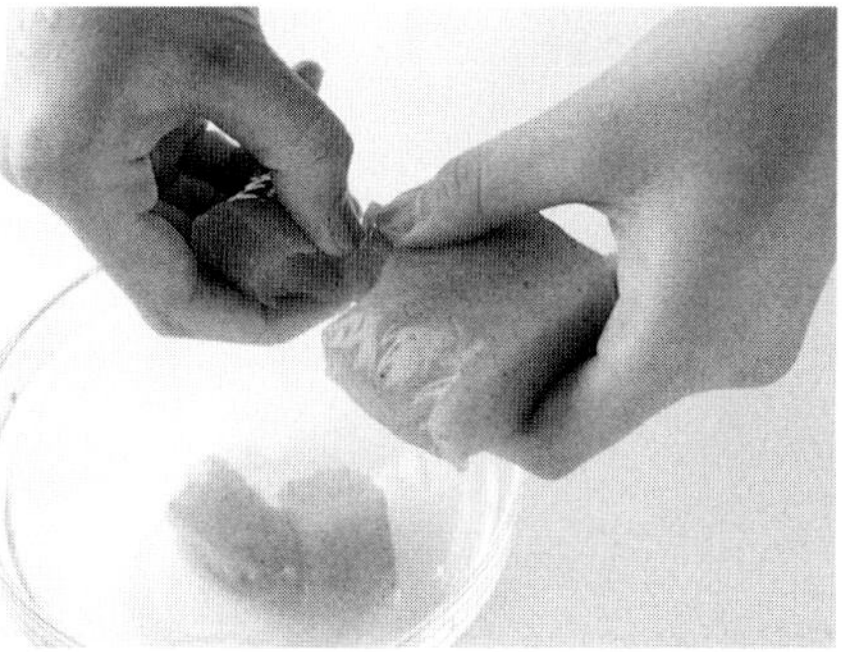

たづな切り

かくし包丁

ふろふきダイコンの下側に十文字の切り目を入れるのはなぜでしょう

熱の移動や味の浸透は、必ず材料の表面から始まるので、ふろふきのように材料を大きく輪切りにするものでは、表面は煮えても中心部まではなかなか熱が伝わりにくく、その間表面には煮くずれがおこったりします。

これに少しでも多く切り目をつくっておくと、その分だけ、はやくムラなく全体に熱が伝わります。しかし、日本料理ではあまり切り目のあるのは、みた目のよいものではありません。そこで「かくし包丁」として裏側に十文字の切り目を入れるのです。

ふろふき以外にも日本料理ではかくし包丁が使われ、大形のアジの煮つけなどで、背ビレのつけ根に包丁を入れるのもその例です。

中国料理の魚の丸揚げなどが、表面の部分に堂々と切り目を入れるのとは対照的で、それぞれの料理のお国ぶりをよくあらわしています。

ふろふきダイコンのかくし包丁

ダイコンと調理

ダイコンはわが国に最も古くからある野菜で、たくあんをはじめ、あらゆる漬けものに欠かせないのはもちろん、なまでおろしやなます、加熱して汁の実、ゆでもの、煮ものと使いみちは万能です。しかし持ち味を味わうには、ふろふきがいちばんです。ダイコンは酵素作用が強く、ごはんの消化をよくし、タコなどをやわらかくします。

肉の厚切りと薄切り

牛肉は厚切りにしますが、豚肉はあまり厚く切ることをさけるのはなぜでしょう

牛肉の蛋白質はなまで食べることができます。牛肉にかぎらず魚、卵、乳など、一般に動物性の蛋白質はなまで食べても、消化吸収には別にさしつかえのないものです。また牛肉の脂肪は約四〇℃でとけはじめますので、これ以上の温度になれば脂肪がぽろぽろして舌ざわりを悪くすることもありません。そこで肉質のやわらかい上等の部分は、ビーフステーキでもなかまで火を通さずに焼きあげることはよく知られているとおりです。新鮮で脂肪のあまり多くない部分は、さしみにして食べることもあります。

豚肉の蛋白質は牛肉と同様なことがいえるばかりでなく、脂肪のとけ始める温度は二八℃付近で、牛肉より低いため、冷たくても十分食用になるはずですが、牛肉より寄生虫のいる危険性が大きく、特に有鉤《ゆうこう》条虫は体内にはいると除去しにくいので、必ずいったん中心部まで火を通す必要があります。牛肉にも条虫がいる可能性がありますが、これは無鉤《むこう》条虫で、頭にかぎがなく、比較的除去しやすいのです。

このような理由で豚肉はよく火が通るようにあまり厚切りにするのをさけ、逆に牛肉では厚く切って肉の持ち味を楽しむのです。その代わり、いったん火が通ったあとは、豚肉の脂肪は口のなかの温度でとけるので、ハム、ソーセージのように冷たい状態で食べることができ、反対に牛肉の脂肪の多いものはすきやきのようにあつい状態で食べるようにしなければなりません。

各種脂肪の融解点

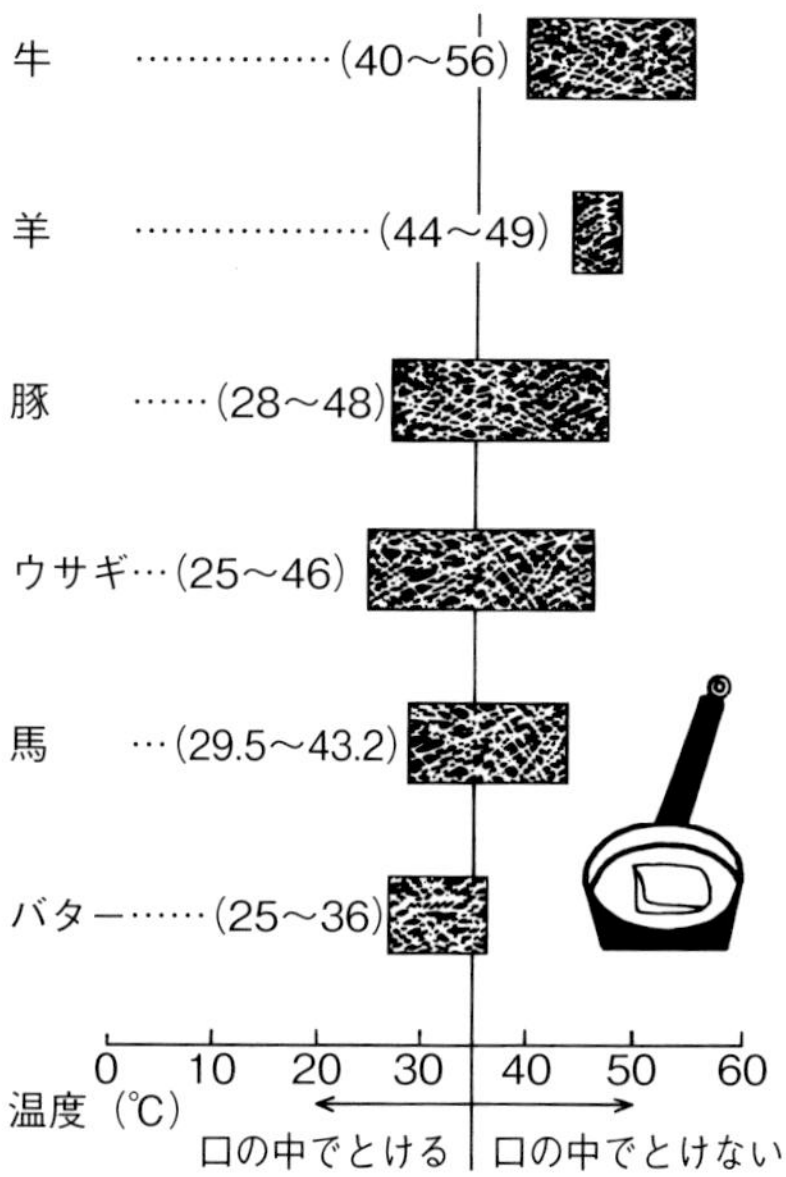

タマネギと涙

タマネギをきざむと涙が出てくるのはなぜでしょう

タマネギをなまで口に入れると、ピリッとした辛味を感じます。これはネギ、ニラ、ニンニクなどと同じ系統のもので、その本体は分子のなかに二つのイオウ原子を含んだ二硫化物（ジサルファイド）のいろいろな誘導体から構成されています。

いままでこれらの物質のなかでアリルプロピルジサルファイドが涙を出させるといわれていましたが、そうだとするとタマネギ以外のネギやニンニクでも涙が出るはずで、しかもタマネギはこれをほとんど含んでいないことがわかってきました。現在ではタマネギ中の数種のジサルファイドが混合して刺激物質として働くことは確かですが、そのほかにイオウを三つ含むトリサルファイド、イオウを全く含まないアルコール、アルデヒド、ケトンなども共同作用をすることが知られ、直接に涙を出させる元になるのは、そのなかでもアリルプロピオンアルデヒドというイオウを含むアルデヒドであることがわかっています。

タマネギを切ると涙が出るのは、切り口の細胞がつぶれて、そこから催涙物質が空中に揮発し、それが目の粘膜を刺激するためです。

涙が出るのを防ぐための絶対的な効果のある方法はないのですが、この物質が水に容易にとけることを利用して、まず水につけながら皮をむき、なるべく水にぬれた状態のうちに、手ばやく切るようにする、あるいは換気をよくして、揮発したガスがなるべくはやく屋外へ出るようにするなどの方法をとることが、大量調理の際にはかなり有効です。また痛くなった目も水で洗えばなおります。

タマネギの揮発性香気成分

硫化水素	メチルトリサルファイド
n-プロピルメルカプタン	メチル-n-プロピルトリサルファイド
エチルアルコール	n-プロピルトリサルファイド
イソ-プロピルアルコール	アセトアルデヒド
メチルジサルファイド	プロピオンアルデヒド
メチル-n-プロピルジサルファイド	アセトン
n-プロピルジサルファイド	メチルエチルケトン

蛋白質の分類

蛋白質は二〇種あまりのアミノ酸がいろいろな順序に結合したものですから、その結合の順序によって無数の種類があります。

またつながってできた長い鎖のような分子が、球状に巻いているか、長い束になっているか、網の目のようにからみ合っているかなどによって、性質もいろいろに変わってきます。天然の蛋白質を加熱したり、酸を加えたりしますと、この分子の形に変化がおこって、性質がすっかり変わってしまいます。これを「変性」といいます。

この無数の蛋白質を分類整理するのに、化学構造だけで分けることは不可能です。そこでまず大きくアミノ酸だけがつながってできた単純蛋白質と、アミノ酸のつながりにさらにほかの物質が結合した複合蛋白質の二つに分かれ、そのなかがさらにいくつかのグループに分かれています。

単純蛋白質は何にとけるかという溶解性をもとに、七つのグループ（ただし下の表のうち、終わりの二つは特殊な塩基性蛋白質）に分類し、複合蛋白質は何と結合して

単純蛋白質の分類と溶解性

蛋白質	水	塩類	希酸	希アルカリ	アルコール	分布
アルブミン (Albumin)	溶	溶	溶	溶	不溶	一般動植物体
グロブリン (Globulin)	不溶	溶	溶	溶	不溶	一般動植物体
グルテリン (Glutelin)	不溶	不溶	溶	溶	不溶	植物,おもに穀類
プロラミン (Prolamin)	不溶	不溶	溶	溶	溶	植物,特に麦類,トウモロコシ
アルブミノイド (Albuminoid)	不溶	不溶	不溶	不溶	不溶	動物の毛,羽,皮,骨,爪
ヒストン (Histone)	溶	溶	溶	不溶	不溶	胸腺,赤血球,細胞核
プロタミン (Protamin)	溶	溶	溶	不溶	不溶	魚類の白子

いるかにより五つのグループに分けられます。

食品のいろいろな蛋白質はすべてこのなかのどこかにはいるわけです。

これらのなかで代表的なものは、まずアルブミンとグロブリンで、あらゆる動植物体に含まれており、栄養素としても消化吸収がよく、人体に欠かせない必須アミノ酸をバランスよく含んでいます。複合蛋白質では牛乳中のカゼインがリン蛋白質、卵黄のリポビテリンが脂質蛋白質で、ともに調理のうえでは最も重要なグループです。

なお変性の結果、前と性質が変わった蛋白質のことを、誘導蛋白質とよんでいますが、このなかでは、アルブミノイドの一種であるコラーゲンが変性してできたゼラチンが、調理に最も関係の深いものです。

複合蛋白質の種類と分布

蛋白質	配合群	分布
リン蛋白質 (Phosphoprotein)	リン酸	牛乳,卵黄など
核蛋白質 (Nucleoprotein)	核酸	動植物細胞核および原形質
糖蛋白質 (Glycoprotein)	粘性多糖類	動物粘質物
色素蛋白質 (Chromoprotein)	生体色素	赤血球,肝臓,筋肉,葉緑体
脂質蛋白質 (Lipoprotein)	脂質	細胞核,脳,神経組織

4 する・おろす

ゴマをする

赤飯やにぎり飯のゴマは形のままで、ゴマあえのゴマはすりつぶして使うのはなぜでしょう

ゴマは五〇パーセント以上もの脂肪を含む栄養価の高い食品ですが、この脂肪を目的として食べているわけではありません。もし脂肪が目的ならば、消化吸収率の悪いゴマをそのまま食べるより、ゴマ油をしぼって用いるほうが合理的です。

昔からゴマ油は風味がよいことで知られていました。菜種油などにゴマ油を少量加えてゴマの香りをつけるのを「胡麻化す」というくらいです。

ゴマを料理に使う目的は、その香りと色どりにあります。また栄養面からは脂肪よりもトリプトファンやメチオニンなどという人体に欠かせないアミノ酸や、ビタミン、ミネラルのほうにむしろその価値があるのです。

こういうわけでゴマは決して大量に食べるものではないので、料理のいろどりや香りづけ、ゴマあえなどでは

こごみのゴマあえ

ゴマ100g中の栄養成分

エネルギー	水分	蛋白質	脂質	炭水化物		灰分	カルシウム	ビタミン	
				糖質	繊維			B_1	B_2
578kcal	4.7g	19.8g	51.9g	15.3g	3.1g	5.2g	1200mg	0.95mg	0.25mg

四訂日本食品標準成分表より

一種の調味料として使われることが多いのです。色どりに使う場合、黒ゴマのつやのある黒色は、赤飯の赤色や、にぎり飯《めし》のまっ白な色を引き立てる役目を果たしてくれます。こういうときにはゴマの姿をくずすときたならしくなるので、そのまま使ったほうがよいわけです。

一方、ゴマの香りを目的とする場合には炒ってからすりつぶすことが必要です。外皮のかたいゴマは、することによって皮のなかに包まれていた香りが発散し、しかも消化吸収率が高まって栄養的にも効率がよくなります。

そこで、ゴマあえなどのように、ゴマそのものの風味を目的とする料理にはすったほうがよいわけです。ただあまり粉にしてしまうと、ゴマらしい舌ざわりを失ってしまうので、半ずりにしてゴマの香りと舌ざわりとを両立させることもよく行なわれます。逆にゴマ豆腐などなめらかな舌ざわりを目的とするときには、しっとりするまでよくすり、裏ごしにかけることもあります。

また吸いものやひたしものに香りづけとして少量使うときには、ゴマの形もいかし、香りも出したいというところから、まな板できざんで切りゴマにしたり、指先でひねってつまみゴマにしたりするわけです。

ミキサーとジューサー

果実をしぼるとき、ミキサーよりジューサーのほうがよいといわれるのはなぜでしょう

野菜やくだものにはビタミンC（還元型）が含まれていますが、空気にふれると酸化されて酸化型ビタミンCとなり、時間がたつと効力が減ってきます。

果汁をつくるときミキサーにかけると、くだものは細かく砕かれますが、高速で刃が回転することにより、そのなかへ空気が多量に混ざり、急速に酸化がすすみます。くだものによっては七〇～八〇パーセントから一〇〇パーセントちかくまで酸化されます。

ジューサーは、ミキサーとちがって果実の組織を砕くのと同時に、液とカスとを分離し、液のほうはすぐ外へ取り出せるようになっていますので、空気の泡のはいり方がミキサーより少なく、このためにジューサーのほうが好ましいといわれるのです。

ただ、どんなくだものでも必ずジューサーのほうがよいとはかぎりません。ナシ、リンゴのように、酸化酵素

の力が強く、ビタミンCが酸化されやすい状態の果実では、ジューサーでもミキサーでもあまり差がなく、ときにはジューサーのほうが残存率が低いことすらあります。モモなどは、どちらもゼロになっています。

　また、夏ミカンのように酸化を防ぐ力のあるかんきつ類では、どちらの場合も残存率が高く、特にジューサーでは一〇〇パーセントちかく残っています。

　ところが、イチゴのように酸化酵素はそれほど強力でなく、しかも抗酸化力（酸化に耐える力）もそれほどではないものは、空気の混じる量の影響を受けやすいのでジューサーとミキサーの差が比較的大きく、ミキサーでは五〇パーセントちかく酸化されますが、ジューサーでは一〇パーセント以下の損失ですむという報告があります。

　このような差はくだものばかりでなく、野菜にもみられ、ダイコン、ホウレンソウなどは差が大きく、トマト、ダイコン葉などではあまり差がみられません。

　ビタミンCが酸化されてもすぐなら効果は変わりませんが、酸化型はやがてジケトギュロン酸になり効力がなくなります。果汁をしぼったらすぐに飲みましょう。

ジュースのなかの還元型ビタミンCの残存率

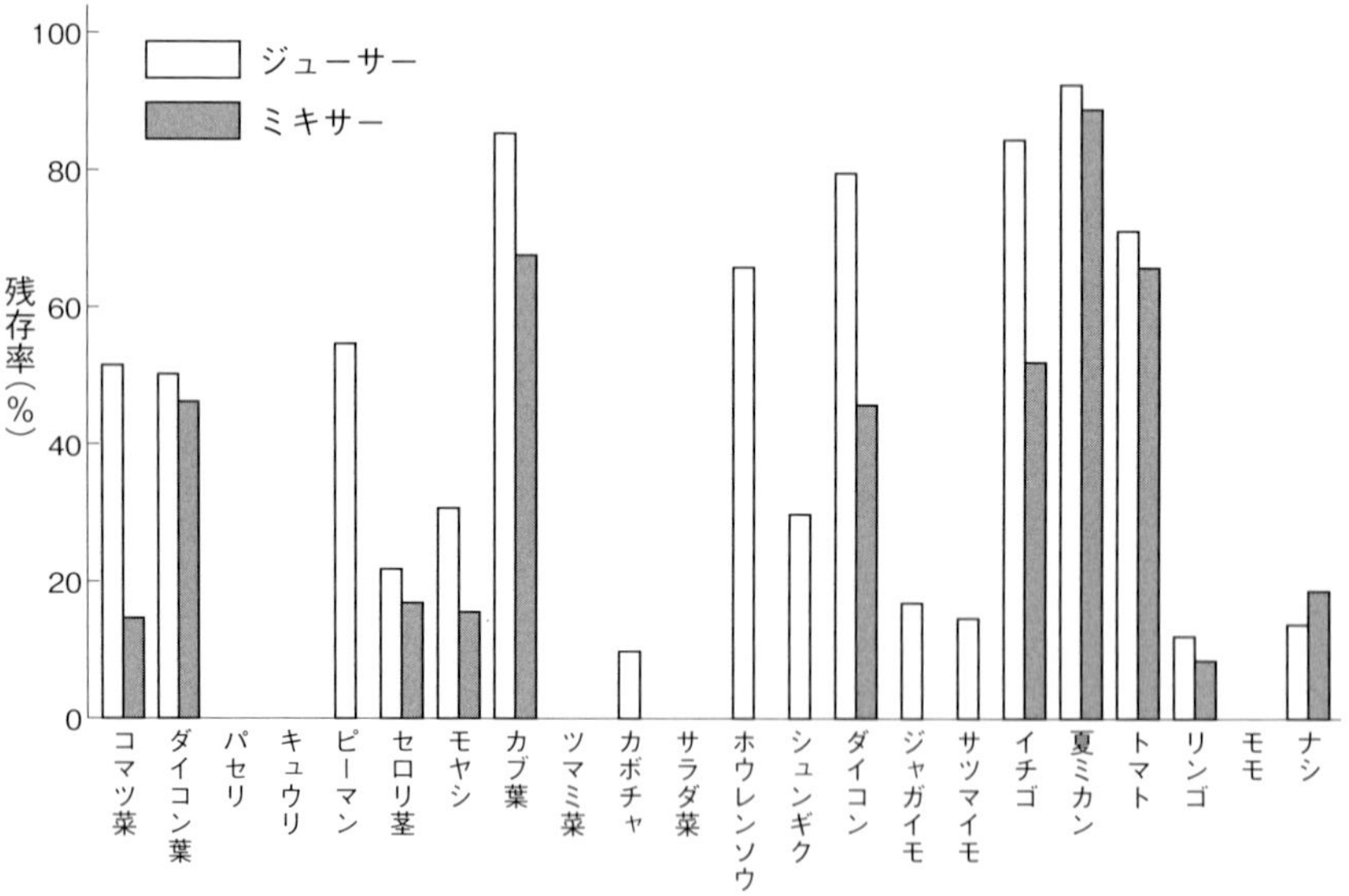

渋川祥子・武富薫代・森晴美・稲垣長典：家政学雑誌、43、145(1962)より

リンゴジュースの食塩

リンゴのジュースをつくるとき、食塩を加えるのはなぜでしょう

リンゴ、その他の果実には、ビタミンCのほかにもうひとつ、非常に酸化されやすいポリフェノール系物質というものがあります（一〇ページ）。

リンゴのポリフェノール系物質は、おもにクロロゲン酸と渋味成分の一種であるエピカテキンというもので、いずれも酸化されると色が褐色に変化します。リンゴの皮をむいて空気にさらすと褐変がおこるのはそのためですが、ミキサーやジューサーにかけるとこの褐変はいっそうはげしくおこり、みた目にも食欲をそそらないものになってしまいます。

この酸化反応は、リンゴに含まれるポリフェノールオキシダーゼ（酸化酵素）という酵素の働きですすめられますので、この酵素の作用をとめてやれば、空気にふれても褐変はおこりません。

そこで、切ったリンゴを食塩水につけるのと同様、リンゴをすりおろしたりしぼったりするとき、あらかじめ食塩を加えて酸化酵素の作用をおさえてやるわけです。

この酸化反応は、ビタミンCの酸化と表裏一体となっておこっていますので、食塩を加えるのは、ビタミンCの酸化を防ぐことにもなります。中村氏は〇・三〜〇・六パーセントの食塩を加えると、味もよくビタミンCも保たれ、しかも褐変しないリンゴジュースができると述べています。

ただ、リンゴにはもともとビタミンCが少なく（日本食品標準成分表では一〇〇グラム中に三ミリグラム、一日の所要量五〇ミリグラムの一七分の一）、それが全部酸化されても、まるまる残っても、わずか数ミリグラムの差に過ぎません。

また、酸化されたビタミンCも、効力に変わりないことが明らかになっています（四六ページ）。したがってあまりこだわる必要はありません。

一方、前にも述べたように（一〇ページ）、ビタミンCそのものを加えることも褐変の防止に役だちます。

なお、酵素の作用をとめるには、ほかにごく短時間加熱する方法もあります。

ダイコンおろしとニンジン

ダイコンおろしにニンジンを混ぜると、よくないといわれるのはなぜでしょう

ダイコンには一〇〇グラム中約三〇ミリグラムのビタミンCが含まれていますが、一方ニンジンにはアスコルビナーゼとよばれるビタミンCの酸化をすすめる酵素（アスコルビン酸酸化酵素）が含まれているため、ニンジンを混ぜておろしにすると、ビタミンCの酸化がそれだけすすみ、不安定な形になるわけです。

ダイコンだけのおろしは、おろしてから約二時間で、ほぼ二七パーセントのビタミンCが酸化されますが、これに二割ほどニンジンを混ぜたおろしは、同じ二時間で九五パーセントのビタミンCが酸化されます（図参照）。

このためニンジンを入れないほうがよいといわれるのですが、ダイコンおろしにニンジンを入れるのは、ビタミンCをとることだけが目的ではなく、色どり、風味、香りなど、さまざまな性質を向上させる目的があるわけですから、ひとつまみのおろしのなかのビタミンCが壊れてしまうからといって、ニンジンを入れることをやめるのは、決して得策ではありません。アルカリ性食品としてのダイコンやニンジンの働き、それにニンジンに含まれるカロテン（ビタミンA）の働きはダイコンと混ぜてももちろん有効です。

なお、酢を少量加えるか、ニンジンを短時間加熱すると、アスコルビナーゼが効力を失い、ビタミンCの酸化をくいとめることができます。

アスコルビナーゼはニンジンばかりでなく、キュウリやカボチャにも含まれています。

四六ページにもあるように、ビタミンCは酸化されても短時間なら効果は変わらないので、すぐ食卓に出すときはあまり心配する必要はありません。

ニンジンによるダイコンおろしのビタミンCの酸化

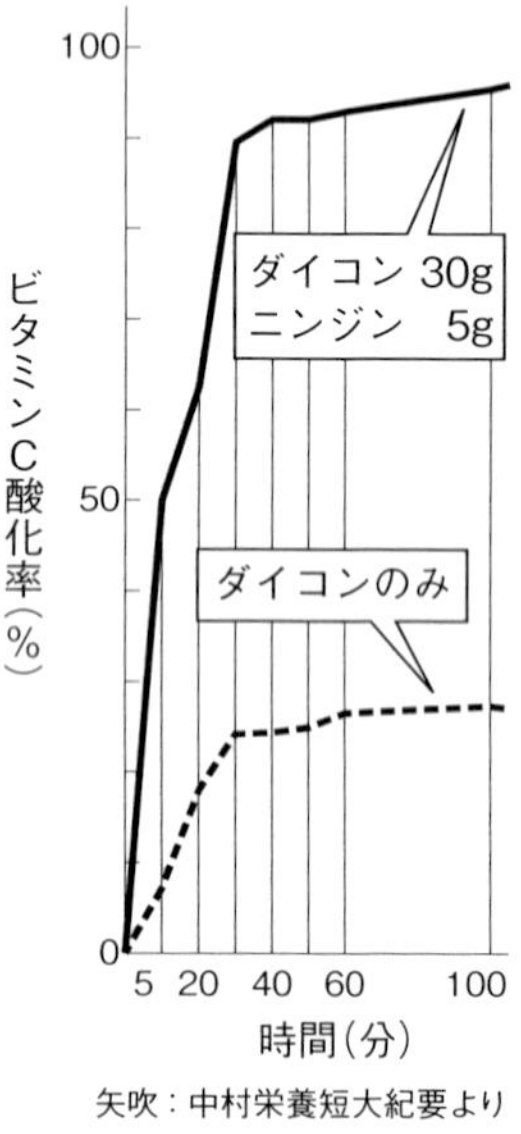

矢吹：中村栄養短大紀要より

ヤマイモのすりおろし

ヤマイモの料理は、ほとんどがすりおろしてなまで食べるのはなぜでしょう

ヤマイモはイモ類のなかではもちろん、澱粉質食品全体のなかでも、珍しくなまで食べることができる食品です。その理由はヤマイモに強力なアミラーゼ（澱粉分解酵素）が含まれており、なまで食べたほうが澱粉の消化がよくなるといわれるからです。アミラーゼの働きを十分利用するためには、すりおろして細胞を破壊することが必要で、とろろ汁はすりおろしたヤマイモをさらにすり鉢ですります。だし汁を加えて伸ばすとき、あつい汁を入れるとイモが煮えてアミラーゼの作用も期待できません。なお、ヤマイモには独特の粘質物があり、この特徴をいかすのにも、なまですりつぶして食べるのがいちばんよいのです。（注・五四ページ）

こういうわけで、とろろ汁はもちろん、やまかけ、月見イモなど、ヤマイモ料理には必ずすりおろす操作がつきものです。

とろろ汁はイモ自身の消化がよいばかりでなく、かけて食べる米飯の消化をもよくする働きが期待できます。

最近はすり鉢で気長にする手間を省き、ミキサーなどでとろろ汁をつくることが多くなりました。これは消化力の点ではすり鉢と大差ないと思われますが、なんといっても、組織を金属の刃で砕いてこなごなにするだけで、細胞をすりつぶすところまではいかないので、なめらかな舌ざわりはすり鉢に及びません。

カツオの山かけ

ワサビをおろす

ワサビをすりおろして、しばらくおいてから使うのはなぜでしょう

ワサビの辛味の本体は、硫化アリルなどと呼ばれるイオウを含む化合物ですが、ワサビのなかにそのままの形で含まれているのではなく、糖類と結合して配糖体というものになって存在しています。この配糖体は、辛味がなく、これが同じくワサビに含まれているミロシナーゼという酵素の力で分解されると、はじめて辛くなります。

ワサビをすりおろすと、組織が壊れてミロシナーゼが配糖体に作用するようになり、時間がたつにつれて配糖体は分解されて、辛味を増していきます。

ワサビを目の細かいおろしがねで輪をかくようにゆっくりとすりおろすのは、細胞を壊して酵素をなるべく十分に作用させ、辛味を完全に出させるためです。また、おろした直後はまだ分解がすすんでいないために十分に辛味が出ません。すりおろしてから包丁でたたくと辛味がいっそう強まると同時に、香りも引き立ってきます。

ワサビをおろす

なお、酵素によって辛味が生じるのは、ワサビばかりではなく、同じくアリル化合物を含むダイコン、カラシ、ニンニクなども同様で、やはりすりおろすと辛味を増します。ダイコンおろしに酢を入れると辛味がおだやかになるのは、酵素の作用がおさえられるからです。

なお、これらの辛味はすべて揮発性で、加熱すると辛味がなくなるので、加熱調理の場合には、トウガラシ、コショウ、ショウガなど、加熱したあとにも辛味の残る香辛料が使われます。

マッシュポテトの裏ごし

マッシュポテトをつくるとき、ジャガイモをさましてしまったところ、裏ごしがしにくくなって困りましたがどうしてでしょう

ジャガイモを顕微鏡で調べると、たくさんの細胞が集まってできています。マッシュポテトにするのは、ジャガイモの組織を壊し、細胞をばらばらに離すのが目的です。

このとき、ひとつひとつの細胞そのものは、こわされずにその形を保っているほうが、味も舌ざわりもよいのです。細胞が壊れると内容物が外へとび出し、全体が粘着力のあるモチのような状態になって、ジャガイモの味をいかすことができません。

あついジャガイモは、細胞膜がやわらかくなっているため、細胞同士が割合離れやすいのですが、冷えてくると、細胞をつないでいるペクチンという物質がかたくなって組織がじょうぶになるために、細胞同士が離れにくくなります。

これを無理に裏ごしにかけると細胞膜が破れ、なかから糊の状態になった澱粉が押し出されて粘りが増し、いっそう裏ごしがしにくくなるのです。

マッシュした際に細胞がどれだけ破壊されたかは、つぶしたものを一定量、水中に沈めて、そのみかけの体積がどれだけあるかを調べるとわかります。また、そのと

マッシュポテトの澱粉の溶出

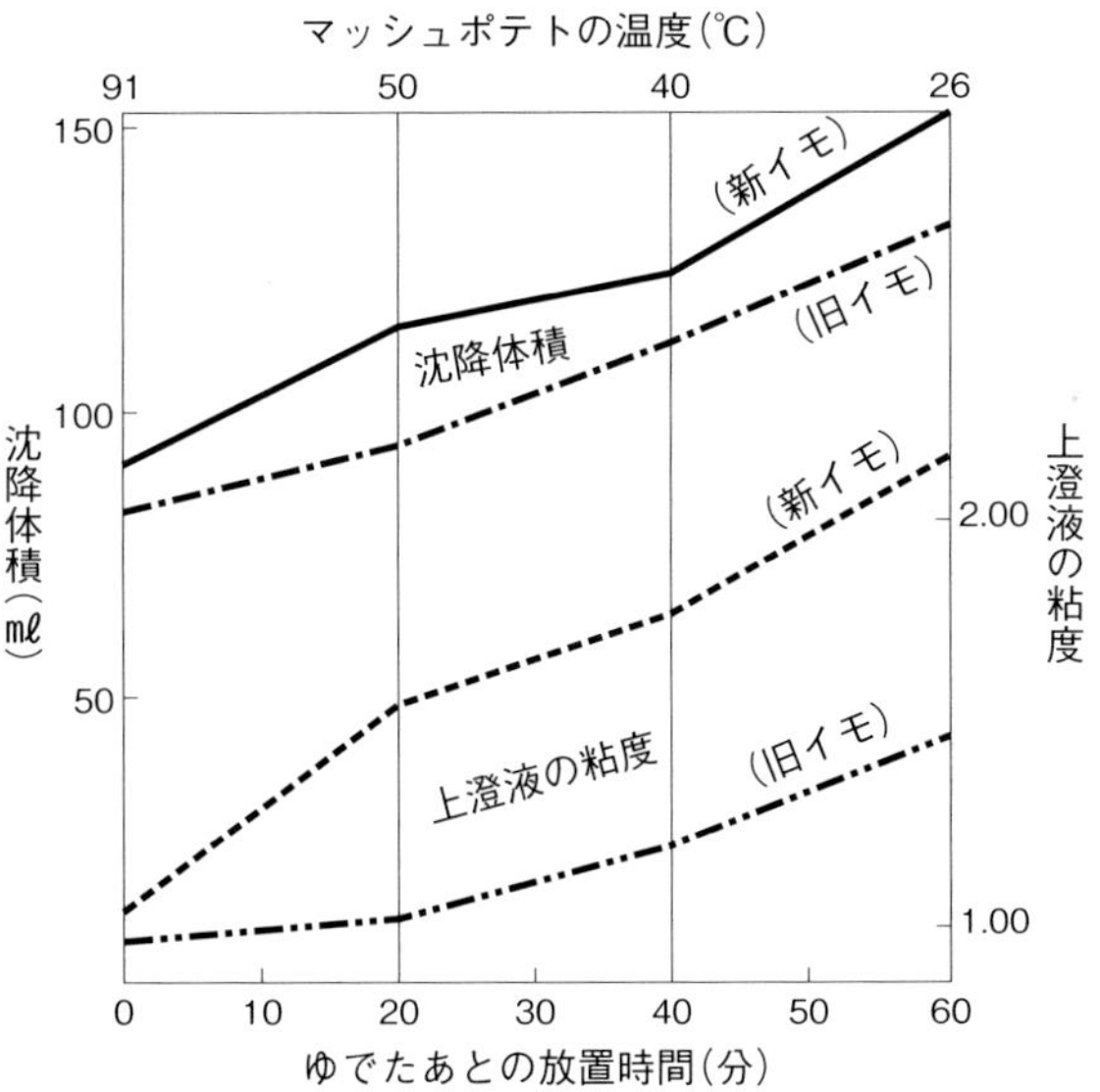

松元文子・橋本淳子:家政学雑誌、14、341(1963)より

きの上澄液の粘りの強さを調べることも役だちます。沈む体積が大きいほど、上ずみ液の粘度が高いほど、細胞が壊れて澱粉のとけ出しが多くなっているのです。松元氏らがこの方法で、ゆでた直後から六〇分放置したものまでのイモをマッシュにして調べてみた結果では、図のとおり長く放置したイモは、はっきりと粘りが強くなり、澱粉のとけ出しが増えていることがわかります。この傾向は澱粉やペクチンが未熟で細胞膜も弱い新ジャガイモに大きくあらわれています（一七二ページ）。

ジャガイモ細胞の中の澱粉・蛋白質

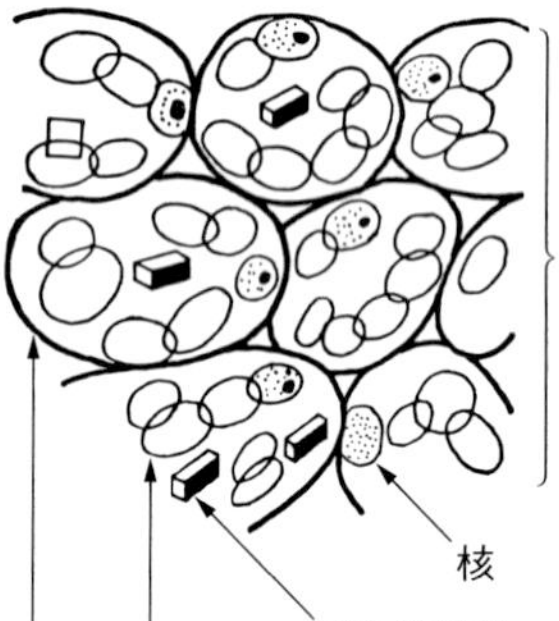

なまのときは、200～400倍の顕微鏡で澱粉を数えることができる。加熱すると澱粉は膨潤して細胞内にひろがり、すきまを残さない。蛋白質は凝固する。

山崎清子・島田キミエ：調理と理論、120（1967）より

澱粉の糊化と老化

澱粉に水を加えてあたためていくと、冷たいときには水にとけなかった澱粉が、しだいに粘りを増し、水にとけたいわゆる「糊《のり》」の状態になります。これが澱粉の「糊化」で、米の炊飯、ふかしイモなどをはじめ、いろいろな澱粉質食品を加熱するおもな目的は、含まれている澱粉の糊化をおこさせることにあります。

糊化させる前の澱粉をβ（ベータ）澱粉、糊化されたものをα（アルファ）澱粉といいます。そこで糊化をα化ともいいます。

澱粉の分子はブドウ糖の分子が何百もくさりのようにつながってできたものですが、なまのときにはこの長い分子のくさりが束のように集まって、一定の方向にかたく配列したミセルという状態になっています。そしてこれがさらに集まって結晶粒をつくっているわけですが（二七五ページ）、水のある状態で加熱するとこのミセルがゆるみ、水の分子が澱粉分子のすきまにはいりこんで、長い澱粉分

子はたがいに水中でからみ合い、自由に運動できなくなります。糊化された澱粉が粘りをもつのはそのためです。

糊化は六〇～六五℃以上の温度でおこり、糊化された澱粉は消化がよくなります。ところがこの糊化されたアルファ澱粉をそのまま放っておくと、しだいに粘りを失い、やがてなまのときの状態にもどってしまいます。これが澱粉の老化（β化）です。老化は水分が一〇パーセント以下か、あるいは大量の水中ではおこりにくく、二～三℃の温度や、三〇～六〇パーセントの水分があるときが最もおこりやすいのです。

パン（水分三五パーセント）や米飯（水分六五パーセント）など、普通の食べものはちょうどこの範囲にあることが多く、これを冷蔵庫に入れたりすれば、たちまち老化はすすみます。

そこでビスケットやせんべい、即席ラーメンのように、糊化された澱粉をそのまま急に乾燥させるか、ようかんやあんこのように大量の砂糖を加えて水の働きをうばってしまうか、あるいは冷凍食品のように急速に凍結させてやはり脱水と同じ状態にするか、逆に水モチのように大量の水中につけておくなどの方法をとることにより、老化をとめたり、遅らせたりします。

澱粉の糊化の模式図

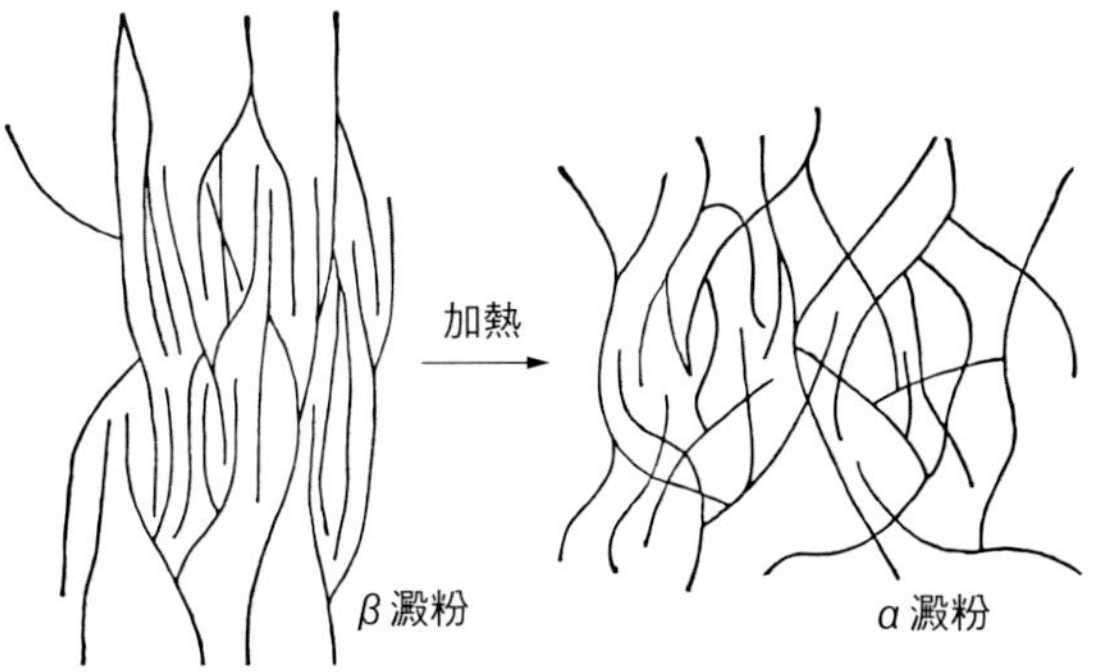

注：現在では、ヤマイモのアミラーゼ含有量はあまり多くないということがわかっており、ヤマイモが生食されるのは、ヤマイモの澱粉の細胞壁の厚みがうすく、セルロース含有量が少ないため、α-アミラーゼの消化を受けやすくなるからだろうとされている。ヤマイモを生のまま、すりおろして食べる「とろろ汁」などは、ヤマイモの粘質物による口当たりや、のどごしのなめらかさといった食感を賞味するものと考えられる。

5 こねる・混ぜる

とろみつけ

とろみをつけるためのかたくり粉を あらかじめ水でといてから使うのはなぜでしょう

　澱粉を汁に入れてとろみをつけるのは、澱粉が糊化をおこして生じた粘りを利用するものです。この糊化がおこるためには必ず水が必要で、水分が一五パーセント以下になると糊化（α《アルファ》化）はおこりません（五二ページ）。このときの水は澱粉の粒子にしみこんで、分子のひとつひとつに十分接触していることが必要です。このため、あらかじめ水ときして澱粉粒を十分膨潤させ、それを汁のなかに入れてさらによくかき混ぜるのです。

　もし、澱粉を粉のままあつい汁のなかに入れると、汁全体に澱粉がゆきわたるより先に、粒子の表面だけが粘りをおび、そのままくっつき合って、いわゆるまま粉（ダマ）の状態になります。こうなると、まま粉の内部まで水分が浸透するのに時間がかかるため、やっと糊化されても透明な澱粉のかたまりが汁のなかにできるだけで、とろみどころか汁全体を台なしにしてしまうのです。

あんかけ

あんかけのとき、水ときしたかたくり粉を 必ず煮立った汁のなかへ加えるのはなぜでしょう

　かたくり粉は純粋な澱粉なので、なまのときは水にとけません。そこで冷たい汁のなかへかたくり粉の水ときを入れて加熱を始めても、澱粉は底へ沈もうとし、やっと温度が上がって糊化がおこっても、あんにムラができるばかりでなく、加熱時間が長びく結果、味もそこなわれます。

　そこで澱粉がすぐに六〇℃以上に加熱されるよう、あらかじめ煮立てておいた汁のなかへ、「の」の字でも書くように手ばやくかき混ぜながら流しこむのです。攪拌をおこたると、部分的に加熱された澱粉が「ダマ」になって、均一なあんができません。入れたら一度煮立たせてから火をとめます。

　あんかけや、とろみづけにかぎらず、澱粉の糊化はいつも澱粉粒に水を十分に吸収させた状態で、なるべくムラのない加熱が行なわれるような配慮が必要です。

酢のものと塩

酢のものの材料に前もって塩をまぶしたり、かけたりしておくのはなぜでしょう

魚なら塩をまぶす（一〇六ページ）、キュウリなら板ずりにする（一三七ページ）といったぐあいに、酢を加える前には、必ず食品に塩を加えておきます。

これは、おもに食品の水分をある程度引き出し、表面の組織をやわらかく変化させて酢が食品になじむようにするためです。

塩をふっておくと水分が引き出されてくるのは浸透圧によるもので（二六ページ）、魚では皮の上から二パーセント程度の食塩をふってもほとんど脱水はおこりませんが、しめさばのときのように三〜四パーセント以上になると水分がしぼり出されて、身が締まってきます。

キュウリのような野菜では、うす切りにして二〜三パーセントの食塩をふりかけて三〇分もすると、五〇パーセントちかくの水分が放出されてきます（図参照）。

これだけの水をしぼり出すことなく、はじめから酢にしますと、酢が食品の水分を引き出して、うすまってしまうばかりでなく、酢そのものが、食品の表面だけにうすくしみこんだようなかたちになりますので、酢のものの味がバラバラになってしまいます。

ただ、塩があまり完全に浸透しても、かえって食品の持ち味を殺してしまいますし、酢もあまり材料のなかまではいりこむと、酢のものではなく、酢漬けになってしまいます。

そこで、この塩と酢のかね合いがなかなかむずかしく、むかしから味つけのコツといわれる「塩梅（あんばい・梅は梅酢のこと）」という言葉はここから出たものとさえいわれています。

塩の使用量とキュウリの放水量

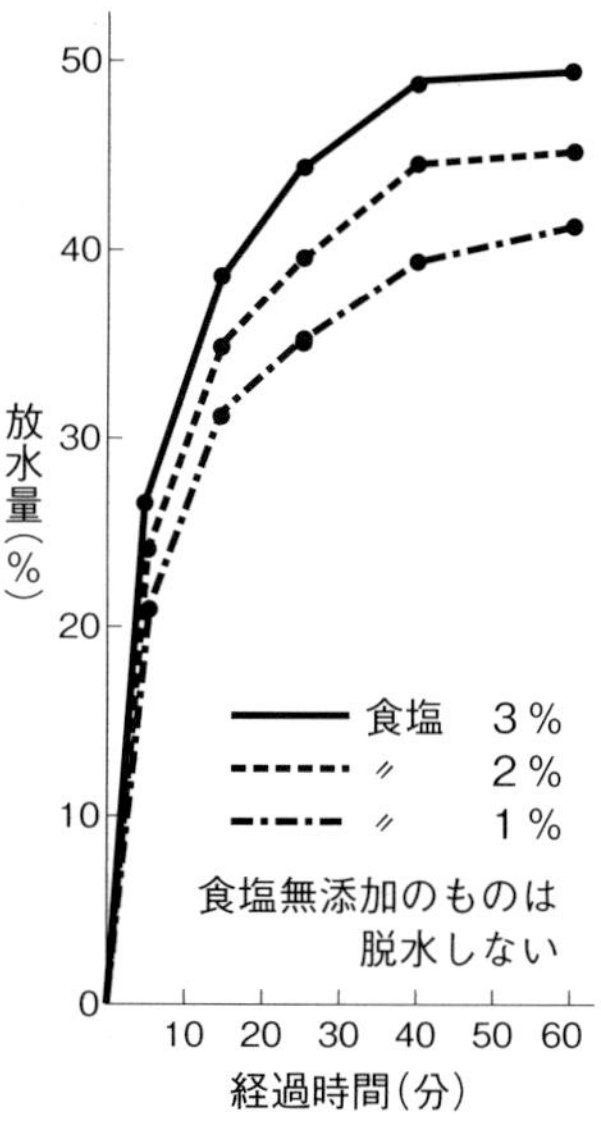

松元文子：調理と水、23(1963)より

あえもの

あえものを長くおくとまずくなるのはなぜでしょう

どんなあえものでも、必ず食べる直前にあえるのがコツで、長くおくほど味は低下します。

一般にあえものは持ち味や香り、歯切れのよさなど、材料そのものの特徴をいかそうとする調理法です。したがって材料の形や性質は、なるべく変わらないほうがよく、またあえごろもは原則として材料の表面をムラなくおおっているだけで、材料の内部へは、しみこまないほうがよいのです。

材料をあえたまま長く放置すると、あえごろもの調味料がしだいに材料のほうへ浸透し、同時に材料からは、水分が外へ引き出されてきます。これは内と外が同じ濃度になるまで続くので、水を奪われた材料の組織はすっかり変形し、もとの歯ざわりを失ってしまいます。ゴマあえ、ウニあえのように、あえごろもの材料が固形物で直接食品にしみこまない場合でも、塩、酢、うま味成分など、味をもった物質だけがしみこもうとする結果、かえって味のバランスがくずれてしまいます。こういう変化を最少限度にとどめるために、あえものはあえたらすぐ食卓に出すわけです。

日本料理のあえものにかぎらず、サラダのようなものでも全く同じで、食べる直前、あるいは食卓で、各自ドレッシングをかけて食べるのがよいとされています。

白和え

ゆで野菜とマヨネーズ

ゆでた野菜のサラダには、フレンチドレッシングよりマヨネーズを使うのはなぜでしょう

ジャガイモ、カリフラワー、ブロッコリー、芽キャベツなど、ゆでた野菜をサラダに用いるときは、たいていフレンチドレッシングを使わず、マヨネーズを使います。フレンチドレッシングは、ビネガーと油を、塩、こしょうして混ぜただけのもので、本来混じり合わないものですから、ボールやびんのなかで両者は分離し、これを使用直前によくふってかけるわけです。市販のフレンチドレッシングが均一に混じり合って白く濁っているのは乳化剤を加えてあるためです。

サラダは新鮮な材料の味を生かすことがたいせつなので、材料にソースがしみこむことをきらいます。そのために食べる直前にかけるのですが、それでもしばらくおくと酢や塩の浸透圧のために野菜の水分が引き出され、パリッとした感触が失われてきます。

ゆでた野菜は組織がやわらかになっていて、塩や酢を吸収しやすいので、これにフレンチドレッシングのような分離しやすいソースをかけると油が残り、塩と酢だけが材料のなかへぐんぐんしみこんで、ひどく味がおちるばかりでなく、材料の表面がくずれやすくなります。

一方、マヨネーズは卵黄のレシチンの力で酢と油を均一に乳化させたもので（六〇ページ）、ゆでた材料の表面にかけてもすぐには分離することなく、材料の表面を一様におおってくれます。この場合、必ずさましてからかけることがたいせつで、熱いうちにかけるとマヨネーズの分離や浸透はまぬがれません（八四ページ）。

サラダに使う野菜

なまで使う野菜		ゆでて使う野菜	
キャベツ	タマネギ	グリーンピース	サヤインゲン
レタス	赤カブ	芽キャベツ	トウモロコシ
キュウリ	パセリ	グリーン・アスパラガス	モヤシ
トマト	サラダ菜	カリフラワー	ホウレンソウ
セロリ	ピーマン	ジャガイモ	ブロッコリー

冷えた卵とマヨネーズ

冷えた卵でマヨネーズをつくると、うまくいかないことがあるのはなぜでしょう

冷蔵庫から取り出したばかりの卵を使うと、よいマヨネーズができないことがあります。これは酢とサラダ油をうまく結びつけ、均一な状態にしてくれる役をする卵黄のレシチンの働きが、低温ではうまくいかないからであると考えられます。

マヨネーズは、少量の酢のなかに大量のサラダ油を、直径五〜一五ミクロンの細かい粒子の状態にして均一に分散させたものです。すなわち、マヨネーズは酢と油が水中油滴型のエマルジョンを形成しているのです（七七ページ）。

酢の大部分は水分でもともと油とは混じりにくいものですから、乳化状態にするためには、卵黄のレシチンのように、水とも油とも結びつく性質をもった、いわゆる乳化剤を必要とするわけです。

この作用がうまく行なわれるためには、一六〜一八℃ぐらいの温度がよいとされ、卵の温度があまり低いとよい結果が得られません。

また逆に三〇℃以上の高温では、油の粒子がひとつに固まろうとする傾向が強くなるため、やはりマヨネーズの質は低下します。そこで、なるべく前記の適温を保ってつくるようにします。

なおマヨネーズをつくるときばかりではなく、できたものを保存するときにも、冷蔵庫などに入れておくと分離しやすくなりますので注意しなければなりません。

レシチンによるマヨネーズの乳化

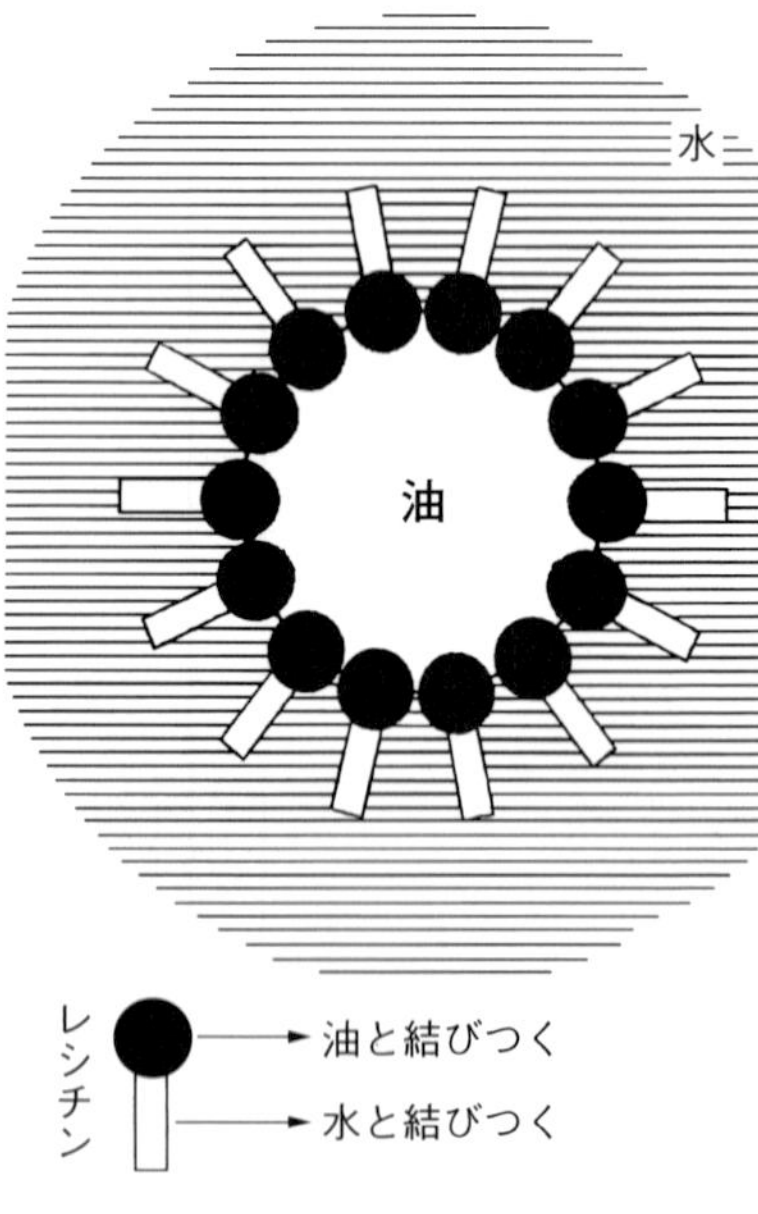

マヨネーズづくり

マヨネーズをつくるとき、油が多くなるとかたくなり、酢を入れるとゆるむのはなぜでしょう

マヨネーズは酢のなかに細かい油の粒を分散させてつくりますが、油を細かい粒子にすることがむずかしいうえに、油は水ととけ合わないので、せっかく油滴をつくっても、それをいきなり酢のなかに入れたのでは、たちまち粒子がくっつき合って、元の液体にもどり、酢と分離してしまいます。これを防ぐために卵黄中のレシチンが役だっていますが、レシチンがあるからといって、油をいきなり入れることは無理で、卵黄のなかへ油をかき混ぜながら少しずつ入れ、油の粒子とレシチンとが結合する時間の余裕をつくり、なるべく細かい粒子をつくっていかなければなりません。こうしてできた油の粒子は、レシチンに包まれて互いに摩擦が大きいので、油が多く粒子が細かくなるにしたがって、全体の抵抗は大きくなり、かきまわすのに骨が折れるようになります。

油の量とマヨネーズの乳化状態　①油小さじ1杯、②油1/4カップ、③油3/8カップ、④油1/2カップ

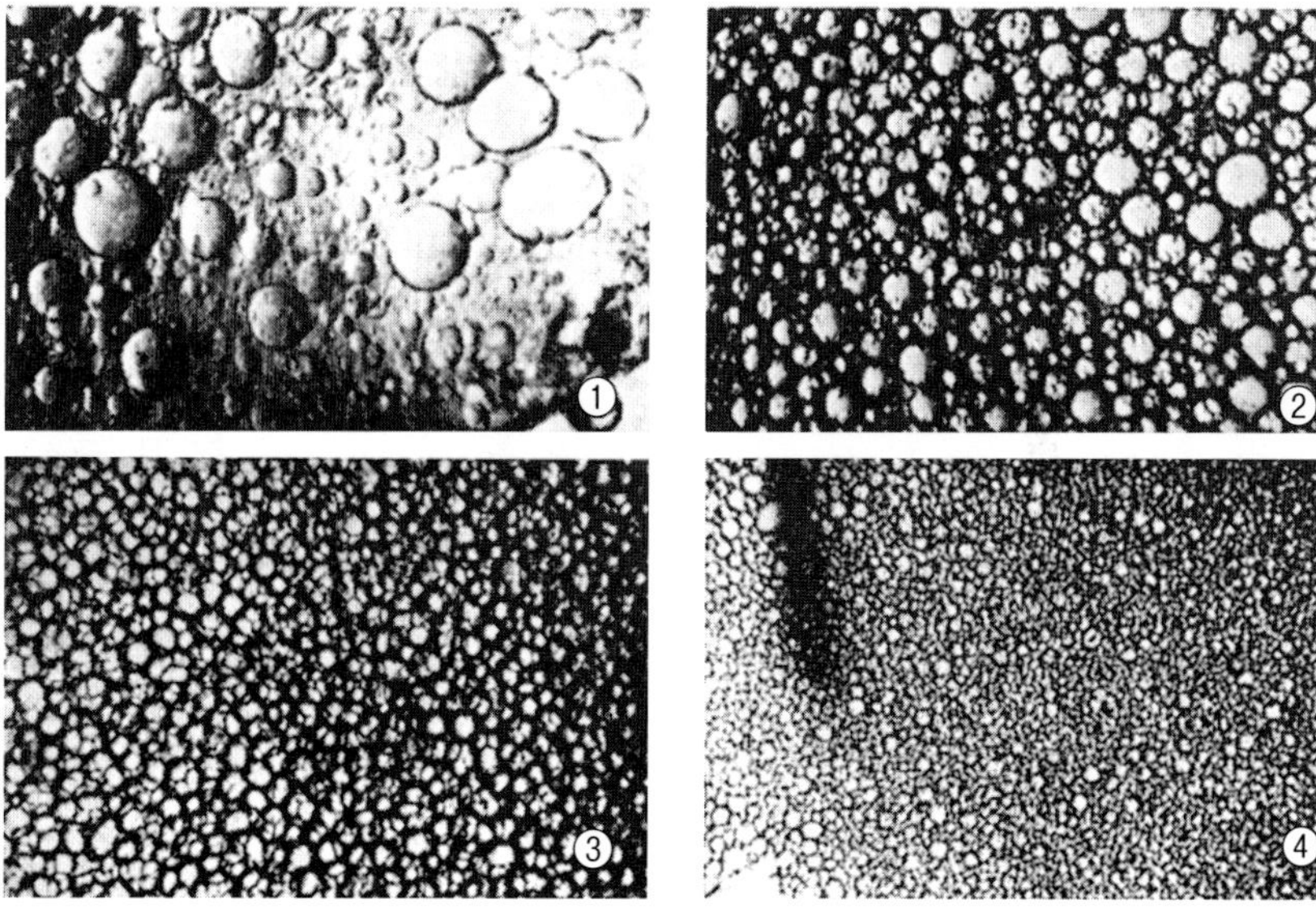

ベル・ロウ：Experimental Cookery（第4版）284～285（1955）より

ここで酢を加えると、卵黄中のわずかな水のなかにめじろ押しになっていた油の粒子が一度に酢のなかへ分散し、自由に動きまわれるようになるため、マヨネーズはゆるむのです。

マヨネーズのつくり方にはいろいろありますが、卵黄にあらかじめ酢を加えておくと、最初からゆるいエマルジョンができるため、油をどんどん入れていくことができ、はやくつくることができます。しかし、はじめに卵黄だけのなかに油を少しずつ加えて十分かき混ぜたものに比べて、油の粒子の大きさにどうしてもムラができやすく、できあがったマヨネーズの安定性は劣ります。この場合も油を加えていくにしたがって粒子は小さくなり、全体はかたくなっていきます。

マヨネーズの栄養価

マヨネーズは多量の脂質を含み、一〇〇グラムで六六六キロカロリーのエネルギーがあり油が微粒子になっていて、消化吸収もすぐれています。油の粒子の大きさは市販品が一〇〇〇分の一ミリ、手づくりは一〇〇〇分の五〇ミリと差があります。酸性が強いため、卵が使ってあっても腐ることはありません。

マヨネーズとボール

フレンチドレッシングやマヨネーズソースをつくるとき、金属製のボールを使わないようにしますが、なぜでしょう

油はきわめて酸化しやすく、空気にさらしておくとすぐ空気中の酸素と結合して酸化がおこってきます。

この酸化は、油が金属に接しているときにすすむ傾向があります。揚げものは金属製の鉄鍋で高温に熱するのですから、酸化がおこるのは当然なのですが、フレンチドレッシングやマヨネーズのように加熱をしないものでも、泡立て器でよく混ぜれば混ぜるほど空気にふれる面が多くなりますので、揚げものほどではありませんが、酸化しやすい状態になってきます。

サラダ用の油は、くせのないあっさりした味が生命ですので、少しでも酸化がすすむような原因は、いっさいさけなければなりません。そのために、金属製のボールをさけて、ホウロウびきのボールを用いるようにするわけです。

卵白の泡立て

卵をかき立てると、泡立つのはどうしてでしょう

卵白は、もともと、強い粘りをもっています。これを強くかき混ぜると、卵白の中に空気が混じって、卵白に包まれた細かい気泡がたくさんできます。

この空気にふれている部分の蛋白質は、分子の状態が変わって変性という現象をおこし、しだいにかたくなって、泡の膜が厚くなります。こうしてできたものが泡立て卵白です。

よく立った泡は、たくさんの空気が混ざって容積が大きくなり、しかも、泡のひとつひとつが細かくていつまでも安定しています。

卵白にはこしの強い濃厚卵白と、さらりとした水様卵白とがあり、水様卵白は泡立ちはよいのですが安定性は劣り、濃厚卵白は、逆にかたくて泡立てには力がいりますが、できた泡は安定します。そのため、水様卵白の多い古い卵は泡立ちがよいのですが、泡もちは新しい卵に劣ります。

しかし、普通の茶せん型の泡立て器のかわりにモーターつきの電動攪拌器を使うと、濃厚卵白の多い新鮮卵でも簡単に泡が立ちます。したがって古い卵のほうが泡立てやすいというのは、あくまでも手動の泡立て器を用いた場合の話であるといえます。

卵白のなかに酢やレモンの汁を少しおとすと、蛋白質の変性が容易になって、泡が立ちやすくなります。

しかし、砂糖を除くそのほかの添加物は何によらず泡立ちを多少ともおさえるほうに働きます。

泡立て

泡立てとボールの温度

卵白の泡立てに使うボールを冷やしておくとよく泡立つのはなぜでしょう

理屈のうえでは温度が高いほどよく泡が立つのです。温度が高いと卵白の粘りが減って伸びがよくなるため、たくさんの空気を包みこむことができるからです。その代わり泡の強さも減るわけですから、できた泡の安定性は低くなります。

温度がある程度下がると、泡立ちそのものは悪くなりますが、泡もちがよいので、りっぱにできたと思った泡がしばらくたってみると、すっかりしぼんでいたというようなことはありません。この泡立ちのよさと泡もちのよさのかね合いがちょうどうまくいくのは、三〇℃前後だといわれています。

ところで、この理屈はあくまでも同じ力で攪拌すればという前提に立っているわけです。もし攪拌に少々……力が余計にいるのを承知のうえでボールを冷やしておき、力いっぱいに泡立てることができれば、気体の体積は温度が低いほど小さいので、同じように泡立てても、実質的に包みこまれる空気の量は多くなるわけです。そしてこれが温度の上昇とともに膨張するので、泡全体の容積は時間がたつとかえって大きくなり、比重の軽いよい泡ができるのです。

この原理を応用して、はじめにボールを冷やしながらよく泡立て、だんだんかたくなってきたところで冷やすのをやめ、空気の膨張し始める時期をのがさずに思いきり力を入れてひと息に泡立てると、さらに多量の空気が包みこまれて、こまかい強い泡がたくさんできるという泡立ての方法もあります。

卵白の温度と起泡力

温度	卵白(全)	水様卵白	濃厚卵白
10℃	100	150	84
20℃	110	170	90
30℃	120	200	87
40℃	130	240	95

(卵白全体の10℃の泡立ちを100とする)
松元文子・向山りつ子：家政学雑誌、7、11(1956)より

メレンゲと砂糖

メレンゲをつくるときに、はじめから砂糖を入れずに卵白だけを泡立てておいてから加えるのはなぜでしょう

卵白の泡立ちはいろいろな添加物によって影響を受けますが、メレンゲのように砂糖を加えた場合は、卵白だけのときより泡が立ちにくく、時間がかかります。

これは砂糖に蛋白質の変性を遅らせる作用があるために、泡の膜がいつまでもやわらかく、なかなか空気を包みこむところまでいかないからです。しかし、長時間撹拌を続けると、砂糖入りのほうが気泡がしだいに細かくなって安定度が高まり、泡もちはよくなります。できた泡を拡大してみると、写真のように砂糖を入れたほうが泡のきめが細かく、ムラのないことがわかります。

メレンゲでは味、つや、舌ざわりなどいろいろな点からみて、卵白と同量ぐらいの砂糖を加えるのがよいとされていますが、これだけの砂糖を一度にはじめから加えてしまうと、時間も労力も倍以上かかるので、まず卵白

淡雪かん

メレンゲ

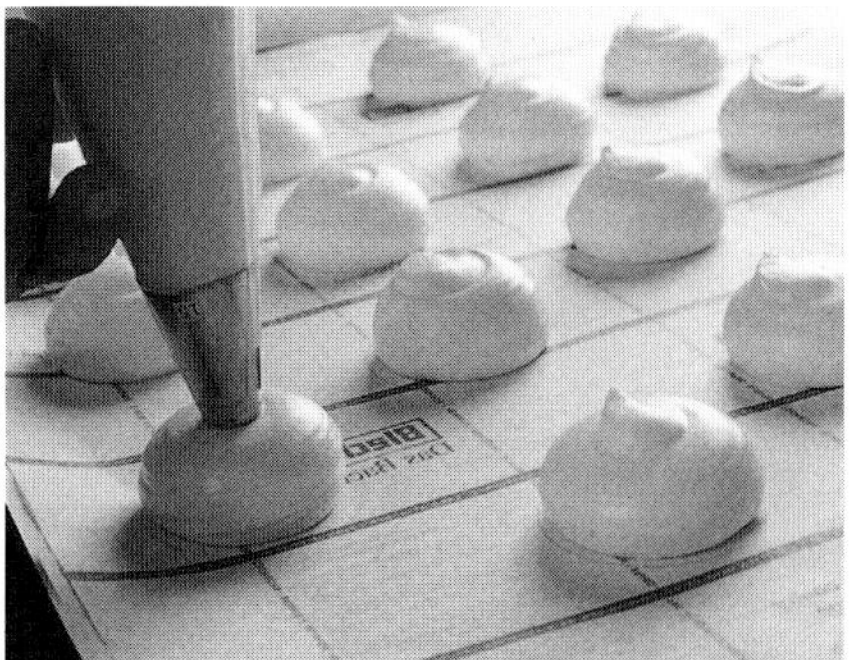

泡の写真

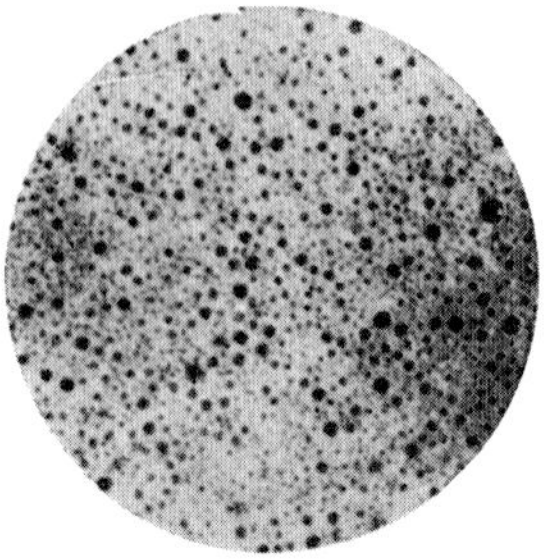
基準（卵白のみ）

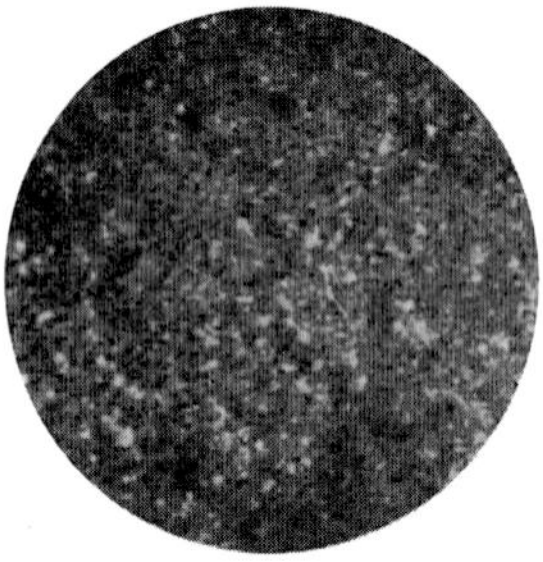
基準（砂糖入り）

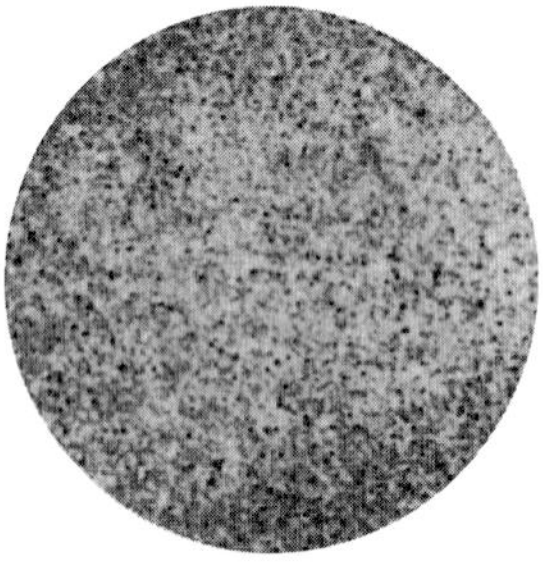
泡立て過剰

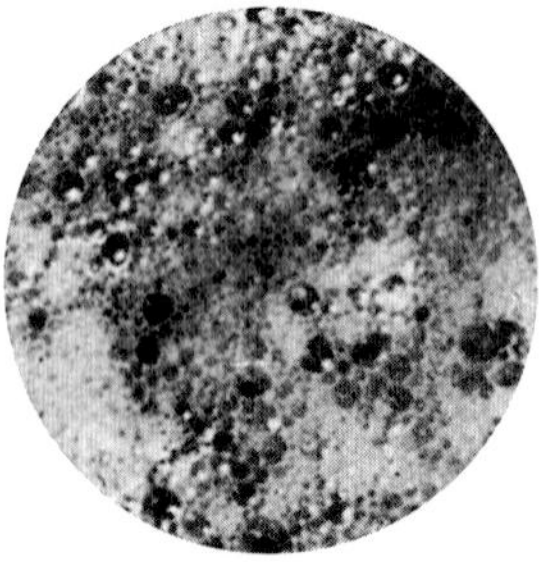
泡立て不足

だけを一〜二分泡立てておき、それから砂糖を加えてさらにしばらく攪拌すると、短時間でよいメレンゲがつくれるわけです。

松元氏らが行なった実験では、卵白と同量の砂糖を加えて一分間八〇〇回転の電力攪拌機で泡立てたところ、卵白だけを一分から一分半泡立てて、そのあと砂糖を加えてさらに一分半から二分攪拌したものが泡立ちも泡もちもよいということです。そして、砂糖をはじめから加えた場合は、これと同じような状態にするのに六分以上を要し、しかも泡立ちは前のものよりも劣るというような結果になっており、きめの細かさ、つや、絞り出したときの形などが最もよかったのは、卵白だけ一分半、砂糖を加えてさらに一分半攪拌したものだったと報告されています。

なお、砂糖にはこのように過度の泡立ちを防ぐ力がありますから、少量の卵白を大型の強力な攪拌機で泡立てるときには、むしろはじめから砂糖を加えておくほうがよいと考えられます。

グルテンとうどん

強力粉でうどんをつくるとよく伸びますが、薄力粉だと伸びが悪いのはなぜでしょう

小麦粉のなかには約七〇パーセントの澱粉のほかに、一〇〜一三パーセントの蛋白質が含まれています。この蛋白質の大部分は、プロラミンに属するグリアジンと、グルテリンに属するグルテニンという二種の蛋白質で占められています（四一ページ）。

この二種の蛋白質はともに水を吸いこむと膨潤し、特有の粘りを出す性質があります。小麦粉に水を加えてよくこねると、グリアジンとグルテニンは水を吸いこんで結合し、ゴムのように弾力性のあるかたまりになり、この蛋白質のかたまりをグルテン（麩質）といいます。

硬質小麦とよばれる蛋白質の多い小麦からつくった粉はグルテンが多く、こねたとき、コシの強い生地になるので、強力粉といいます。また、軟質小麦とよばれる蛋白質の少ない小麦からつくった粉は薄力粉です。これは菓子、料理、てんぷらのころもなどに適しています。その中間の性質をもったものが中力粉です。

強力粉は気泡を保つ力が強いのでパンをつくるのに適しています。また、麺類でも、そうめんのように生地を細く伸ばしてつくるものや、手打ちうどんのようにしっかりした歯ごたえを求めるものは、特に強力粉をよくこねて使うことがたいせつです。しかし、普通のうどんのようにうすく伸ばして、細く切るものは、あまり弾力の強い粉ではかえってやりにくく、ある程度伸ばしやすい中力粉が用いられるわけです。

わが国でできる小麦は中力粉向きのものが多く、このため、麺類を食べることが発達したといえます。

小麦粉のグルテン量とその用途

粉の名称	湿麩量	乾麩量	用途
強力粉	35%以上	13%以上	パン、麩、澱粉
中力粉	25〜35%	10〜13%	麺、その他
薄力粉	25%以下	10%以下	菓子、料理、その他

（注）湿麩量は、粉に水を加えてダンゴにし、水中にひたしてから、目の細かい網の上で水を注いで澱粉などを洗い流し、十分水きりしたものの量。乾麩量はそれを乾燥したもの。どちらもグルテン量をあらわす。

小麦粉と食塩

小麦粉をこねるとき、必ず食塩を加えるのはなぜでしょう

小麦粉に水を加えてこねるとしだいに粘りと弾力が出てくるのは、前にも述べたようにグルテンによるものです（六七ページ）。このグルテンというのは、もともと小麦粉にこの形で含まれているものではなく、グリアジンとグルテニンが水を吸って結びつき、こねたりかき混ぜたりすることにより、分子が網の目のようにからみ合って、粘りが出るようになったその生成物をグルテンとよぶわけなのです。したがって同じ小麦粉でも、こね方や、こねる温度、時間などにより、グルテンの粘りや弾力性がちがってきます。

小麦粉をこねるとき食塩を加えると、コシの強い弾力のあるドウができます。これは食塩がグリアジンをとかす性質をもっているためといわれています。食塩の存在はグリアジン分子の粘りを出そうとする力を増すのに役だち、網目状組織を緻密にする作用があります。

食塩は一般に蛋白質分子の集まろうとする力、つまり凝集性を高め、変性を促進する作用があります。焼き魚（一〇六ページ）、ゆで卵（一七四ページ）などのほか、魚のすり身に入れる塩もその例です。

小麦粉のドウには食塩のほか、いろいろな添加物を入

こねた小麦粉の伸びぐあい

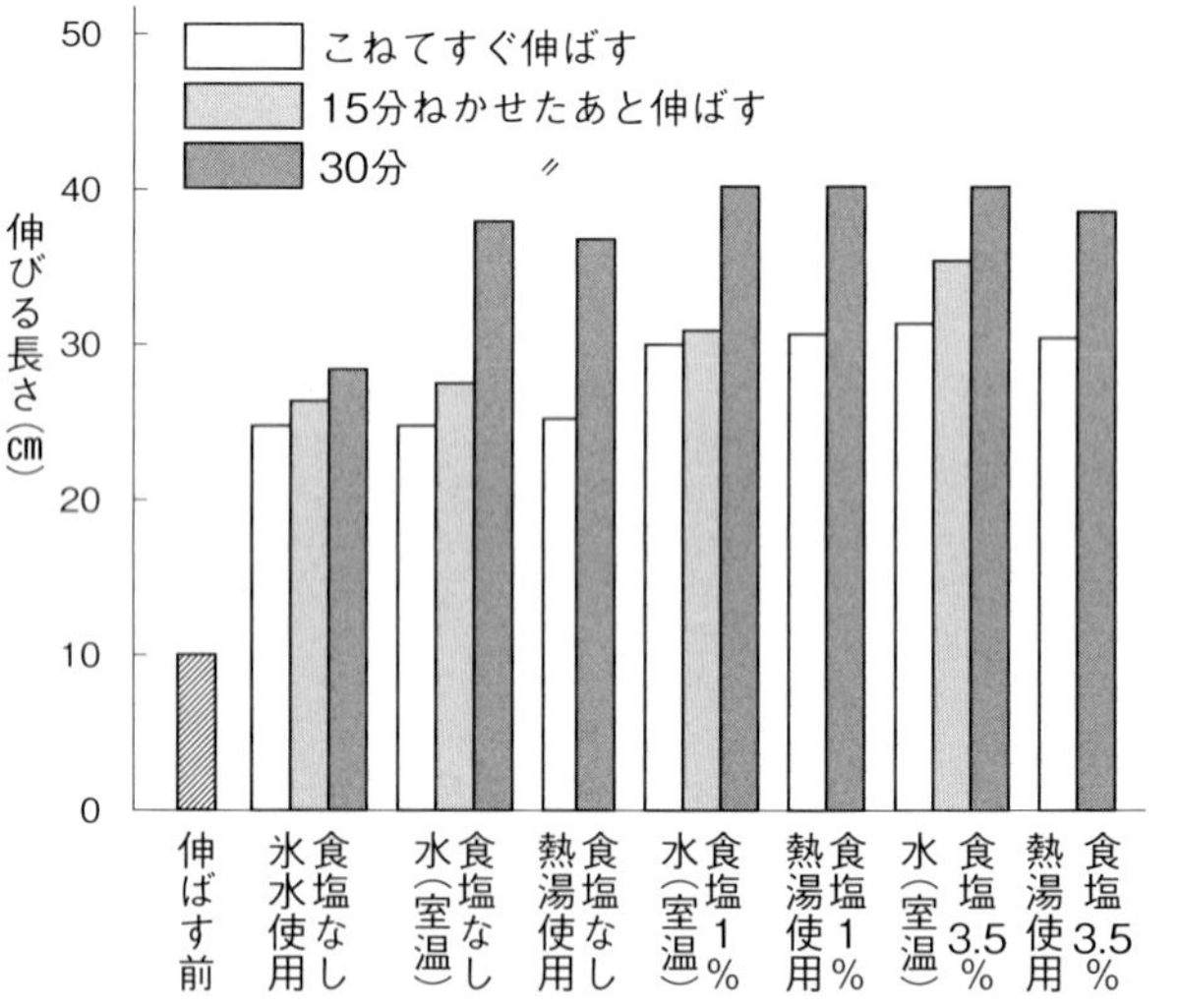

熱湯は80℃、氷水の場合は、こねたあと冷蔵庫内でねかす。

河野友美：台所の美学(1966)より

れますが、食塩だけはパンにかぎらず、菓子、麺類など、すべての場合に用いられる基本的な添加物です。ただし、てんぷらのころもや、ケーキ、シュークリーム、パイなどのように、グルテンの形成をむしろおさえたい場合には食塩は使いません。

中華麺は、食塩の代わりに梘《カン》水というアルカリ液（炭酸カリウムなどが主成分）を使います。このため中華麺は特有の匂いと、ちぢれがあり、アルカリのため小麦粉に含まれるフラボノイドが変色して黄色になっています。

食塩の添加量は四〜五パーセントまでが限度で、これより多く加えても効果はありません。そうめんのように、細くてしかも切れることなく、一年も二年も保存しなければならないものには、防腐をもかねてこの限界ぎりぎりまで食塩が加えてあります。

河野友美氏が中力粉をこねて直径一・五センチ、長さ一〇センチの棒をつくり、これをどこまで伸ばしたら切れるかを調べた実験の結果を、前ページの図に示してあります。ねかしたあとはさほどでもありませんが、こねた直後には食塩の効果のほか、水の温度の効果などがあらわれていることが、この図からわかります。

シュークリームの皮

シュークリームの皮をつくるとき、水とバターを混ぜたものが、必ず沸騰したところで小麦粉を入れるのはなぜでしょう

シュークリームの皮は、水と脂肪の混合物に小麦粉を加えてさまし、卵を加えて天火で焼くという、比較的簡単なつくり方をするものです。

しかしいくら原理が簡単でも、実際には温度の管理がきわめて微妙で、小麦粉を使ったケーキ類のなかでは、最もコツのいるもののひとつです。

このように温度の管理がむずかしい理由は、はじめの温度が低いと小麦粉を混ぜたときの温度も低くなり、小麦粉中の澱粉の糊化が不十分になって最後に形が悪くなり、逆に温度が高すぎると、グルテンの働きが妨げられるので、シューが不均一になり、ふくらみも悪くなるというように、はじめの温度が最後までその結果に影響するからです。

はじめに水とバターがムラなく混じり合っており、しかも小麦粉を入れたあと、ちょうど好ましい温度（八〇℃弱）になるためには、最初の温度が一〇〇℃前後であることが望ましいのです。水とバターがちょうど沸騰したところで小麦粉を入れるのはそのためで、これにより澱粉は適度に糊化されて粘りをもち、脂肪はできたペースト中に均等に分散します。そして小麦粉のグルテンは、特有の粘弾性のほかに脂肪を包みこんでなめらかさを示してくれます。

温度が低いと澱粉の糊化が不十分で、本来糊化に使われるはずだった水の一部が残っているために、あとで天火で焼くとき、皮がまだ固まらないうちにこの水が蒸発しようとして、丸いまんじゅうのような形になってしまうわけです。

逆に、温度が高すぎると澱粉の糊化が十分にすすみ、水はどんどん吸収されて粘りが強くなっていますので、天火で焼くときには少量の水の力でかたい皮をふくらませなければならないことになり、シューの体積が小さくなるわけです。阿部、松元氏らの実験によると、一〇〇℃になったものに小麦粉を加えて手ばやくかき混ぜ、すぐに火からおろしたときの温度が、七七℃あたりになっているときに最も形のよいシューが得られるとされています。

シュークリームの皮のふくれ方

低　温
大きくふくれるが形が丸い

適　温
形も大きさもちょうどよい

高　温
形はよいが小さい

シュークリームと卵

シュークリームのシューをつくるとき、小麦粉のはいったペーストがややさめてから卵を少しずつ分けて入れるのはなぜでしょう

バターと水を沸騰させ、ふるった小麦粉を入れてできたペーストには、つぎに卵を加えます。この目的はまず卵黄のレシチンの働きでバターと水の均一に混じり合った乳化状態を安定させるため、つぎはシューのかたさを適度に調節するためです。卵がこういう役割を十分に果たすためには、熱凝固しないように、少なくとも六五℃以下にさめてから加えなければなりません。ただしさましすぎるとバターは固まり、小麦粉の粘りも増して卵が均一に混ざらなくなりますから注意が必要です。

つぎに卵を少しずつ加えるのは、ペーストのかたさをよくみながら、卵の量によってこれを調節するためです。いきなり全量を加えて、もしゆるくなってしまうと、あらためて粉や水、バターなどを加えて調節しなおすのはもはや困難です。

パイの皮にバター

パイの皮をつくるとき、小麦粉に水を加えてこねてからバターを加えるのはなぜでしょう

シュークリームの皮と反対に、パイはまず水と小麦粉をこね合わせてドウをつくり、それにバターのかたまりを包みこんで伸ばしていくという、独特の方法をとるのが特徴です。

パイは軽く、しかもパラパラと砕けやすいもろさ（ショートネス）が必要で、そのためにはグルテンの粘性をなるべく出させないようにすること、脂肪が小麦粉の粒子の間にはいりこまないことが必要です。脂肪が粉のなかに混じりこんでしまったものは、全体が緻密でなめらかなかたまりになり、層ができません。

理想的なパイは、紙のようにうすい小麦粉の層と、バターの層が交互に何十層も重なり合っています。これを高温で焼くと、バターがとけて小麦粉の層に吸着され、層と層の間にすきまができるわけです。

このように、バターの役目は何枚もの小麦粉の層をへ

だてるのが目的なので、その役目を十分果たすためには、冷たく固まっているほどよいのです。とけてやわらかくなったバターは壁の役目をせず、小麦粉全体をダンゴにしてしまいます。

グルテンの少ない薄力粉を使い、粉も、加える水もできるだけ冷たくしてグルテンの形成を防ぎ、そこへ冷蔵庫でかたくしたバターを包む、というようにいつも冷却に気をつけるのもそのためです（八二ページ）。

天火で焼くとき、なるべく高温、短時間にしたほうがよいのも、温度が低いとバターが徐々にとけて、まだやわらかい小麦粉層にしみこみ、粘着力を増してくっついてしまうのを少しでも防ぐためです。一九〇〜二〇〇℃で二〇分間焼きます。

なお、このつくり方はフレンチ・パイクラストという普通のものですが、もうひとつアメリカン・パイクラストといって、まず小麦粉とバターを切り混ぜてから水を添加してこねるやり方もあります。これは原理的にはなめらかなドウができますので、層になることはないわけです。

パイ皮のつくり方

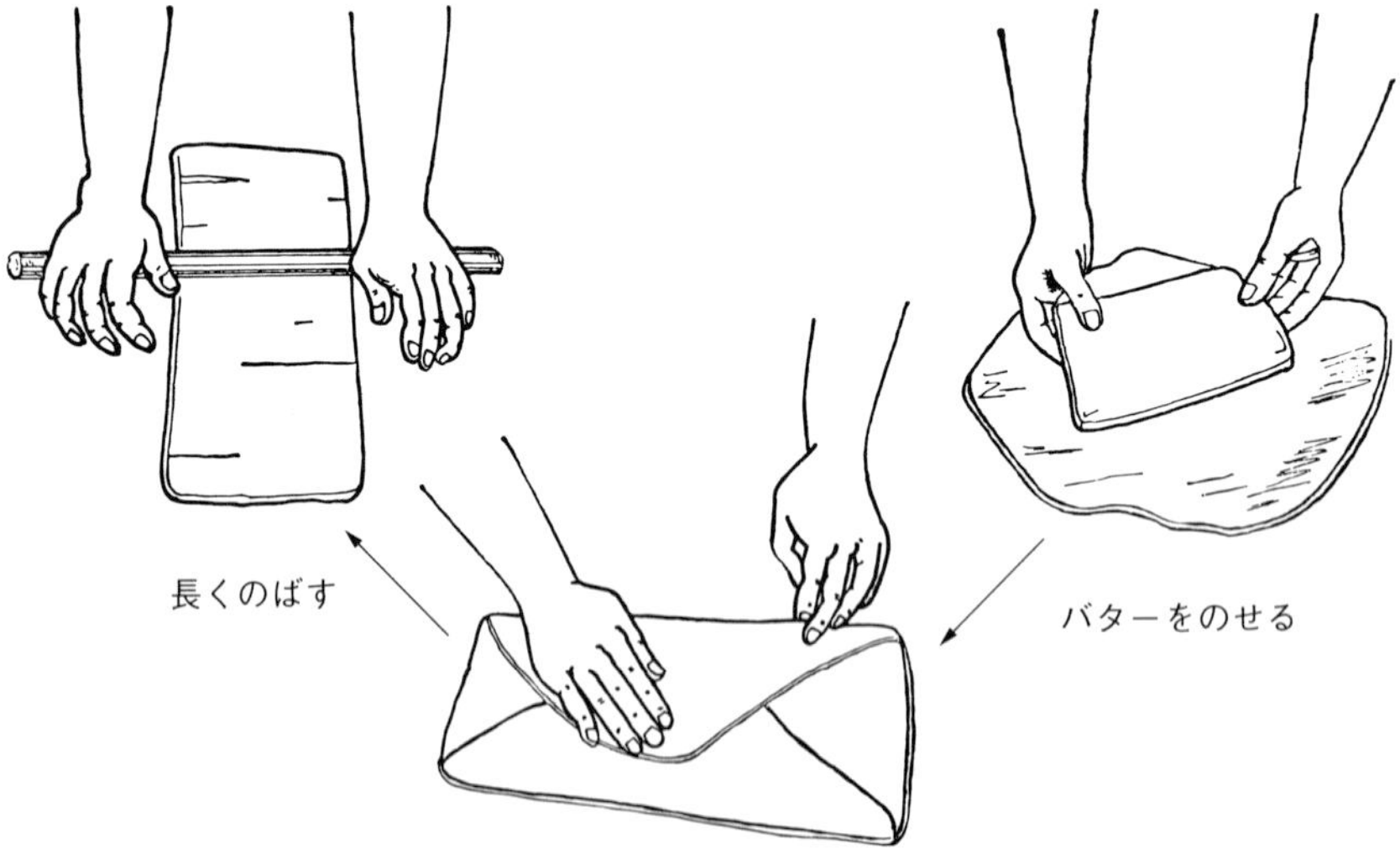

パイの皮をねかせる

急いでパイをつくらなければならず、いつもはねかすのに、ねかさないでつくったところよく伸びなかったのですが、これはなぜでしょう

フランス式のパイでは、紙よりもうすい小麦粉の層が、軽くてくずれやすく、層と層の間に空気を十分含んでいるのがよく、このためには、グルテンの粘りをきらい、始終冷やしながら、薄力粉でつくります（七一ページ）。

ところが、層をつくるために、粘りをきらう一方では、紙のようにうすく伸ばすために、粘りとなめらかさを必要とします。このためには小麦粉をよくこねなければならないわけで、粉と水とを合わせてさっと混ぜた程度の生地では、このなめらかさが不足しています。

この二つの矛盾した要求にこたえるために、軽くこねたあと、ぬれぶきんなどで包んで三〇分ほどねかせておくと、水がムラなく粉に吸収されて、なめらかさが加わって伸ばすことができます。これが、パイをつくるときの、こねた粉をねかせる理由です。

イチゴとなまクリーム

イチゴになまクリームをかけるのはなぜでしょう

イチゴは新鮮な色と香り、それになめらかな舌ざわりが特徴ですが、酸味が強く、甘味がややうすいのが欠点です。そこで砂糖をかけて甘味を補うわけですが、なまクリームはなめらかさをいっそう引き立てると同時に、酸や砂糖の強い味をやわらげ、風味をよくするのに役だっています。

なまクリームの代わりに牛乳をかけるのもよいのですが、牛乳中のカゼインという蛋白質は、酸を加えると凝固する性質があり、砂糖を加える前に牛乳をかけてつぶすと、イチゴに含まれるリンゴ酸やクエン酸のために、白い粒になって固まり、みかけも味も悪くなることがありますので注意が必要です。たっぷりの砂糖とともにつぶせば、砂糖液中にカゼインの粒が分散する形になりますので、大きなかたまりになるのをある程度防ぐことができます。

砂糖液の沸点

抜糸《バースー》をつくるとき、煮詰めた砂糖液を火からおろしたのち、決してかきまわしてはいけないのは、なぜでしょう

砂糖は一〇〇℃の水一〇〇グラムに四八七・二グラムもとけることができ、さらに温度を上げていくと沸点そのものが上昇して、砂糖液というよりむしろ水を含んだ砂糖といった状態になります。たとえば、砂糖九〇グラム、水一〇グラムの混合液の沸点は、下表のように一二四℃にも達します。

こういう濃厚溶液をさますと、そのときの濃度とさまし方により、あるときはシロップ状に、あるときはボンボンに、あるときはかたいあめに、あるときは砂糖の微細結晶であるフォンダンに、というように、さまざまな形のものになります。普通は、不純物がはいっていたり衝撃を与えると結晶になり、純粋な砂糖溶液をなるべく動かさずに静かにさますと、透明なあめになります。

中国料理の抜糸は、水にとかすのではなく、油のなかに砂糖を煮とかして、沸点一四〇〜一五〇℃というたいへんな濃厚溶液にしたものを用いて、糸を引くようになるまでさましたものです。

少しでも温度が下がると固まるので、必ずあついうちに食卓に供さなければなりません。これをかきまわしてはいけないのは、いうまでもなく砂糖の結晶を出さないようにするためです。

この液を揚げたてのヤマイモ、サツマイモ、栗などにかけて食べるのですが、このときにもなるべく砂糖液があついうちにかけないと、結晶ができて、ザラザラしたものになってしまいます。こうしてできた抜糸は、そのまま食べると舌をやけどするので、別の器に水を添えてすすめるわけです。

砂糖溶液の沸点

糖分（%）	水（%）	沸点（℃）
10	90	100.5
30	70	101.0
50	50	102.0
70	30	106.0
75	25	107.0
85	15	115.0
87	13	117.0
89	11	121.0
90	10	124.0

結晶を防ぐために、食酢を少し加えて加熱することがあります。酢を少し加えておくと砂糖の主成分であるショ糖が、酢酸の作用で一部分解して、転化糖（ブドウ糖と果糖の混合物）に変わり、これが混じっていると砂糖だけの場合より結晶しにくくなりますので、きれいな抜糸をつくることができるのです。

抜《バー》糸《スー》

ひき肉を丸める

ひき肉を丸めるとき、あらかじめよく練るのはなぜですか

なま肉中のミオシンとアクチンという蛋白質は結合すると粘着力が強まる性質があります。しかし熱をかけますと、蛋白質が凝固して、粘着力を失います。

ひき肉をあらかじめ十分に練って、肉の組織を壊し、細胞のなかの蛋白質が互いに結びついた状態にしておきますと、丸めて加熱したときも全体がひとつにかたまろうとしますので、ばらばらにならないですみます。このためには、二度びきはもちろん、ひいたあとをさらにすったり、ひいた肉をたたきつけたり、人によっていろいろなくふうが行なわれます。

ハンバーグステーキ、肉だんごスープ（丸子湯）など、ひき肉をまとめる料理にはたいていネギやタマネギを混ぜますが、これは肉のにおいを消して味をよくするためのもので、肉のまとまりは悪くなります。

食パンなども量を増し歯ざわりをやわらかくする効果

ハンバーグをまるめる

はありますが、食パンのグルテンは、焼き上げのときすでに活性を失っていますから、つなぎの役目は期待できません。

つなぎのために卵をひき肉に混ぜておきますと、卵が肉の組織をつないだ状態で凝固しますので、まとまりがよくなります。

からしをとく

からしをとくとき、ぬるま湯を使うのはなぜでしょう

からしの辛味成分はシニグリン（白カラシ）、シナルビン（黒カラシ）などという物質で、ふだんは糖類と結合して配糖体というかたちで存在し、辛味はありません。ところが水を加えてかき混ぜると、からしのなかにあるミロシナーゼという酵素の作用で糖類との結合が離れ、はじめて辛味を示すようになります。これはワサビをすりおろすときにゆっくり時間をかけて行なうのと同じ原理です（五〇ページ）。

この酵素の作用は約四〇℃くらいのときが最も活発で、ぬるま湯でよくかきまわすとはやく辛味が出てくれます。ただし、熱湯を注ぐと酵素の作用がとまり、逆効果になるので注意が必要です。

なお、カレー粉にも同じような現象があって、はじめにゆっくりとあたためていく時間が長く続くと、辛味が増加します。

コロイド

食塩や砂糖を水にとかすと、その分子が水の分子と均一に混じり合って、全体が食塩水、砂糖水という溶液の状態になります。つぎに澱粉を水に入れると、こんどはとけないで下に沈澱します。

ところがいま、たとえば牛乳のなかに含まれている脂肪を顕微鏡で見ると、脂肪ですから決してとけてはいないのですが、きわめて細かい粒になって、牛乳のなかに均一に分散していることがわかります。砂糖や食塩溶液を顕微鏡で見ても、分子が見えるはずはなく、ただの液体にすぎませんが、水中に分散している脂肪は、それよりはるかに大きい粒子になっているのです。

このように、本来はとけ合わない成分の一方が、直径一～一〇〇ミクロンの大きさの粒子になって他方の成分のなかに分散している状態のことを「コロイド状態」といいます。蛋白質や澱粉は分子が非常に大きいため、ひとつひとつの分子がコロイド粒子の大きさをしており、これらが水にとけたというのは、コロイド溶液になったということを意味しています。水ときの澱粉をあつくしていくと粘りのある「のり」になりますが、これは澱粉がとけたのではなく、分子が水中に均一に分散して、コロイド状態になったのです。

コロイド粒子は大きいので運動が不自由で、そのためコロイド溶液は粘りをもっています。水のなかに固体粒子が分散したコロイドで、粒子が運動できるものを「ゾル」、運動できないものを「ゲル」といいます。卵白はゾルですが、ゆでると蛋白質が変性してゲルになり、逆に寒天やゼラチンは冷やすとゲルになり、あたためるとゾルになります。

水と油のように液体のなかに液体が分散したコロイドは、エマルジョンとよばれています。マヨネーズは水中に油滴が分散したエマルジョン（水中油滴型）、バターやなまクリームは油のなかに水滴が分散したエマルジョン（油中水滴型）です。この二つのエマルジョンの型を次ページの図に示しました。

エマルジョンの状態をつくりあげることを「乳化」といいます。これは「乳のような状態にする」という意味で、このことからも乳というのは典型的なエマルジョンであることがわかります。

粘りをもち、表面張力の強い卵白を泡立てると、細かい空気の泡が卵白のなかに均一に分散します。すなわち、泡立ては液体のなかに気体が分散した一種のコロイド状態であるということができます。

動植物の細胞の原形質はコロイドなので、この動植物体を材料とするもろもろの食品は、すべてコロイドの性質をもっていることになります。調理の研究にコロイドが重視されるのはそのためです。

乳化の二つの型

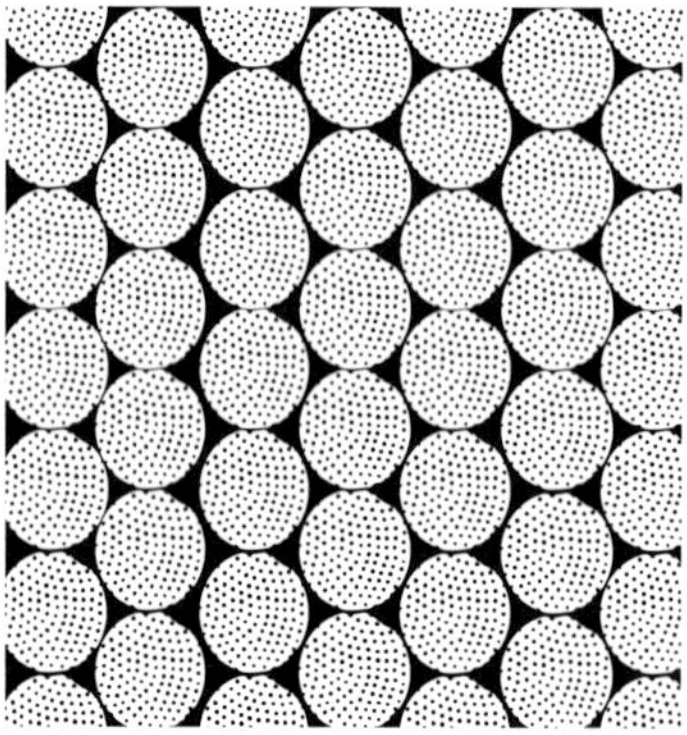

水中油滴型エマルジョン

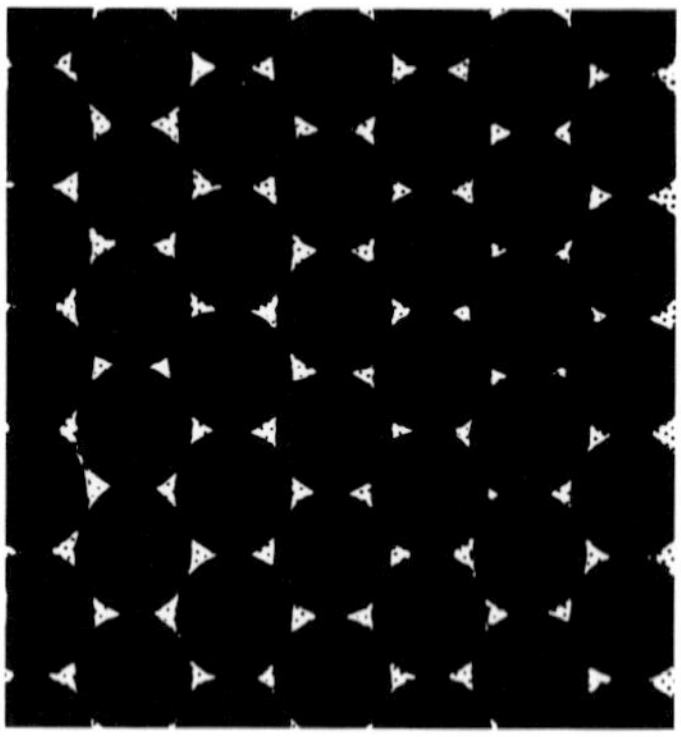

油中水滴型エマルジョン

6 冷やす

さめにくい澱粉や砂糖液

澱粉や砂糖のはいった液がさめにくいのはなぜでしょう

液体の一部に熱が加えられると、その熱は対流によって全体に伝わっていきます。ふろの湯が上のほうから先にわいてくるのは、加熱された水の体積が膨張してその部分の密度が小さくなり、軽くなって上昇してくるためです。

これと全く反対に、容器にはいった湯がさめるときには、まず空気にさらされた表面の部分が冷えて、その部分の水が重くなって下へ沈み、代わりにあたたかな水が表面に上がってきてはまた冷やされ、これが下へ行くという循環をくり返して、しだいに全体がさめていくわけです。

澱粉や砂糖のはいった液は粘りが強いため、この対流が非常におこりにくくなります。そのため表面が部分的に冷えても、その部分が下のあつい部分と入れかわりにくく、内部はいつまでもあつさを保っています。しかも

容器によるポタージュのさめ方

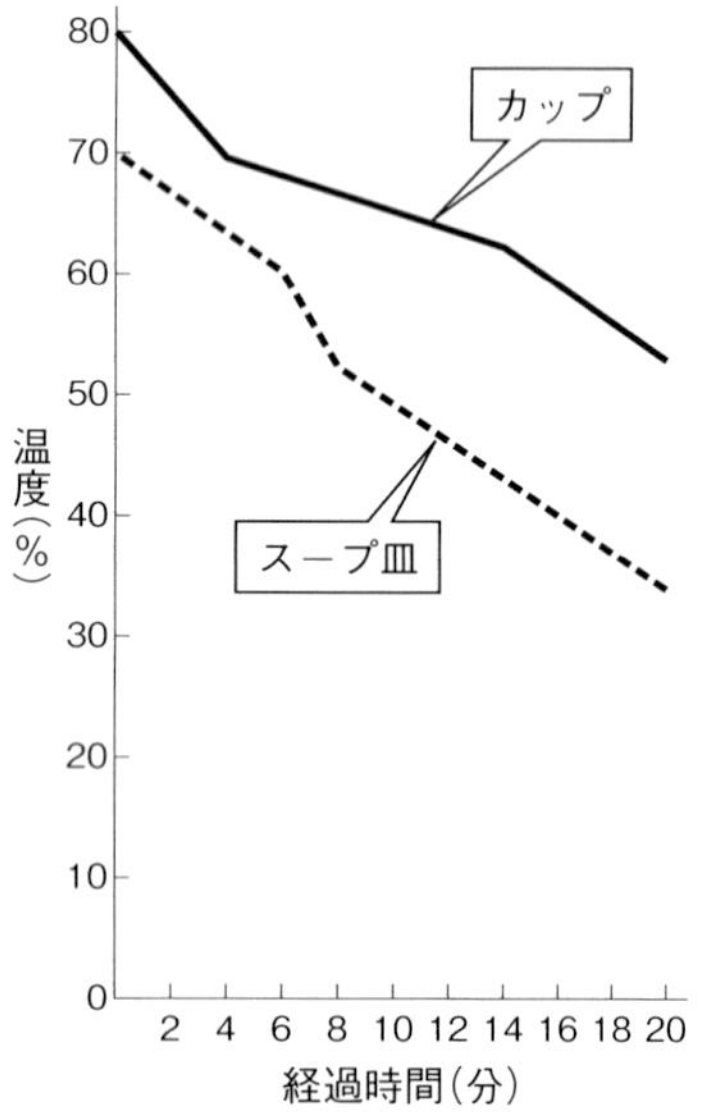

河野友美：台所の理学(1966)より

澱粉や砂糖のはいった液は、液自体も水だけの場合より多量の熱エネルギーをもっているため、さめにくさは倍加します。

またもうひとつには、くず湯、砂糖シロップ、ポタージュのような粘りの強い液は、さめていく途中で表面に膜を張ったような状態になり、水分の蒸発が少なくなります。水分が蒸発するとき、まわりから熱が大量にうばい去られますので、蒸発が少ないというのは、それだけさめるのを遅らせることができるわけです。

同じ液でも、表面の広いスープ皿などに入れるより、カップのように蒸発表面の小さな容器に入れたときのほ

うが、当然さめるのを遅らせることができます。河野友美氏が同じポタージュ・スープを、スープ皿とカップに入れて比べた実験では、前ページの図のとおり、沸騰直後のものを入れて一〇分後に約二〇℃、二〇分後には二五℃の温度の開きがでています。

　一方、次の図は松元文子氏によるさめ方の実験結果ですが、やはりすまし汁よりも味噌汁、さらに一パーセント、三パーセントの澱粉液というように、汁の粘りが大きいほど、さめ方も遅くなっています。特にはじめの一五～三〇分にこの差が大きいので、すまし汁のようなものはなるべくはやく食卓に運ぶことです。

汁ものの温度降下

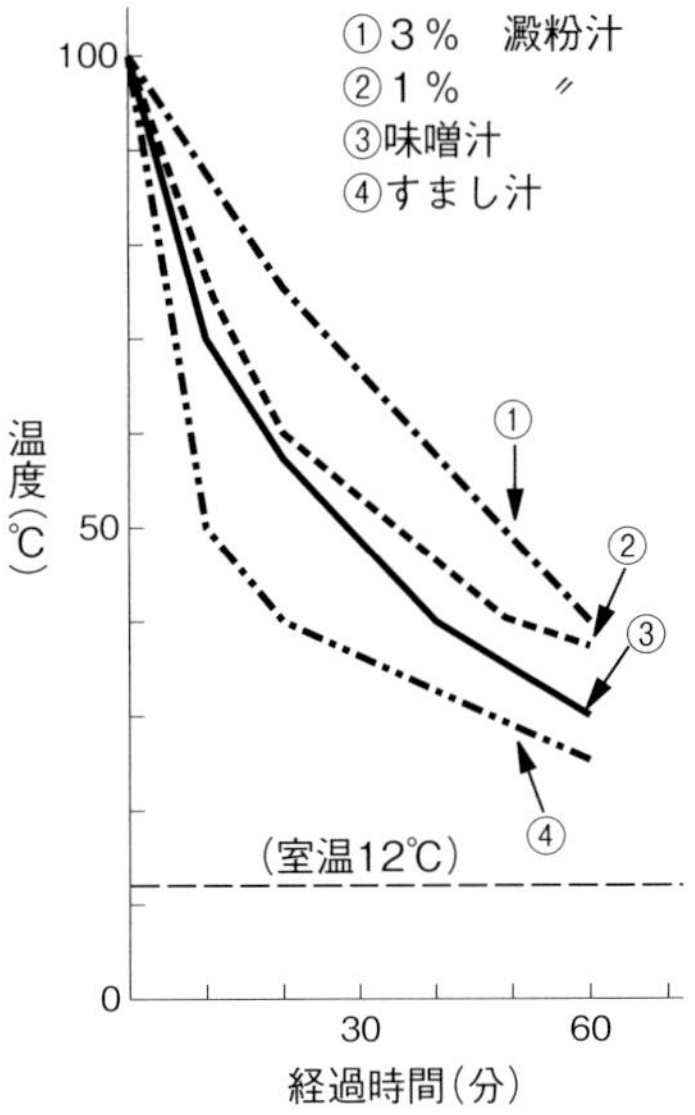

松元文子：調理と水、130(1963)より

くだものを冷やす

くだものを食べるとき、必ず冷やすのはなぜでしょう

　くだものは色、香りとともに甘味、酸味に特徴があります。砂糖のなかったころは、くだものの甘味がどんなに貴重なものであったかが想像されます。また酸味のほうも、食酢とは違ったさわやかな風味が食欲をすすめ、元気をつけるのに大いに役だってきました。この甘味と酸味をいかすため、くだものはほかの食品といっしょに

おもなくだものの甘味

果実の種類	甘味		
	果糖	ブドウ糖	ショ糖
リンゴ	6.2%	2.6%	1.9%
ナシ	4.5%	1.9%	1.2%
柿	5.4%	6.2%	0.8%
ミカン	1.1%	1.5%	6.0%
モモ	0.9%	0.8%	5.1%
ブドウ	6.9%	8.1%	0%
イチゴ	1.6%	1.4%	0.1%
バナナ	2%	6%	10%
スイカ	3.4%	0.7%	3.1%

岩田久敬：総論・各論食品化学、345(1965)より

供するよりも、むしろ単独で用いられることが多いのです（四ページ）。

くだものの甘味はおもに果糖とブドウ糖によるものですが、これらの糖が砂糖と異なる点は、それぞれにα（アルファ）型、β（ベータ）型の二つのタイプがあって、互いに移り変わることができる点です。この二つのタイプは、甘味の強さがちがっており、特に、果糖のβ型はα型より三倍も強い甘味をもっています。

温度による甘味の違い

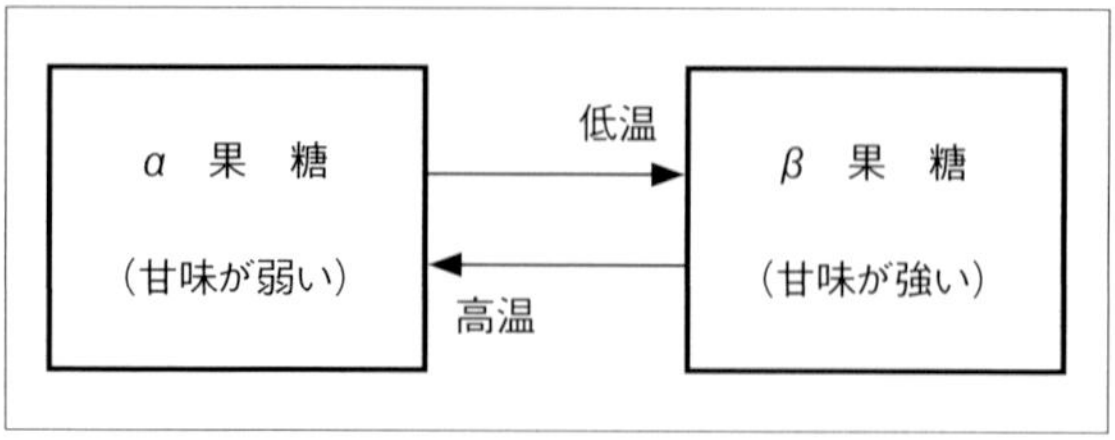

くだものを冷やすと、α型が減ってβ型がふえ、したがって甘味が強くなります。逆にあたためると甘味の少ないα型の比率が増すばかりでなく、酸味の元である水素イオンの濃度が高まり、酸味が強く感じられるようになります。

このため、くだものは冷やして食べたほうがよいわけです。

パイの材料と水

パイをつくるとき、材料や水を必ず冷やして用いるのはなぜでしょう

パイの皮（パイクラスト）は、小麦粉に大量のバターとわずかな水を加えてつくりますが、ぱさぱさと、もろく砕けやすい状態に仕上がるのが理想的で、七一〜七三ページにも述べたように、小麦粉のグルテンや澱粉の粘りが出ることをきらいます。

そこでパイにはグルテンの少ない薄力粉を用いますが、それでも温度が高いとグルテンの粘りが出やすいうえ、小麦粉に含まれるアミラーゼの作用で澱粉が分解されて麦芽糖などができ、なめらかさをいっそう増す傾向があります。

また温度が高いとこねている間にバターがとけて、小麦粉の細かい粒子の間をピッタリと埋めてしまい、層と層とがくっつきやすくなるばかりでなく、組織が緻密になって、焼き上げたときに空気のはいる余地が少なくなり、層の間にすきまのない、重くしっとりとしたパイに

なってしまいます。

これらの変化をおさえるには、材料をよく冷やし、水も氷水などを用い、夏は冷房のきいた部屋でつめたい大理石の台の上で伸ばすなど、温度を上げない注意がぜひ必要です。

パイの状態

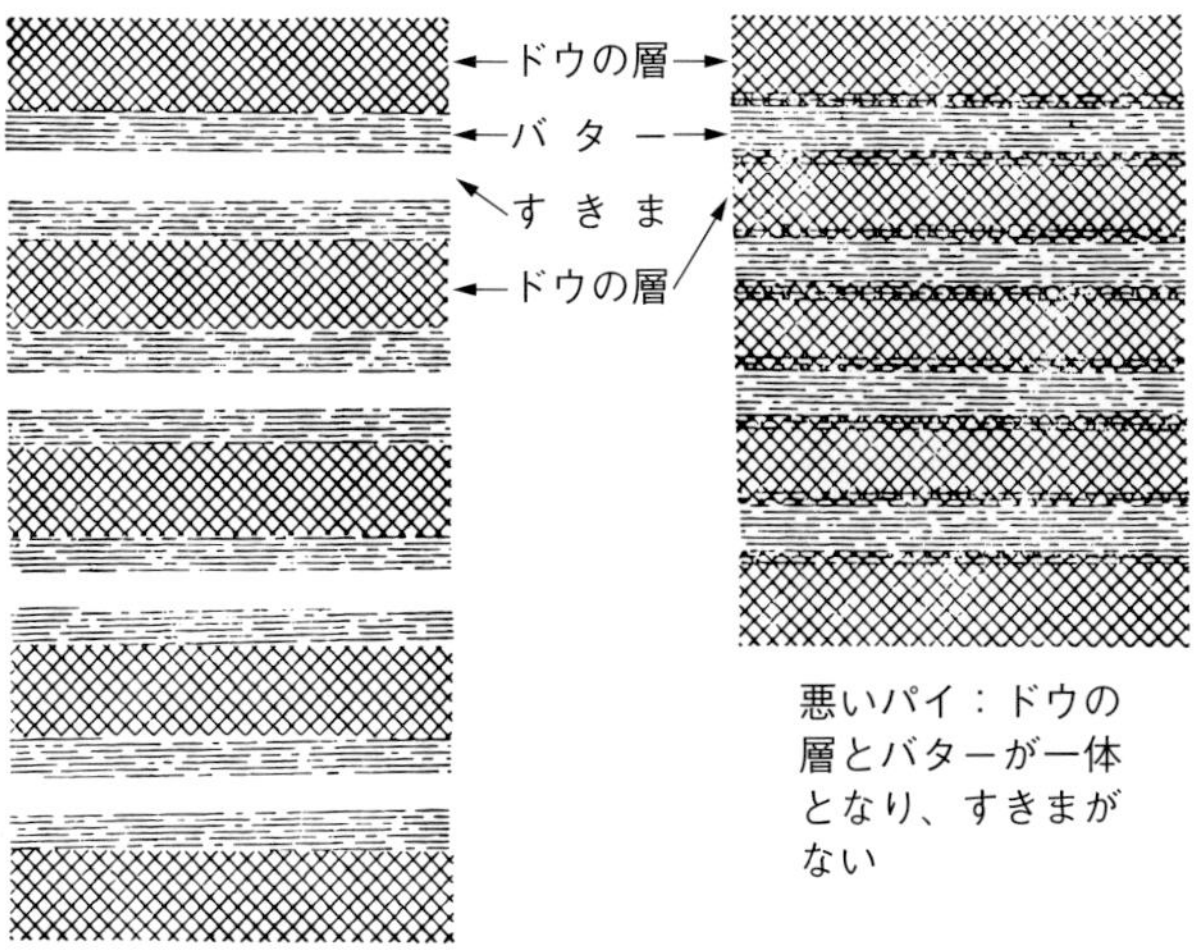

良いパイ：ドウの層がバターでおおわれ、空気のはいったすきまがある

悪いパイ：ドウの層とバターが一体となり、すきまがない

サラダは材料や容器を冷やす

サラダをつくるとき、材料や容器を必ず冷やしておくのはなぜでしょう

サラダは新鮮な野菜の感触を味わう料理です。必ず食べる直前にサラダドレッシングをかけることからもわかるように、サラダでは野菜そのものの組織に変化を与えることは味をおとす元で、いきいきとしたなま野菜の表面がドレッシングでただおおわれているという状態が最も望ましいのです。

そこで、ドレッシングなどに使った塩や酢が、野菜の組織内にしみこんだり、逆に野菜の水分が外へ引き出されて野菜がしおれたりするのを極力さけることが必要になります。

一方、ドレッシングの酢と油は、本来混じり合わないものを無理に混ぜ合わせてつくるものですから、野菜にかけてからでも長くおくと分離してしまいます。

ところで、ドレッシングの野菜への浸透も、酢と油の分離もともに温度が高いほどはやくすすむ物理的変化です。

そこで、材料はもちろん容器もよく冷やしておき、これらの変化を最少限にくいとめることが必要になります。

もちろん、こういう物理性の面からだけでなく、あたたかい肉料理に添えてさっぱりした清潔感を味わうのもサラダの役割ですから、このためにもなるべく冷たくして供するのがよいわけです。

サラダ

ジャガイモはさましてからマヨネーズを

ジャガイモにマヨネーズをかけるとき、必ずさましてからかけるのはなぜでしょう

サラダは、マヨネーズやドレッシングが材料にしみこむより、むしろ材料の表面をおおってくれることでおいしくなります。ゆでたてのあついジャガイモは組織がやわらかく、なかの澱粉も水を吸いこみやすい状態になっています。そこへマヨネーズをかけると、せっかく乳化されていたマヨネーズが熱のために酢と油に分離し、これが別々にイモのなかへしみこんでいきます。温度が高いほど浸透がさかんになるばかりでなく、極端な場合には、マヨネーズの卵黄が凝固してなめらかな舌ざわりを台なしにしてしまうことさえあります。

さめたジャガイモは表面の水分が蒸発して引き締まり、ある程度かわいた状態になっています。また浸透作用も低温では高温のときほどすすみませんから、ジャガイモとマヨネーズの練りもののようなサラダができるのをかなり防ぐことができるわけです。(五九ページ)。

魚の「あらい」は氷の上に

魚の「あらい」を氷の上にのせて出すのはなぜでしょう

肉でも魚でも筋肉は細かい蛋白質の繊維からできていますが、この繊維を構成しているアクチンとミオシンという蛋白質は、死後、時間がたつにつれて結合してアクトミオシンという分子の大きなゲル状の蛋白質になり、それとともに筋肉はかたく、つっぱってきます。これを「死後硬直」といいます（二六二ページ）。

肉の場合は、この時期にはかたくて食べられませんが、魚の筋繊維は短く、やわらかいので、むしろ硬直中のほうがおいしいのです（三三ページ）。

「あらい」は、新鮮な魚の筋肉が死後硬直をおこして収縮した、弾力と歯切れのよさを味わう料理です。つくりたてのあらいは、硬直中の筋肉がピクピク動いて、生きているようにさえみえることもあります。

ところが、こういう新鮮な魚の筋肉も、あたたかい室温に長く放っておくとやがて硬直が終わり、酵素の作用で筋肉内の蛋白質が分解して、やわらかくなってきます。これがさらにすすむと、魚に特有のなまぐさみも出てきます。

氷で冷やすのは、酵素作用をおさえて、このやわらかくなる反応を少しでも遅らせ、硬直状態を長もちさせるのが目的です（三四ページ）。

アユの「あらい」

煮こごり

煮魚の汁をさましますと、「煮こごり」ができますが、どうしてでしょう

魚肉の蛋白質は、表に示したように大きく三つの部分からなりたっていますが、このうち最もかたい部分である肉基質部には、コラーゲンという蛋白質が多く含まれています。コラーゲンは皮や筋の部分にもさらに多く含まれています（一九三ページ）。

コラーゲンは、そのままでは水にとけない蛋白質ですが、水を加えてゆっくり煮ますと、しだいにゼラチンという蛋白質に変わり、水にとけるようになります（菓子やゼリーに使うゼラチンは牛・豚の骨や皮などを煮てつくったものです）。

ゼラチンは冷えると凝固する性質をもっています。そこで煮魚のように少ない煮汁で仕上げるものでは、ゼラチンが煮汁にたくさんとけ出して濃度が高まってくると、さましたときに「煮こごり」ができるわけです。

魚肉のなかでも軟骨や皮の部分にコラーゲンの多いホシザメ、ヒラメなどは煮こごりをつくるときの材料として用いられます。

おもな魚肉の蛋白質組成

魚種	繊維状蛋白質	球状蛋白質	肉基質蛋白質
サバ	67%	30%	3%
タラ	67%	21%	3%
オコゼ	71%	20%	3%
イカ	77〜85%	10〜20%	2〜3%
肉類	約50%	15〜30%	20〜35%

金田尚志：基礎調理学Ⅱ、71（1952）より

サメとゼラチン

サメ（フカ）は、筋肉の尿素が分解してアンモニア臭が出るうえ、トリメチルアミンのなまぐさみもたっぷりなので、敬遠されがちです。しかし煮こごりのほか、中国料理のフカのひれのように、ゼラチン化を利用した料理では、おおいに私たちの舌を楽しませてくれています。昔はちくわ、かまぼこの原料に、かなり使われていました。

湯引きした魚を冷やす

湯引きした魚をすぐ冷水に入れて冷やすのはなぜでしょう

湯引きというのは、魚を熱湯にくぐらせてすぐ取り出し、これを冷やしたものをいいます。湯引きにした魚は表面の蛋白質が熱のため凝固して白くなるので、「霜ふり」ともいいます。湯の代わりに土佐の名物カツオのたたきのように、直火でこがすこともあり、この場合は「焼き霜」といいます。またタイのように皮のかたい魚を、皮のほうだけに熱湯をかけてさしみにするのは「皮霜」です。

湯びき、焼き霜を問わず、霜ふりをつくるおもな目的は、表面の殺菌にあります。ただし皮霜の場合は、かたい皮に含まれるコラーゲンを、一部熱によりゼラチン化し、やわらかく、しかも歯切れのよいものにするという目的も加わります。

このような特別な場合を除き、一般にマグロ、カツオのような大型の遠洋魚が霜ふりにされることが多かったのは、昔から輸送に時間がかかり、切り身にしてからも長くおくことが多かったので汚染されやすかったからともいえましょう。

このことからもわかるように、霜ふりは加熱調理ではなく、あくまでもさしみの一種であり、魚をなまで安全に食べるための生活の知恵のひとつです。そこで、切り身の奥まで熱が加わることを極力さけて、表面の最少限度の加熱にとどめなければなりません。このため、熱湯をくぐらせるのも数秒間にとどめ、取り出したら一刻もはやく、冷水で冷やすのです。焼き霜の場合も同じように、炭俵やワラの火で瞬間的にこがし、こげめができたらすぐに水で冷やすのが要点です。

タコの湯引き

寒天に果汁を加えるとき

寒天に果汁を加えるとき、必ず火からおろして加えるのはなぜでしょう

寒天はテングサという海草を煮詰めて取り出した炭水化物の一種ですが、これを約〇・五パーセント以上の割合で水にとかしたものをあたためるとゾルという流動体になり、冷やすとゲルという弾力性のある固体になる性質をもっています。これは寒天の分子がコロイド粒子の状態で水に分散しており、温度が高まるとその粒子の運動が活発になって水の分子の間を自由に動きまわりますが、冷えると粒子の運動が鈍って固定化され、流動性を失うためです。

寒天ゼリーはこのゲルになる性質を利用したものです。寒天はガラクトースという糖類を中心とした分子がいくつもつながってできた分子量の大きな炭水化物(多糖類)ですが、これを酸性の状態で長く加熱すると、そのつながりが切れて加水分解がおこり、ゲルになる力が著しく弱まります。これはブドウ糖のつながりである澱粉に酸を加えて加熱すると、分解して粘りを失い、ブドウ糖ができるのと同じ原理によるものです。

ミカンの汁などを入れたあと、長く加熱を続けますと、ミカンの酸が寒天に作用してゼリーになるのを妨げることになりますので、十分煮詰めて火からおろし、温度を下げたあとで果汁を加えることにより寒天の分解を防ぐのです。〇・八パーセントの寒天液三五〇グラムにミカンの汁一五〇グラムを加えて三分間加熱したものは、冷やしてもすっかり形がくずれて固まりませんが、同じ濃度でも、寒天液を火からおろして六〇℃までさましてから果汁を加えたものはきれいに固まることが、山崎清子氏らにより報告されています。

テングサ

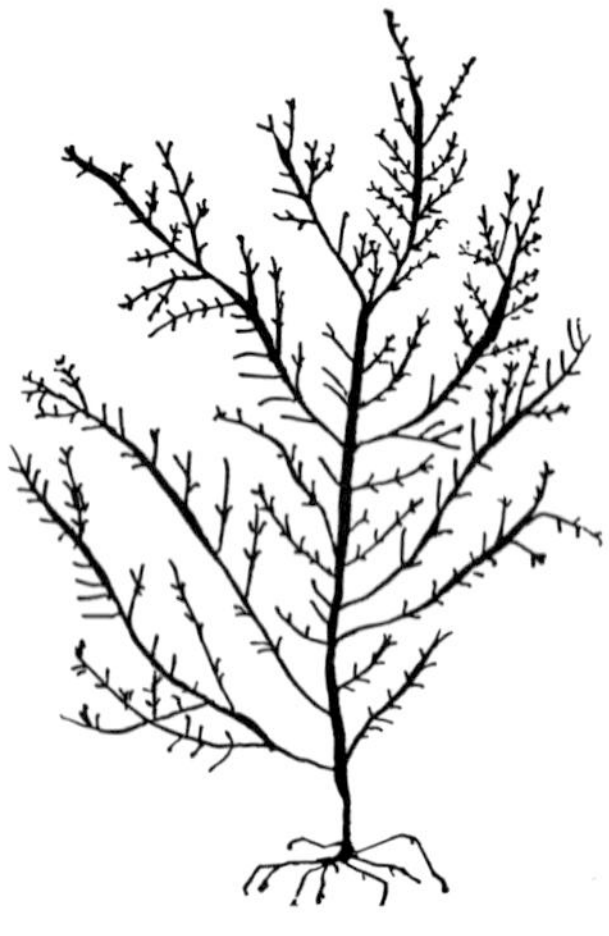

二色かんと二色ゼリー

二色かんや二色ゼリーをつくるとき、寒天では下の層が固まらないうちに上層を入れ、逆にゼラチンでは下層を十分冷やしてから上層のゼラチンを入れるのはなぜでしょう

寒天はいったん冷えて固まると粘着力がなく、固まった寒天同士がふれ合ってもくっつくことはありません。

下の層を固めてしまうと、上層の寒天を流しこんでも、下層にふれて冷えるため、すぐに固まり、二層は非常にはがれやすくなります。

上下の寒天のはじめの濃度や煮詰め方を変えておけば、液の比重がちがうため、下層がまだドロドロのうちに上層を流しこんでも混ざり合うことはなく、そのうちに両者はピッタリ一体になって固まってくれます。

一方、ゼラチンはもともと粘着力が強いうえ、非常にとけやすく、温度が三〇℃をこえると、もうとけ始めます。そこで、下層を十分に冷やして固めておいても、上からあたたかい液を流しこめば、下層の表面はすぐとけて、上下の層は完全に接着されます。

逆に下層があついうちに上を入れると混じってしまい、二層になりません。このため、ゼラチンの場合は下層が十分冷えてから上層を流しこむわけです。

なお寒天とゼラチンの凝固する温度や、できたゼリーのかたさは濃度によってちがい、濃度が高いほど凝固温度も高くなる、すなわち固まりやすくなります。寒天は凝固温度、融解温度ともゼラチンより高く、室温でほぼ固まりますが加熱しないととけません、一方ゼラチンは、冷蔵庫で冷やさなければ固まらない代わり、夏には室温

寒天とゼラチンの濃度と凝固温度

	濃度	凝固温度	融解温度
寒天	0.5%	28.0℃	77.7℃
	1.0%	32.5℃	78.7℃
	1.5%	34.1℃	80.5℃
	2.0%	35.0℃	81.3℃
ゼラチン	2.0%	3.0℃	20.0℃
	3.0%	8.0℃	23.5℃
	4.0%	10.5℃	25.0℃
	5.0%	13.5℃	26.5℃

（いずれも砂糖を入れないとき）
山崎清子・島田キミエ：調理と理論、385、392、397（1967）より作成

でとけてきます（表参照）。ただし表の濃度はあくまでも煮詰め終わったときのものですから、前記のように煮詰め方を変えることによって濃度のちがったものをつくることができるのです。

寒天とゼラチンの二色ゼリー

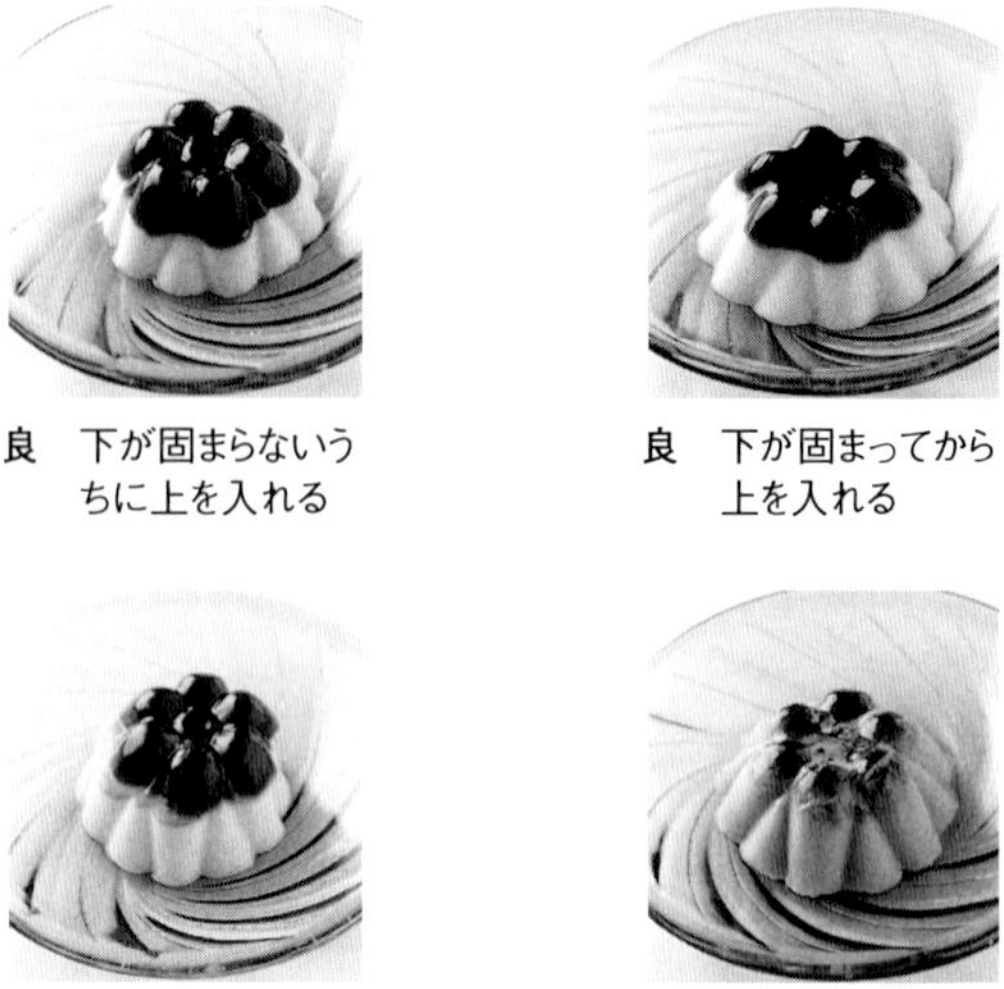

寒天　良　下が固まらないうちに上を入れる

ゼラチン　良　下が固まってから上を入れる

寒天　二層が離れる　下が固まってから上を入れる

ゼラチン　二層が入り混じる　下が固まらないうちに上を入れる

ゼラチンとパイナップル

ゼラチンゼリーになまパイナップルを入れるとうまく固まらないのはなぜでしょう

菓子に使われるゼラチンは、寒天とちがって動物の皮、すじ、骨などに含まれるコラーゲンという蛋白質を水中で加熱してできるもので、国内では豚皮などを原料につくります。寒天とちがって動物性の蛋白質ですが、栄養価はあまり期待できるものではありません。

ところで、なまのパイナップルにはブロメリンとよばれる蛋白分解酵素が含まれています。このため、なまパイナップルをゼラチンゼリーに入れると、ゼラチンがブロメリンのために加水分解されて、ペプチドやアミノ酸のような分子量の小さいものになり、粘りを失ってうまく固まらなくなるわけです。

したがって、パイナップルのゼラチンゼリーをつくるときには、缶詰のものを使うか、またはなまのものならば一度加熱して酵素力を失わせてから使うことが必要になります。

寒天濃度のうすいゼリー

寒天濃度のうすい寒天ゼリーは、冷えて固まったらすぐに食卓へ出すのはなぜでしょう

寒天液の濃度は普通〇・五パーセントから、最高でも二パーセントどまりです。ということは九八〜九九・五パーセントまでは水だということです。たった数パーセントの寒天の分子がコロイド粒子となって水と結びつき、全体をひとつの形を保ったゼリーにまとめる役を果たしているのですから、かなり負担の重い仕事です。

そこで寒天を固めてから時間がたつと水がしだいに寒天の分子から離れ、やがて自身の重みでゼリーの外へ押し出されてきます。これを寒天ゼリーの離漿《りしょう》とよんでいます。

寒天濃度がうすいと寒天の力が弱いわけですから、当然離漿ははやくなります。たとえば、〇・五パーセントの濃度の寒天一〇〇グラムからにじみ出る水の量は、一パーセントの同じ一〇〇グラムの寒天から出る水の約二倍半から五〜六倍にも達することがあります（図参照）。

寒天ゼリーの加熱時間と離漿

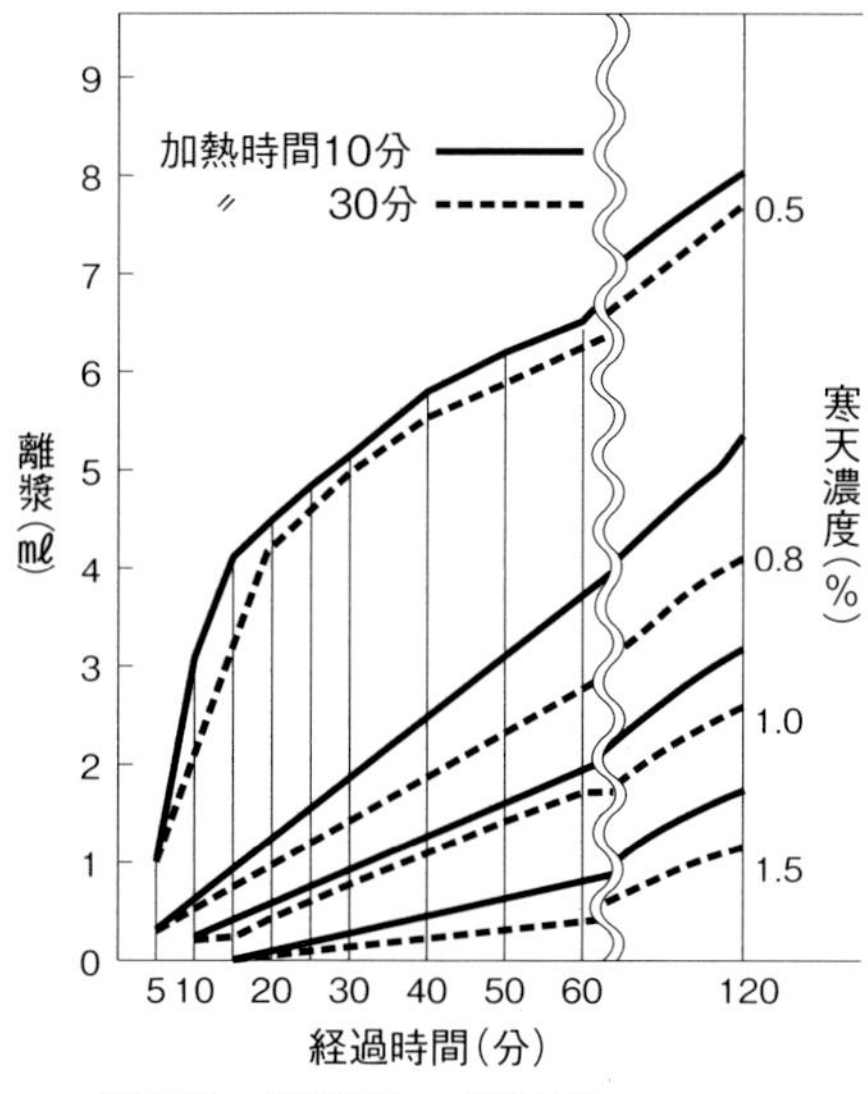

寒天ゼリーの重量94g・室温19℃
山崎清子・島田キミエ：調理と理論、386（1967）より

したがって、濃度の低い寒天をつくったら、離漿がすすまないうちに一刻もはやく食卓に出すことがたいせつで、このためにはつくりおきは禁物です。もし、どうしてもはやめにつくっておきたいときは、離漿のすすみ方を少しでも遅らせるように、冷蔵庫などに入れてなるべく低温で保存しておかなければなりません。また、型に入れたままでおきますと、ゼリー自身の圧力を緩和することができるので離漿をかなり防ぐことができます。

砂糖を多く入れることも離漿防止に役だちます。これ

は砂糖の分子と水の分子が結びつき、液が粘りをおびて水の自由な運動が妨げられるからです。砂糖が六〇パーセント以上はいると離漿はほとんどおこりません。

離漿の際、水は寒天の表面からにじみ出るわけですから、小さく切れば切るほど放水量は多くなります。そこで、みつ豆に入れる寒天のように小さく切るものは少し濃度を高くする必要があります。最低でも一パーセント、普通は一・五パーセントくらいにしなければなりません。

前のページの図は山崎、加藤氏らが寒天の濃度と加熱時間を変えて、時間の経過による離漿量の増加を調べたものです。図のように、寒天濃度が高いほど離漿量は少なく、また同じ濃度では加熱時間が長いほど離漿の量が少なくなっています。

寒天の栄養

寒天は消化酵素でも腸内細菌でも分解されず、ほとんど全部排泄されます。しかしそのために消化障害をおこすことはなく、便通をととのえる効果があるといわれています。

冷蔵庫中の食品の乾燥度

冷蔵庫に入れた食品が乾燥しやすいのはなぜでしょう

電気冷蔵庫などに入れておいた野菜などが水気を失って、カラカラになることはよく経験します。これは冷蔵庫内の温度が下がって、なかの気圧が低くなってくることに関係しています。

液体をあたためると蒸発して気体になります。この気体は普通は空間へ逃げ去るわけですが、もし容器が密閉されているときは、ある程度の圧力になるまで蒸気が発生してその空間をうめると、それ以上蒸発はおこらなくなります。このときの蒸気の圧力をその液体の飽和蒸気圧といいます。

飽和蒸気圧は、温度が下がると極端に小さくなります。水の飽和蒸気圧は一〇〇℃のとき一気圧で、このときに沸騰を始めますが、もし温度が一〇℃になると、飽和蒸気圧はわずか〇・〇一二気圧、〇℃では〇・〇〇六気圧に下がってしまい、蒸発力は一〇〇℃のときの一〇〇分の一から二〇〇分の一ちかくになってしまいます。

冷蔵庫にものを入れて扉を閉めると、その直後は外気の温度に相当する蒸気圧の分だけ、庫内には水蒸気が存在できますが、庫内の空気はどんどん冷えてくるので、飽和蒸気圧はたちまち下がり、水蒸気は水滴になってこれが凍り、冷蔵庫内の霜になります。一方、庫内の空気は、温度が下がるにしたがって急速に体積が減ろうとするので、圧力が小さくなり、ボックスのなかは空気も水蒸気も少ない「減圧乾燥」の状態になります。

このように、まわりの空間の気圧が低く、しかも乾燥状態になっているところへ、水気を含んだあたたかい食品がはいってくるわけですから、食品のなかに含まれる水はまわりの空気の状態とバランスを保とうとして、さかんに蒸発し、それがすぐ水となってふたたび乾燥状態になると、また食品から水が蒸発するというように、いつまでも食品からの水の蒸発が続いていきます。

食品を密閉容器に入れたり、ポリフィルムできちんと包んでおけば、そのなかだけが飽和蒸気圧に達し、それ以上の水分の蒸発を防ぐことができます。

冷蔵庫内の冷え方

冷蔵庫のなかに盆などを入れると冷えにくくなるのはなぜでしょう

冷蔵庫は空気の対流を利用して、庫内を冷却しています。ボックスの最上部に冷凍器があり、ここが氷室またはフリーザーになっていて、上部の空気が先に冷え、これが重くなって下がると、代わってあたたかい空気が上昇し、それがまた冷えて下がるというのをくり返して、少しずつ冷えていくのです。（注・九八ページ）

中段に大きな盆などを入れると、対流がひどく妨げられ、盆の上と下とで温度に差が出てきます。熱伝導率のよいアルミニウムのようなものならまだしも、木のお盆を入れたりしますと、下半分は全く冷たい空気がこなくなり、冷蔵庫の役を果たしません。お盆でなくても袋や箱などを中段にぎっしり詰めこんでしまうと結果は同じことです。冷蔵庫は戸棚がわりになりがちなものですが、食品を入れるときは、いつも空気の対流を妨げることがないような配慮が必要です。

冷やしすぎのビールの味

ビールを冷やしすぎるとかえって味がおちるのはなぜでしょう

ビールの特徴は発酵の際にアルコールとともにできる二酸化炭素を逃がさずに、たるやびんのなかに閉じこめてあることです。びんの口を開けると、ビールにとけていた二酸化炭素は泡になって出てきます。

ビールのなかにとけこむことのできる二酸化炭素の量は、温度によって大きくちがってきます。ビールと二酸化炭素にかぎらず、一般に液体のなかに気体がとけこんでいるとき、温度が上がるほどとけこむ量は少なく、逆に冷たい液体にはたくさんの気体がとけこむことになります。夏の金魚鉢が酸素不足になりやすいのはそのためです。

日本のビールは約一〇℃前後でちょうどよく泡が出るように調節してあります。そこで冷え方が不十分ですと泡の立ち方が激しく、逆に冷蔵庫などで冷やしすぎると泡の立ち方が不十分になるわけです。ビールの泡は口あたりをなめらかにし、苦味やアルコールの刺激をやわらげる役目をもっているので、泡の出がよくないと、ビール独特の味を十分味わうことができません。また、泡が出ないほど冷えたものは香りの発散も不十分で、これも味をおとす理由になるわけです。

二酸化炭素の温度と溶解度

温度	溶解度
0℃	1.71mℓ
20℃	0.88mℓ
40℃	0.53mℓ
60℃	0.39mℓ

（水1mℓ中に溶ける体積0℃、1気圧に換算）

理科年表より

ビールの成分と味

ビールのアルコール濃度は三〜六パーセント、酒類のなかでは最低のものです。エキス分は五〜八パーセント、二酸化炭素は〇・二〜〇・四パーセント含み、ホップという草を加えて、苦味と香りをつけるのが特徴です。苦味はホップのなかのルプロンとフムロン、それにタンニンの類によるもので、これらはビールの濁りを防ぎ、泡もちをよくする役目も果たしています。酵素でも腸内細菌でも分解されず、ほとんど全部排泄されます。しかしそのために消化障害をおこすことはなく、便通をととのえる効果があるといわれています。

アイスクリームをつくるとき

家庭でアイスクリームをつくるとき、氷に塩を入れるのはなぜでしょう

水は〇℃で凍りますが、卵、牛乳、砂糖などアイスクリームの材料を混ぜ合わせたミックスはそれ以下にならないと凍りません。ところが氷に多量の食塩を加えると、マイナス二〇℃以下まで下がります。これは食塩が水にとけるとき熱を吸収する性質があるためで、氷に混ぜておくと、とけるとき食塩が熱をうばって〇℃よりさらに低温になるわけです。ただ冷凍庫が普及した現在では、これも過去のものになってきました。

食塩のほか塩化アンモニウム、塩化カリ、塩化カルシウムなどにも同じ性質があり、これらは起寒剤とよばれて製氷会社で氷をつくるときにも利用されています。下の表は氷点をマイナス一〇℃以下に下げるのに必要な塩類の濃度ですが、これでみると塩化カルシウム四一～四二パーセントの水溶液は、マイナス五五℃の温度にまで下げることが可能であることがわかります。

塩類を溶かした液の氷点

氷点	塩化ナトリウム（食塩）の濃度	塩化カルシウムの濃度
0℃	0.1%	0.1%
−10℃	15.7%	17.0%
−20℃	29.0%	27.0%
−30℃	—	34.0%
−55℃	—	41.6%

理科年表より

アイスクリーム

アイスクリームは、一八五一年ごろ、アメリカで残乳を処理する一方法として企業化されたといわれます。それから一〇〇年あまり、現在では牛乳の栄養価をひとつに凝縮したような食品として、世界中で愛好されています。厚生省令第五十二号では乳固形分が一五パーセント以上、乳脂肪が八パーセント以上含むものだけを、アイスクリームとよんでよいことに決まっています。

アイスクリームとウエハース

アイスクリームにウエハースを添えるのはなぜでしょう

冷たいアイスクリームを食べ続けていると、舌の感覚がマヒして味がよくわからなくなります。この冷えた舌の感覚を取りもどすために、ウエハースが使われます。

ウエハースは小麦粉に砂糖、粉乳、卵黄、ベーキングパウダーなどを混ぜて水にとき、半流動状にしたものを、鉄板の型のなかに流しこんで焼いてつくる軽い焼き菓子で、二枚合わせてクリームなどをはさみます。

これは口のなかでぱらりとひろがって持続的に舌をあたためます。淡い甘味は、アイスクリームの味とよく調和しますし、軽い舌ざわりは、アイスクリームのなめらかさをいっそう引き立てます。

ソフトアイスクリームをコーンなどの食べられる容器に入れるのも、同様な効果をねらった思いつきです。また、スポンジケーキなどを包みこんだアイスクリームなどの場合はウエハースはいらないわけです。

冷凍グリーンピースの加熱

冷凍のグリーンピースなどは、もどさずにそのまま加熱したほうがよいといわれるのはなぜでしょう

冷凍魚の普及にひきかえ、野菜のほうはまだ冷凍品にできる範囲は限られています。確かに値段からみれば、なま野菜よりかなり高くなるうえ、近くのスーパーなどでなま野菜を手軽に買えるので、下ごしらえしたミックスベジタブルなどは別として、ふだんの野菜をあまり冷凍にたよる必要はありません。

しかし、冷凍野菜は冷凍庫さえあれば買いおきがきくこと、いつも新鮮なときと変わらぬ栄養価をもったものが食べられること、あらかじめ廃棄部分を除いて冷凍してあるので一〇〇パーセント食べられる部分の価格であること、短時間ですが熱を通してあるので調理の際の加熱時間が短くてすむことなど、使い方によってはあながち高価ともいえない利点をもっています。

野菜の冷凍は肉や魚と異なり、そのまま急速に冷凍し

ただけでは、とかすとき繊維がかたくなったり、霜にあたった野菜のように色が変わり、形がくずれたりしてしまいます。これは凍結中も酸化酵素などが少しずつ働いて、徐々に変色や変質がおこっていくからです。

そこでこれを防ぐため、野菜を冷凍する前に数分間熱湯につけるか、蒸気を通すかして、酵素の働きや微生物の活動をとめる処理を行ないます。これをブランチングといいます。この処理をしなければならないために、レタスやセロリのようになまでしか食べない野菜を冷凍にすることは現在ではできないのです。すなわち冷凍野菜は、あとで食べるとき加熱する野菜に限ります。

このように凍らせる段階で魚や肉とちがっているため、もどし方にも当然ちがいが出てきます。肉や魚は冷蔵庫中で自然にもどすのが理想的ですが、野菜は一度熱処理してあるので、自然にもどすとやわらかくなった組織からの水分の流出が多く、かえって凍ったまま、いきなりゆでるか蒸すかして、細胞内の状態を凍結前の状態に近づけるほうがよい結果が得られます。

グリーンピースといえば昔は缶詰と決まっていましたが、今では新鮮で味も良く、着色料も使わない冷凍品にすっかり切りかえられました。

注：ここで説明されている直冷式の冷蔵庫は、現在ではあまり見られなくなってきている。ファン式の冷却方法を採用した冷蔵庫が主流だ。

7 焼く

魚は強火の遠火で焼く

魚を焼く場合、一般に、「強火の遠火」で焼くのがよいとされていますが、これはなぜでしょう

「焼く」という調理法は、熱効率の点からみると不利な加熱法です。しかし、それでもなお、盛んに行なわれているのは、材料の持ち味をいかすのに、最も適した加熱法だからです。

魚の表面に含まれているピペリジンや、体内に含まれているトリメチルアミンオキサイドという成分は、熱を加えると揮発して、よい香りを出します。もしも、照り焼きのように、タレをかけながら焼いた場合は、さらに調味料の味や香りが加わることになります。だから、焼きものは、外側には適度にこげめをつけ、内部まで適度に火を通す必要があるのです。

適度の温度を保つには、当然火加減が必要です。焼きものは、材料の内側と外側との間に大きな温度差があり、表面は二〇〇～三〇〇℃ちかくにもなりますが、内部は一〇〇℃以下ということが多いので、かりに、強火のまま、近くで焼きますと、表面はこげても内部まで火が通りません。

逆に、弱火にして、表面をあまりこがさずに、内部まで火を通そうとすると、表面がなかなか固まらないで、内部のうま味が逃げ出し、全体の身も締まって、パサパサしてまずくなります。

火を弱めたいときのガスと炭火の比較

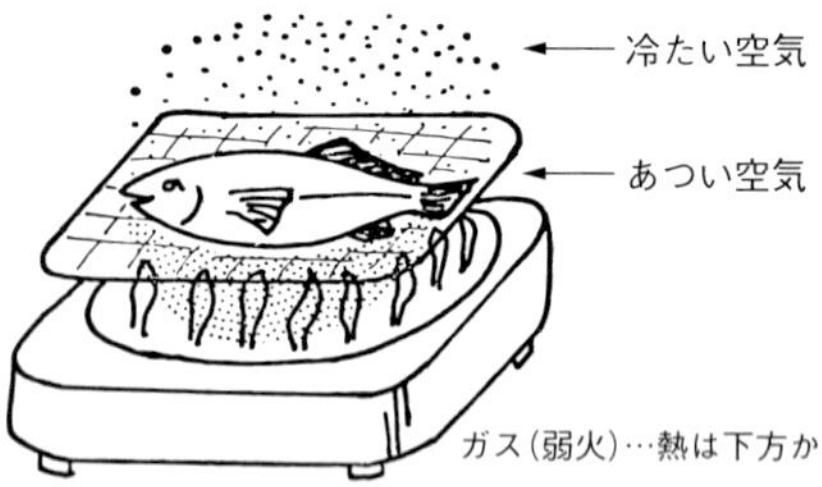

ガス(弱火)…熱は下方からのみ

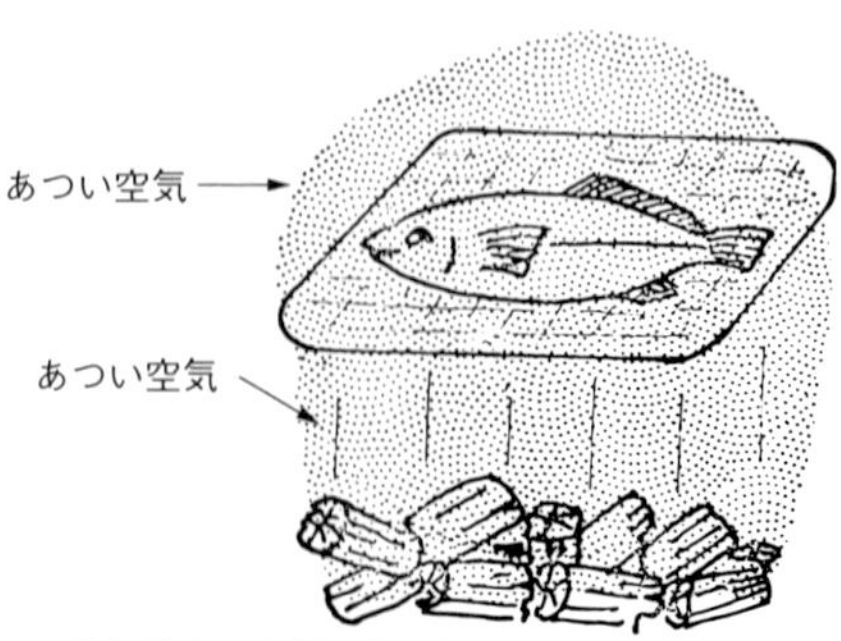

炭火(強火の遠火)…熱が周囲から

昔から焼き魚には「備長《びんちょう》」という堅炭が使われてきました。これはいったんおこると、いつまでも強い火力を保ってくれるので、直火焼きのように火力が変わっては困るものには非常に好都合です。しかし、一定の火力を保つには好都合でも、ちょうどよい火力に調節することは、堅炭ではむずかしいのです。そこで火は強火のままにしておいて、魚と火の距離を加減して加熱温度を調節するわけです。

　つぎに、ガスの直火で焼くときのことを考えてみましょう。この場合は火力の調節が自由ですから、火が強すぎるときにはコックを閉めればよいわけです。ところが、火を小さくしますと下は加熱されても、上部は冷たい空気にさらされてあたたまることがなく、加熱にムラができ、味も形も悪くなります。

　強火にするのは、炭でもガスでも、熱源の上部一帯をいわばあつい空気の部屋のような状態にすることで、そのなかへ魚を入れれば、魚の表面が受ける温度は同じでも、熱は周囲全体からあたり、均一な加熱ができるわけです。これが低い温度でよいときでも、火力だけは強くしておいたほうがよい理由です。

川魚と海魚の焼き方

海の魚は皮から焼き、川魚は身から焼くとされていますがなぜでしょう

焼き魚は「盛りつけたとき表になるほうを先に焼く」というのが原則です。切り身の魚は皮目を表にするのが普通なので、この場合皮のほうから先に焼くことになります。その理由は、表になるほうをあとから焼くと、すでに焼けた裏側から出た脂肪が表へ流れたり、火に落ちて燃えた脂肪の煙がかかったりして表がよごれるほか、

海魚と川魚の焼き方の違い

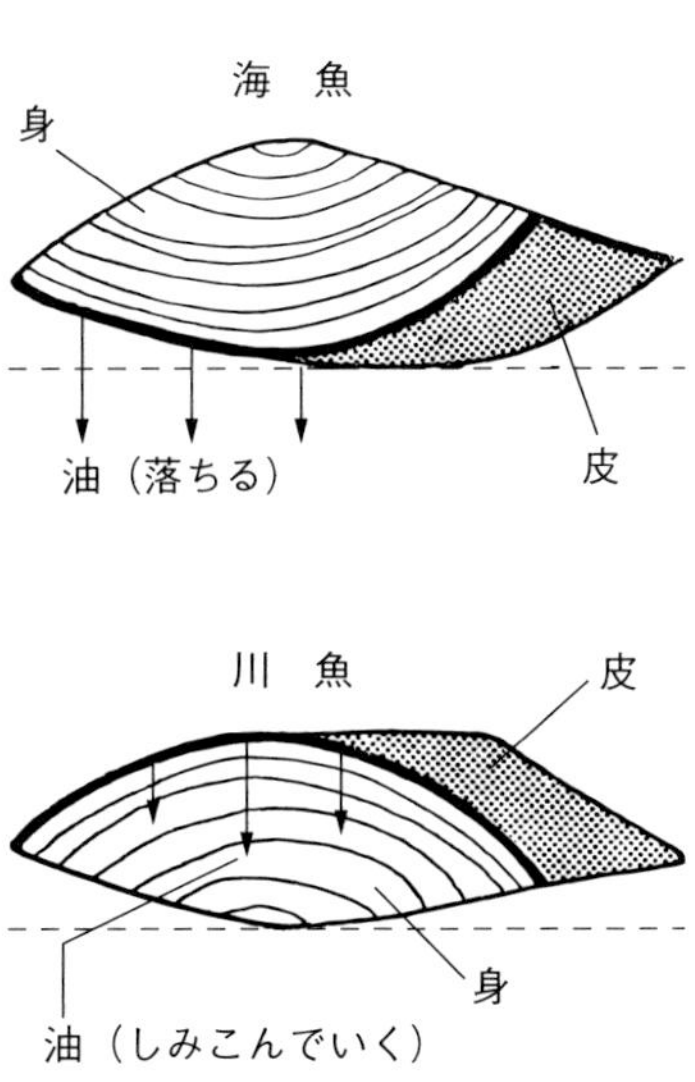

裏側を焼いているとき、表側の組織も変形して形が悪くなるためです。しかし魚の種類や、切り身の大きさによっては、いつもこの順序がよいとは限りません。むしろ「海の魚は身から」という言い伝えもあります。

川魚の場合もこの原則には変わりないのですが、海魚より皮の収縮力が強いうえ、普通はうろこをつけたまま焼くので変形しやすく、表を長く焼いていると反ってきます。そこで、表をさっと焼いたら裏返し、裏を焼いてまっすぐにしてから、あらためて表をよく焼いて仕上げます。これを「川魚は身から」といってもまちがいではありません。

住む場所による魚類の分類
塩水魚（海に住むもの） 近海魚…タイ、ヒラメなど白身の魚 遠海魚…マグロ、カツオなど赤身の魚 淡水魚（河川や湖沼に住むもの） コイ、フナ、アユ、ヤマベなど 両棲魚（淡水・塩水を移動するもの） 淡水で産卵…サケ、マス 塩水で産卵…ウナギ

サンマやウナギを焼く

火の上でサンマやウナギを焼くとき、横からあおぐのはなぜでしょう

油脂を一定温度以上にあたためると、とけて液体になることは、だれでも知っています。肉や魚を加熱すると、それまで固体の状態を保っていた脂肪がとけて液体となり、これが組織の外へ流れ出してきます。

魚のように皮のすぐ下に脂肪が集まっているものは、とけた脂肪が皮の外へも流れ出てきます。ウナギのように脂肪の多い魚は、これを利用して、焼くまえに一度蒸してあぶらぬきをしたりします（図参照）。

焼き魚は、蒸しものと違って二〇〇℃以上の高温にさらされ、皮も当然こげて穴のあいた状態になりますから、とけたあぶらはそこからどんどんとけ出して火の上に落ちます。このあぶらが火の上に落ちると燃え上がり、炎とススのために魚はいぶされて、真黒になるばかりでなく、味も香りもそこなわれてしまいます。

うちわであおぐのは、この煙を魚にかからぬよう横に

逃がしてやるためです。今日では炭火でサンマを焼くことは、あまりなくなったので、こういう光景はほとんど見られませんが、ウナギ屋さんでは、いまでも店頭であおいでいる姿がよく見られます。

ウナギの脂肪は一八パーセント、サンマは一四パーセントと多いので、こういうふうにあおぐことが必要ですが、同じ皮のまま焼く魚でも、タイ（脂肪一・五パーセント）、ヒラメ（一パーセント）、トビウオ（〇・四パーセント）のように脂肪の少ないものは、火の上に落ちる心配がないのであおぐ必要はありません。

ウナギの加熱による水分と脂肪の変化

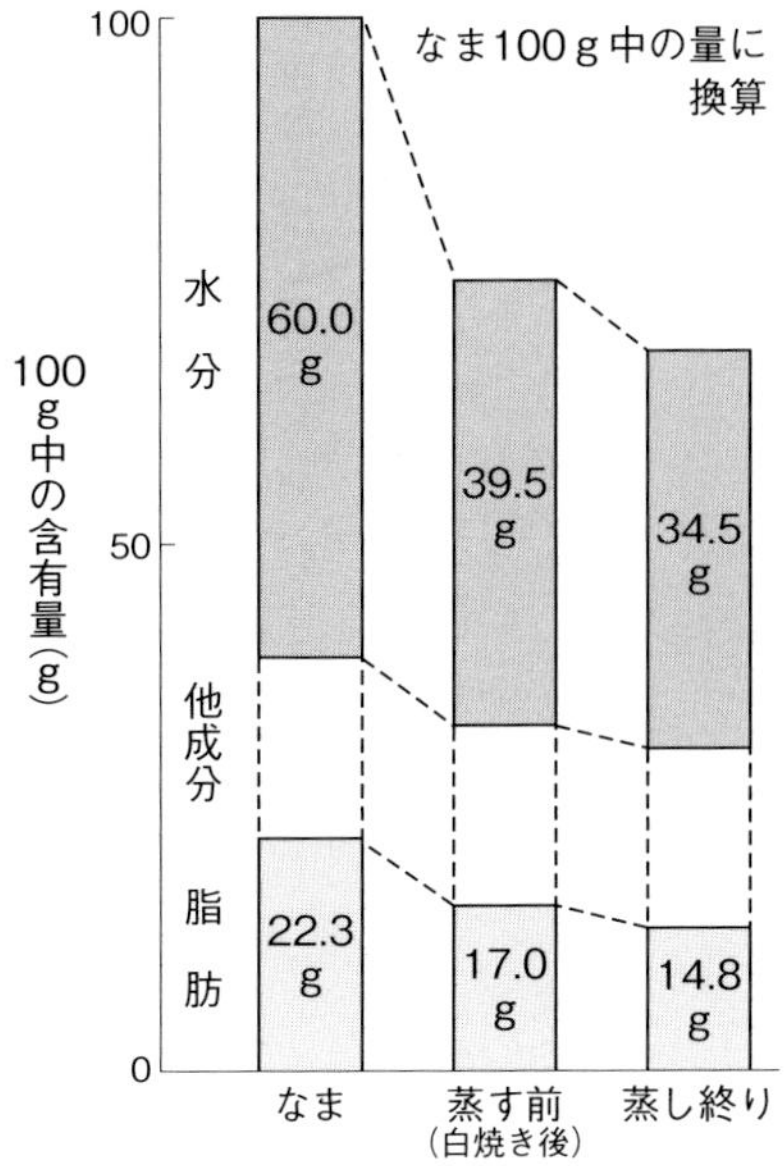

ハマグリを焼くとき裏側から焼くのはなぜでしょう

ハマグリの身は大きな殻のまん中にはいっているのではなく、口を開いたときわかるように、貝柱が片側にはりついています。この身のついているほうが下、つまり裏側になるわけです。これを反対に焼くと、焼き上がったとき身が上についていることになりますので、裏を下にして焼くのは当然のことです。

裏、表は外からみてはわかりにくいのですが、貝のちょうつがいのほうを下にして垂直にたてて手を離すと身のはいっているほうへころがるのでわかります。

ハマグリを焼くというのは、殻の外からの加熱なので、殻そのものは一種の鍋の役目を果たしており、中身はいわば煮たり蒸したりしているのと同じことです。貝のなかに含まれる水分が、この場合煮汁の代わりになるので、このためにも、必ず身のついたほうを下側にして加熱する必要があるわけです。

ノリを焼く

ノリを焼くとき、二枚重ねて焼くのはなぜでしょう

浅草ノリには一〇〇グラム中に三〇～三五パーセントの蛋白質が含まれているほか、カルシウム、ビタミンA、B_1、B_2なども豊富で、すぐれた栄養食品です。ただし一枚は二～三グラムなので、栄養効果をあまり過信してはいけません。

ノリを焼くと、蛋白質が熱によって変性し、組織全体が収縮します。ノリを両面から焼くと、表から熱をかけたときと、裏から熱をかけたときとで収縮の仕方が違い、もろくなってくずれやすくなります。そのために一枚のノリでも、片面だけをあぶるのがよいのです。

二枚重ねて焼くと、熱によって揮発する水分や香りの成分が反対側のノリに吸収され、カサカサに乾燥したり、香りがぬけたりするのをある程度防ぐことができます。このため、一枚を焼くときでも、半分に折って焼くのがよい焼き方です。

イモを焼く

イモを焼くとき、石や灰に埋めるのはなぜでしょう

「焼く」という加熱法は、材料の表面と内部の温度の差が大きいことが特徴で、表面が二〇〇℃以上の高温にさらされても、中心部の温度はめったに一〇〇℃をこえないものです。

イモのように大型で、しかも澱粉質の食品を焼こうとするときには、澱粉の糊化（α《アルファ》化）が完全に終わるまで、中心部に十分火を通すことが必要ですが、それでは表面が黒こげになってしまいます。そこで、内外の温度差を少しでも小さくして、ゆっくりと加熱できるよう、一〇〇℃を少しこえる程度の石や灰に、長時間埋めておくわけです。

なお、イモが少しずつあたたまっていくと、イモに含まれている澱粉分解酵素（アミラーゼ）の作用も活発になり、麦芽糖やブドウ糖が増えるため、甘味も増加します（一五四ページ）。

このように焼きものといえば、いつも直火で焼くと限ったものではなく、熱源から材料までの間に、熱の移動のなかだちをするいろいろな中間体が用いられることが多いわけです。直火焼き用の網についている石綿や鉄板も、フライパンや鍋も熱の中間体で、石、砂をはじめこれらの中間体を用いた焼き方のことを、直火焼きに対して間接焼きといいます。

焼く操作の分類

焼き方		支持体	中間体	加熱の対象	調理の例
直火焼き	串焼き	串	なし	おもに動物性食品	焼き魚
	網焼き	焼き網			バーベキュー 焼きもち
	機械焼き	焼きもの器			トースト
間接焼き	煎り焼き	ほうろく鍋	同左	穀類・豆類	煎り米、煎り豆
	石・砂焼き	鍋	石・砂	イモ類・種実類	焼きイモ 甘栗
	包み焼き	アルミ箔など	同左	動物性食品	焼き魚
	鉄板焼き	鉄板	同左・油	動物性食品・小麦粉	ビーフステーキ、ホットケーキ
	炒め焼き	鉄板・鍋	同左・油	広範囲	ソテー
	蒸し焼き	天火・ロースター	同左・油	広範囲	ローストチキン

肉は強火で焼く

肉を焼くとき、強火で焼くのはなぜでしょう

日本料理がさしみで代表されるように、西洋料理は肉を焼くことによって代表されます。

肉を加熱すると、筋肉の蛋白質が熱のために凝固し、組織がかたく締まってきます。また、肉全体が縮んで、汁や脂肪がとけ出し、同時にうま味の成分も汁とともに失われます。肉はやわらかさとうま味が身上なので、長い加熱はなるべくさけなければなりません。

加熱を短時間ですませるためには、強火で焼くことが必要です。強火にしますと、表面だけがこげて、肉の中心まで火が通らないことがありますが、肉の蛋白質は魚と同様、なまでも消化されますので、さしつかえありません。ビーフステーキでは、むしろ内部まで火が通っていないものが好まれるのは、よく知られています。

豚肉のように、寄生虫の心配のあるものは、火を弱めるのではなく、切り方をあまり厚くしないで、中心まで火が通るように加減します。

ビーフステーキの焼き加減と内部温度

焼き加減	内部温度
レア	55～65℃以下
ミディアム	65～70℃
ウェルダン	70～80℃
ベリーウェルダン	90～95℃

ベル・ロウ（木原・松元ほか訳）：ロウの調理実験、289（1964）より

鉄板で肉を焼くとき、あらかじめ、鉄板を十分に熱しておくのも同じ理由からです。少しでもはやく表面を焼き固めると同時に、加熱時間を短縮するのが目的です。

このことはまた、煮魚の煮汁をあらかじめ十分煮立てておくようなこととも通じています。

もっとも、強火がいいといっても程度問題で、表面がこげすぎたり、表面の組織が極端に変形するような加熱は禁物です。網焼きのステーキでは鉄板と違い、冷たい肉がふれても一時的な温度の下降がほとんどないので、あまりの強火はさけたほうがよいといわれます。

肉や魚を焼くときのふり塩

肉や魚を焼くとき、必ず塩をふるのはなぜでしょう

塩をふると、肉や魚の表面近くの水分にこれがとけ、濃い食塩水の状態になります。これをうすめようとして、それより内部の水も表面に引き出されてくるので、身が引き締まって型がくずれず、焼きやすくなります。

また、グロブリンという系統の蛋白質は（四一ページ）、食塩水によくとける性質をもっているため、表面の蛋白質の組織に食塩が浸透します。アルブミンやグロブリン系の蛋白質は熱によって凝固しますが、この凝固は食塩があるとはやくすすむので、塩をした肉や魚は、焼いたときはやく表面が固まり、内部のうま味などのとけ出しを防ぐことができます。

塩をあまりはやくからふると、水分にとけてうま味も失われてしまいますから、肉は焼く直前、魚も三〇分から一時間前にふるようにします。なお塩の量は、肉では一パーセント、魚では二パーセントくらいが適当です。

焼き魚の塩は

焼き魚に用いる塩は、食卓塩よりも普通の塩がよいというのはなぜでしょう

焼き魚に食塩を使うのは、前に述べたように（一〇六ページ）、魚の表面の蛋白質の熱凝固をすすめ、形のくずれを防ぐのが主目的ですが、不純物として含まれるマグネシウムやカリウムの塩類は、塩の主成分である塩化ナトリウムよりもこのような働きが強いのです。したがってこれらの不純物の少ない食卓塩や特級精製塩よりも、一パーセント程度のにがり分を含む普通の食塩のほうが、焼き魚には適しているわけです。

塩をふったあと、焼く前には、高級魚ならば、ざっと洗ったり、ふき取ったりするので、一パーセント程度の不純物ならば、味をそこなうことはありません。もちろん、惣菜の焼き魚ならそのままでもなんの心配もいりません。なお、味噌、醤油、漬けものなどには、同じような理由でこれよりも純度の低い並塩、漬け物塩などを使用します（二三〇ページ図）。

魚を網で焼く

魚を網で焼くとき、皮に酢をうすくぬることがあるのはなぜでしょう

肉でも魚でも、動物性蛋白質食品を鉄板や金網で焼くと、おもに筋肉のなかの球状蛋白質が、熱のため反応しやすいかたちに変わり、これが金属と結びついて、鉄板や網にくっついてしまう原因となります。

この現象は熱凝着とよばれ、五〇℃ぐらいからあらわれはじめ、温度が上がるほど強くなってきます（図参照）。

カツオ肉の加熱温度と熱凝着力

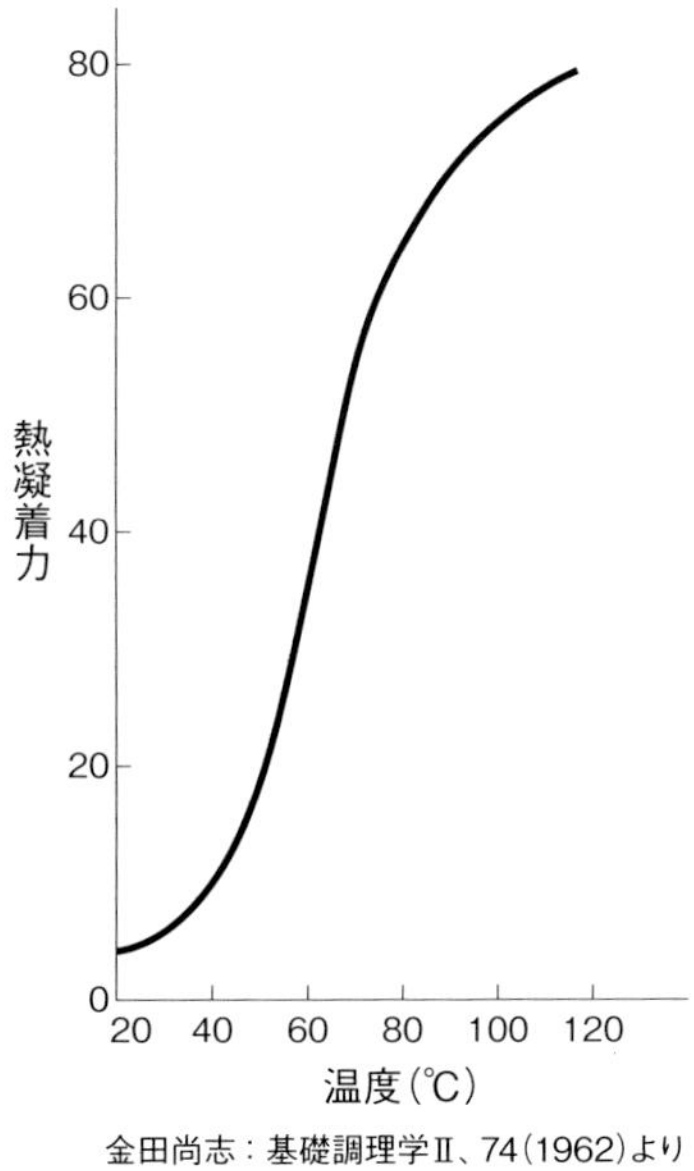

金田尚志：基礎調理学Ⅱ、74(1962)より

鉄板や網に油をひいたり（一〇九ページ）、肉の直火焼きでは材料そのものに油をぬったりすると、金属と蛋白質の反応を妨げ、凝着を防止できます。鉄板や網をあらかじめ十分に熱しておくのも、蛋白質を瞬間的に変性させ、くっつく力をなくしてしまうためです。

ところで魚の皮に酢をぬっておくのは、酢によって皮の蛋白質を変性させ、金属との反応力を失わせるためです。こうすれば網にのせても身くずれせず、じょうずに焼くことができるわけです。

網焼きばかりでなく、串焼きのときにも酢を使うことがあります。このときは、金串のほうに酢をぬっておきます。

鉄板を加工して、シリコン樹脂のようなものでおおってしまうと、熱凝着を防ぐことができます。フライパンにこのような処理をしたものは、油を使わずに肉や魚を炒めることができます。こういうものを使えば、皮に酢をぬるといった心配はいりません。しかし焼き網でははげますし、フライパンの場合は、油がいらないといっても、風味、なめらかさなどを無視すればのことです。

ナスを焼く

ナスを焼くとき、切り口に油をぬるのはなぜでしょう

丸焼きは別として「しぎ焼き」では切り口にゴマ油をぬって焼きます。ほかにピーマン、タマネギなども表面や切り口に油をぬって焼くことがあります。これは表面が高温にさらされるときにおこる水分の蒸発を防ぐためです。ナスのように組織があらく、比較的パサパサしているものは、水分が蒸発すると切り口がかわいた状態になり、持ち味をいかすことができません。油をぬることにより水をなかへとじこめ、同時に単純な野菜の味になめらかさと風味をあたえます。

さらに加熱がすすんで組織がくずれ、内部の水分が流れ出てくるようになったときには、油の壁が、水溶性の成分の流出を防いでくれます。

ナスを煮るとき、あらかじめ油で炒めておくのも（一九九ページ）、また肉を直火で焼くとき表面にサラダ油やオリーブ油をぬるのも同じ理由です。

鉄板で焼くときの油

鉄板で焼きものをするとき、油をひくのはなぜでしょう

あつい鉄板やフライパンに食品を直接のせますと、鉄板と食品の表面はぴったりと密着し、その状態で水分が蒸発しますので、蛋白質や澱粉は、鉄板に張りついたまま凝固したり糊化したりします。これがこげると鉄板にこげかすをつけますし、食品がなかなか取れなくなりますので、食品の形もすっかりくずれてしまいます。

鉄板に油をひいておきますと、食品と鉄板は、間にある油のうすい膜で隔てられ、油の上で蛋白質の凝固や澱粉の糊化がおこります。また油の膜ができると、食品の下から水が外へにじみ出ることも少なくなります。

鉄板への付着力は、肉や魚の蛋白質が最も強いので（一〇七ページ）、このような食品を焼くときには油も多く必要です。卵のように付着力の弱いものでは、油も少なくてすみ、ケーキやイモのような澱粉質の食品の場合は最も控えめにして、鉄板を油でふく程度にします。

バター焼きのバター

バター焼きのバターは、とかした上ずみを使いますがなぜでしょう

バターは牛乳の脂肪を集めたものですが、全部が脂肪からなりたっているわけではなく、水分（一五パーセント）と食塩（二パーセント）の溶液が、脂肪のなかに分散し、エマルジョンになっています（七七ページ）。

バターをとかすと、水と油は分かれ、脂肪は黄色い透明な液体になって上に集まり、水分、塩分、その他の不純物は下におちつきます。

塩分や不純物は、加熱の際に脂肪の分解をはやめ、こげつきの元になるものですから、これらを残して、上層の油脂だけを使うことにより、こげつかず、しかも風味のよいバター焼きができることになります。

一度とかして水と分かれたバターは乳化状態ではなくなり、空気と熱にふれて、非常に酸化されやすくなっていますから、何日もとっておかないようにしなければなりません。

肉を串焼きにするとき

肉の串焼きに金串を使うのはなぜでしょう

ブロシェット（金串焼き）は、昔、戦争のとき、肉を剣や槍の先に刺してたき火で焼いたのがはじまりといわれます。直火で肉などを焼くとき、表面をあまりこがさず、しかもうま味を保つには、なるべく短時間で加熱を終わらなければなりません。このとき熱の伝わり方のはやい金串を使うと、串の通っている中心部も加熱されるので、ある程度大型の肉も焼くことができます。

羊肉をうす切りにして串で焼くロシアのシャシリックもブロシェットの一種ですが、金串を使えばトルコのシシカバブのように、角切りの肉も焼けます。

ブロシェットは竹串でもできますが、このときは材料を少し小型にし、内部まで熱が通るようにしなければなりません。

一〇五ページの分類にもあるように、串焼きは、本来は直接加熱で、串は材料を支える「支持体」の役を果たしているのですが、ブロシェットのような場合には、串自体も熱を内部から伝える「中間体」としての役割をもっているわけです。したがって、ブロシェットのように鉄板で焼く場合にも、支持体としてだけなら串は不必要であるにもかかわらず、中間体として串を使う意味があることになるのです。

ブロシェット

カキのブロシェットのベーコン巻き

カキのブロシェットをベーコンで巻いて焼くのはなぜでしょう

カキは動物性食品のなかでも身がやわらかいので、そのまま串を刺して焼いたのでは、必ず形がくずれます。またカキ特有のやわらかい水気に富んだ舌ざわりを失って、全体が小さく、かたく締まってきます。

カキをベーコンで巻いて焼くと、形もくずれず、鉄板の熱をカキが直接に受けることもなく、カキの持ち味をいかした串焼きができます。ベーコンには四〇パーセントちかい脂肪が含まれ、これがわずか二パーセント弱しか脂肪を含まないカキの淡白さを補なって、複雑な味がつくられます。カキはそのままでも燻製、オイル漬けにするくらいなので、ベーコンで巻くことはそれと同じ効果をあらわすのに役だつといえます。

なお、ベーコンもカキもなまで食べられるものですから、ベーコンで巻いた場合でもあまり焼きすぎないように注意しなければなりません。

焼き魚の金串

焼き魚の金串は必ずさめてからぬくのはなぜでしょう

金串を使うのは、ブロシェットと同じように内部に熱を伝える効果もありますが、それよりも焼き魚の場合には、姿、形を美しく保つことが第一の目的です。このときに、ただいきなり串をさしこむことはめったになく、たとえばうねりざしのように、いきのよい姿になるよう、まげたり尾をはね上げたりして、その姿を保つために串を打つわけです。

焼きあがったときの魚は、蛋白質が熱のために凝固していますが、同時に脂肪はとけて皮と身の間がゆるみ、組織内には水蒸気も多く、全体としてやわらかく、くずれやすい状態になっています。ところがだんだん温度が下がっていくと、蛋白質の凝固も落ち着き、脂肪はさめて半固体になり、水蒸気の発生もとまるなど、全体に身が締まってきます。

このため、あついうちに串をぬくと、せっかくの形が

アユの姿焼きの串打ち

ぬいたあとでもどってしまいますが、これをややさめたところでぬくと、串を引きぬいても形は変わりません。

　さめてから串をぬくときの注意としてたいせつなことは、必ずあついうちに串をまわしておくことです。魚の筋肉の蛋白質は、金属にくっついてしまう性質があり（一〇七ページ）、串をまわしておかないと、さめてからぬきとるときについた身がくずれてしまいます。くっつかないように串に酢をぬっておく方法もあることは、前に述べたとおりです（一〇七ページ）。

ぎょうざを焼く

ぎょうざを焼くとき、途中で水を加えるのはなぜでしょう

　煮ものや蒸しものとちがって、焼くという操作は、加熱温度が高く、材料は適度にこげて、持ち味をいかした風味のよい料理ができあがります。そのかわり、材料の中心部まで熱が伝わらないうちに表面がこげてくると、そこで加熱をやめなければならないため、表面と中心部の温度差が開いてくるのはまぬかれません。

　ビーフステーキのようにこの現象を逆に利用した料理もありますが（一〇五ページ）、ぎょうざのようになかの肉にも鍋底にふれていない皮の部分にも十分火を通したいときには、下が黒こげになるまで焼いても、やはり加熱が不足します。特にぎょうざの皮のように澱粉質のものは、上部の皮が乾燥して水分が不足すると、澱粉の糊化（α《アルファ》化）が十分にすすみません（五二ページ）。

　そこで、底のほうがちょうどよくこげてきたころ、水を加えてふたをしますと、こげるのはとまり、上のほう

は水蒸気で蒸されて、全体を一様に加熱することができます。ローストチキンのような蒸し焼きの場合は、材料自身から蒸発する水分が、天火のなかでこの役目をしているわけですが、ぎょうざの場合には、鍋のなかであとから加えた水が同じ役目を果たし、蒸し焼きを行なっていることになるのです。なお、卵の目玉焼きに水を加えるのも全く同じ理由によるものです。

焼きぎょうざ

ローストを焼く

ローストを焼くとき、オーブンにジャガイモや野菜を入れるのはなぜでしょう

ローストのように大きな肉のかたまりを焼くときには、表面のこげ方と内部への火の通り方のバランスが最もたいせつなことになります。一般にはなかまで火が通らないうちに、外側がかわいたりこげたりします。焼き温度は最初やや強く、あとは一八〇℃ぐらいですが、これより高いと表面がこげすぎて味をおとします。しかし弱火で長時間焼いたのでは、材料から汁が流れ出て味をおとします。

蒸し焼きというのは、材料から出る蒸気を逃さず加熱に使おうという焼き方です。

オーブンのなかに水分の多いジャガイモや野菜を入れることは、肉から出る水蒸気の不足を補って乾燥を防ぐと同時に、オーブン内に蒸気がこもって、一定温度を保つのに役だつわけです。

もちろん、野菜の水蒸気に頼るだけでなく、鉄板にたまった焼き汁をときどき上からかけて、水分と味を補給します。また、オーブンに入れてあった野菜は焼き汁を吸収して味がよくなっていますから、これを元にソースをつくって添えれば一石二鳥というわけです。

ローストチキンと野菜

うす焼き卵をつくるとき

うす焼き卵をつくるとき、フライパンにひいた油をいったんふき取ってから卵液を流しこむのはなぜでしょう

うす焼き卵は二〇〇℃ちかくに熱した鍋に、卵液を流しこんで短時間で焼くもので、原理は簡単ですが、なかなかコツのいるものです。熱した鍋に卵液を流したとき、鉄板の温度が一〇〇℃以下に下がらないことがたいせつで、もし一〇〇℃以下に下がると、水分の蒸発が遅く、蛋白質の凝固にムラができたり、全体が厚いやわらかい膜になったりしてうまくいきません。

鍋に油を流したままでふき取らないと油膜が厚くなり、油の多いところでは、流した卵液が浮き上がって焼けるので、一様なうす焼きにならず、あばたのような面になってしまいます。このため、鍋にひいた油を必ず一度ふき取ってから卵液を入れるようにします。なお、ホットケーキをムラなく焼くときにも同じ理由で余分な油をふき取ることが必要です。

卵焼きの砂糖

卵を焼くとき砂糖を入れると、やわらかくふわりとできあがるのはなぜでしょう

卵の蛋白質に熱を加えると、分子の運動が激しくなって折りたたまれていた長い蛋白質の分子が、一度ひろがってふたたびからみ合い、全体として流動性を失ってゲル（七七ページ）や沈澱の状態になると考えられます。これが蛋白質の熱凝固です。蛋白質の溶液に砂糖を加えておくと、熱によって蛋白質の分子が広がったあと、砂糖が結びついてこれが蛋白質分子の再結合を妨げるため、蛋白質の凝固が遅れると考えられます。このため凝固したものはやわらかく、ふわりと弾力性をもちます。

泡立て卵白に砂糖が必要なのも同じ理由で、メレンゲでもケーキでも、あとで加熱したとき空気が十分熱によって膨張したところで、ゆっくりと凝固するように、またやわらかさを保って空気の膨張を妨げないような働きをしています（六五ページ）。逆に食塩を加えると凝固がはやまることは一〇六ページに述べたとおりです。

卵の熱凝固に及ぼす砂糖と食塩の影響
（全卵2コを10分間熱した）

そのまま加熱

砂糖5%添加

食塩1%添加

ハンバーグの肉

ハンバーグステーキのひき肉にあぶら身の多い肉をさけるのはなぜでしょう

肉の蛋白質は、何度もひくほど粘着力が強くなる性質があります。そこでハンバーグステーキは、ねっとりとするまでよくもんでから焼くのですが、それでも、加熱後は蛋白質が変性して粘りを失い、離れやすくなるものです。そこへ脂肪が多いと、なまのときには粘りがあるようにみえても、加熱するととけて液体となり、外へ流れ出て肉の間にすきまをつくり、ハンバーグのまとまりを悪くします。このため脂肪の多い肉をさけるわけです。

つなぎに食パンを混ぜるのは、とけた油や肉から出た液汁を吸収し、外へ流れ出すのをくいとめる効果があるからです。しかし、粘着力はないので食パンを入れてもくずれるのを防ぐ効果は期待できません。またタマネギも粘着力がないばかりか、水分を放出してパンが肉のあぶらを吸いこむ余地をなくしてしまうので、よく炒めて水気をきっておくことがたいせつです（七五ページ）。

シュークリームの皮

シュークリームの皮を焼き上げたとき、必ずオーブンのなかでさますのはなぜでしょう

シュークリームの皮を形よくふくらませるためには、水やバターに粉を混ぜるときの温度、それを火にかけて攪拌するときやおろしたときの温度、さまして卵を加えるときの加え方と温度、オーブンで焼くときの時間と温度など、たいへんな苦心が必要です。しかもその結果は最後にオーブンから出したときでないと、成功か失敗かわからないという微妙なものなのです（七〇ページ）。

苦心の結果、せっかくうまく盛り上がったものを急にさますと、まだシューがやわらかいうちに内部の水蒸気の容積が急に減るので、せっかくふくらんだシューがまた小さくしぼんでしまうことになります。

気体の体積は次ページの図からもわかるように、温度が一〇℃下がるごとに約二・七パーセント減少しますし、水蒸気は急速に液化して水にもどろうとします。これが急におこったのではいくら苦心してふくらましてもなに

気体1ℓの温度と体積

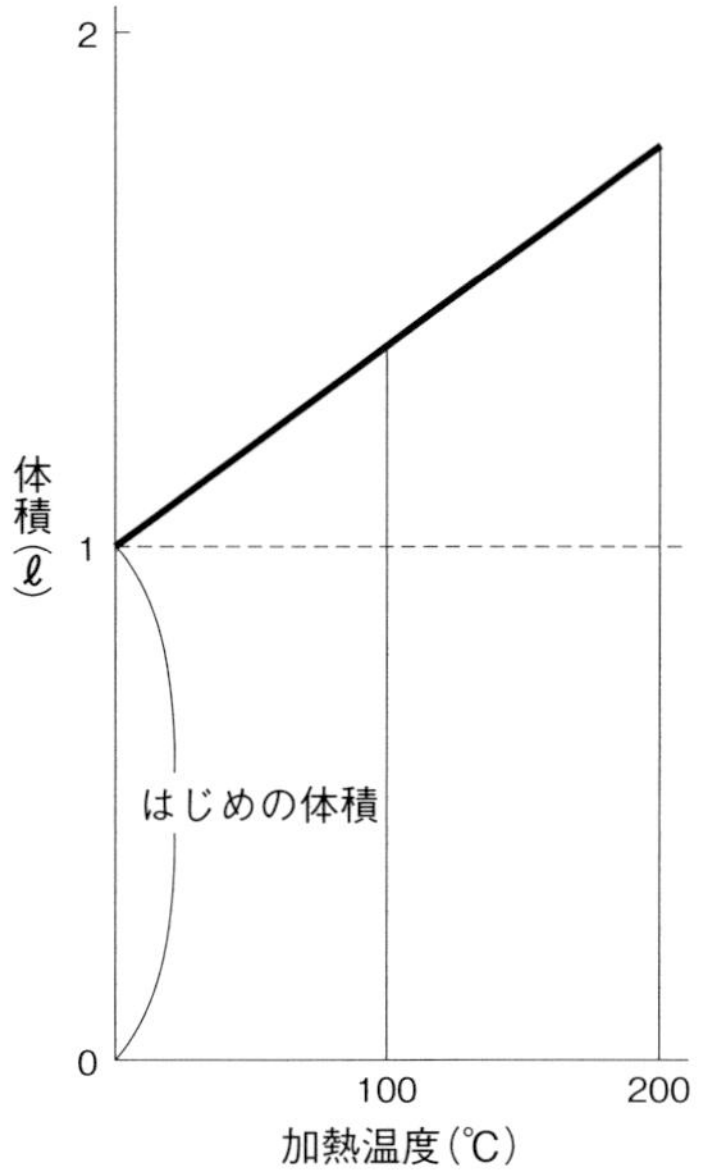

もなりません。

オーブンのなかでゆっくり時間をかけてさましていくと、空気の容積は少しずつ減少しますが、その分だけ外の空気がはいりこんで一定の気圧を保っていきますし、そのうちにシュー自身も少しずつさめてかたくなっていきますので、形を保つことができるわけです。

なお加熱が終わったあとばかりでなく、オーブンで焼いている最中にも、同じ理由で途中でオーブンのふたを開けてのぞきこむことは禁物です。

8 炒める

肉や野菜を炒める

肉や野菜を炒めるとき、強火で加熱するのはなぜでしょう

一〇五ページの表にあるとおり、炒めものは広い意味で焼く操作の一種と考えることができます。鉄板に油をひいて肉を焼くのは「炒めている」ともいえるわけです。ただ普通の炒めものは焼くことの欠点である「表面と内部の温度差の大きいこと」を少しでもカバーするため、材料を細かく切って、かき混ぜながら加熱できるのが特徴です。

材料を細かく切ることは熱をムラなく伝えるばかりでなく、加熱しながら味つけをしたり、また材料相互の味の交流を可能にしてくれます。これは本来煮ものの特徴で、炒めるという操作は煮ものの長所を合わせもっているわけです。すきやきのような「炒め煮」はその典型的なものといえましょう。

これらのことからわかるように、炒めものでは、材料からうま味その他の成分の溶出が多いわけです。したがって、あまり低温で長く加熱していると、材料本来の歯ざわりや持ち味、野菜では色などが失われてしまいます。そこでカレーライスに使うタマネギのように、一種の調味料として使うとき以外は、なるべく強火で短時間に終わるようにするわけです。それでもやはり成分の流出はまぬかれませんので、肉でも持ち味を味わうのが目的のビーフステーキなどは、切らずに焼くわけです。

炒めもの（必ず強火で）

炒めものの分類

分類	調理の例
油炒め（ソテー）	野菜、飯、麺類の油炒め、ルーなど
炒め煮	炒菜、きんぴらごぼう、炒り鶏など
炒め焼き	ムニエル、ハンバーグステーキなど
炒め揚げ	メンチボール、魚のフライ、カツレツ

山崎清子・島田キミエ：調理と理論、147（1967）より

炒めものの油

炒めものをするのに、揚げものに使ったあとの油を使うのはなぜでしょう

専門店ではこういうことは少ないと思いますが、家庭では毎日揚げものをするわけではないので、こういうことがよくあります。いちばん単純に考えれば、揚げものをしたあとの油が残っているから、ということですが、そのほかにもこうしたほうが合理的だというういくつかの理由があります。

まず、炒めものに使う油は非常にいたみがはやいということです。太田静行氏は、揚げものと炒めものの油のいたみを比較し、揚げものに二時間使った油と同じ状態になるのに、炒めものでは五分しかかからないという結果を報告しております。そのため、新しい油で炒めものを始めても、一度揚げものに使った油で始めても、炒め終わったときの油の状態にはたいして差がありません。ですから、残り油があるのに、わざわざ新しい油を使うのはもったいないわけです。

つぎに油の使用量の差があげられます。揚げものは、材料や揚げる条件にもよりますが、多いときには材料の一五～二〇パーセントも油を吸収することがあり（揚げ麺、ドーナッツなど）、油の味を重くみる調理です。これに対して、炒めものは普通五～七パーセント、多いときでも一〇パーセントどまりで、油はあくまでもわき役です。こういうことからも新しい油はてんぷらなど、揚げものに使ったほうがよいといえます。

炒めものに対する油の適量

食品	適量	備考
キャベツ	3%	1mm程度のせん切り
モヤシ	3%	そのまま
卵	4%	
飯	10%	そのまま
牛肉	5%	厚さ5mm程度
魚肉	5%	ヒラメ切り身
タマネギ	7%	みじん切り
〃	6～12%	薄切り
ジャガイモ	8～14%	
洋ニンジン	6～10%	
ホウレンソウ	6～10%	

太田静行：調理科学、1、125（1968）より作成

炒める順序

肉、野菜、卵をいっしょに炒めるとき、肉はまっ先に入れるのに、卵は最後に入れるのはなぜでしょう

いつもこうするとはかぎりませんが、手軽な炒めものをするときには、この順で炒めます。

野菜を炒めると水気が出るので、まず肉を強火で熱し、表面の蛋白質を凝固させて、うま味成分の流出をある程度防いだところへ野菜を入れ、さっと火を通して、まだあまり水気が出ないところへ卵を入れると、卵がすぐ凝固して肉や野菜を包みこんでまとまり、水気やうま味がそれ以上流れ出るのを防ぐことができます。肉を最後にしたのでは肉の味をほかの食品に移して有効に利用することができませんし、野菜を最後にすると全体が煮もののようになりがちです。

もちろん炒飯《チャーハン》のようなときには肉や野菜を卵でまとめる必要がないので、卵はまっ先に炒めて別にしておき、肉と野菜もやはり炒めて別にしておき、最後に炒めた米飯といっしょにするわけです。また芙蓉蟹《かにたま》のように具が多く、前のような方法ではまとまらないときには、卵をといてそのなかへ具を入れ、これを鍋に流し込んで大きくまとめるわけです。

卵を最後に入れるのは、要するに蛋白質の熱凝固を利用して水分を吸収し、炒めものらしい味わいを出すために行なうことだといえます。

カキとニラの柔らか卵焼き

炒り豆腐をつくるとき

炒り豆腐をつくるとき、野菜のあとに豆腐を加え、最後に卵を落とすのはなぜでしょう

炒り豆腐は炒め煮の一種ですが、最後に汁がなくなるように仕上げることが必要です。そこで豆腐はあらかじめゆでてしぼっておきますが、それでも水気が多く、しかもしぼった豆腐は油を多量に吸いこむ性質があります。また豆腐を先に炒めると、あとから野菜や肉を加えても、たんにあつい豆腐のなかで煮ているのと同じ結果になるばかりでなく、せっかくしぼった豆腐がまた野菜からの水気を吸収します。

野菜などをあらかじめ炒めておけば、表面を油でおおわれた野菜からの水分の流出をある程度防ぐことができます。その後、水気をきった豆腐を入れ、調味料を加えて仕上げますが、それでも余分の水分があるときは、最後に卵を落として炒めあげますと、前の問題と同様に卵が余分な水を包みこんで熱凝固するので、水っぽくないおいしい炒り豆腐ができるわけです。

肉を焼くときの小麦粉まぶし

ポークソテーのように、肉を炒めるとき、小麦粉をまぶすことがありますが、これはなぜでしょう

肉を加熱するとき、とけ出してくる脂肪やうま味の成分は、そのままでは失われてしまうわけですが、肉に小麦粉をまぶしますと、これらの脂肪やうま味を吸い取って、外へ逃がさないようにしてくれます。しかも、加熱された小麦粉の澱粉は、そこでひとつの壁をつくりますので、それ以後のとけ出しを防ぎます。また、小麦粉がこげると香ばしい香りが発生し、肉の風味をいっそう引き立ててくれます。

ビーフシチューのような煮こみ料理をするときにも、肉のかたまりを炒めたのち、小麦粉をまぶしてから煮ることがありますが、これもやはり肉の味を保つようにするためです。

このほかにも、ムニエル（一一五ページ）、カキのブロシェット（一一一ページ）のように、魚介類に小麦粉をま

ポークソテー

ぶす例もたくさんあります。また、フライのころもをつけるとき、まず小麦粉をまぶすのも同じ理由です。
ただし、ビーフステーキのように、最上の肉の味そのものをいかす料理では小麦粉を使いません。そのかわり、なるべく厚く切って内部のうま味を保護するようにしているわけです。

ムニエルは牛乳にひたす

魚を牛乳にひたすのはなぜでしょう

ムニエルは魚のバター焼きで、魚料理のなかでは最も一般的なものです。牛乳は、水のなかに細かい脂肪の粒子や蛋白質の分子が、コロイド粒子の状態で分散し、浮遊していて、いろいろな物質を吸着しますので、魚を牛乳にひたしておくと魚のなまぐさみを吸着して取り除くことができます。これは日本料理でサバなどを煮るのに味噌を使うのと同じです。ですからなまぐさみのない、上等の舌平目などのムニエルは牛乳を使いません。

また、牛乳中の蛋白質やアミノ酸は、小麦粉のなかに含まれるブドウ糖などのような糖類と結合して、アミノカルボニル反応という変化をおこし、香りのよい褐色物質ができ、おいしそうなこげ色と香ばしい香りがつくことになります。ホットケーキやスポンジケーキに加える牛乳も同じような意味で役だっており、ケーキの美しいこげ色は、ただ焼けこげただけの色ではありません。

ムニエルと小麦粉まぶし

ムニエルをつくるとき、炒める直前に小麦粉をまぶすのはなぜでしょう

ムニエルの特徴は魚に小麦粉をまぶすことです。肉の場合と同様、小麦粉は魚からしみ出してくる水気を吸収し、うま味成分を保持し、炒めるとこげて香ばしい香りと味をつくってくれます（一二三ページ）。

このために、ムニエルはサバ、アジ、サンマ、イワシのような味の濃厚な魚を用いても、おいしく食べられるのです。もし小麦粉なしで一〇分間も加熱しますと、表面はカラカラになり、味もそっけもありません。

小麦粉をまぶしたまま長時間おくと、しみ出した水気で小麦粉が粘り、ベトベトして、あとで焼くときにフライパンにかすがこびりついて残り、ムニエルの味をおとす原因になります。

このため、小麦粉をまぶしたらすぐに炒めるようにします。また余分な粉ははたき落としておき、不必要な粘りを出さないようにします。

ルーをつくるときのダマ

ルーをつくるとき、粉をよく炒めないで水（スープ）を加えるとダマができるのはなぜでしょう

小麦粉に水を加えて加熱すると澱粉の糊化（五二ページ）がおこり、粘りは強くなってきます。このとき粉の細かい粒と粒が互いにくっつき合って、大きな玉になります。これをダマ、またはまま粉とよんでいます。

小麦粉をバターでよく炒めておくと、粉の粒子のひとつひとつが油でおおわれた状態になり、これに水を加えて加熱しても、粉同士がくっつきにくく一様に水のなかに分散してくれます。

つぎに、もうひとつの理由として、粉を高い温度（一五〇℃以上）で加熱すると、加熱中に澱粉の分解がすすんで、一部が分子の小さいデキストリンというものになり、粘りを出す性質が減るからです。だから、小麦粉をよく炒めないと、この変化がすすまないのでダマができるわけです。

ルーを粘らせるには

ルーをつくるとき、薄力粉を使ったほうがよく粘るのはなぜでしょう

小麦粉の粘りといわれるものには二通りあります。ひとつは小麦粉特有のグルテンによる粘りで、むしろ弾力性といったほうが適当な性質です。もうひとつは澱粉による粘りで、これはコシの強さといった性質とは異なり、いわゆる糊のような粘着力をもった性質です。

グルテンによるコシの強さは、パンや麺類のように小麦粉をよくこねたときに出てくる性質です。ところが、ルーは、小麦粉を油で炒めて、グルテンの性質、いわゆるコシを出さないようにしますので、ルーの粘りはもっぱら澱粉の量に支配されます。

グルテンの少ない薄力粉は、それだけ澱粉が多いわけですから、薄力粉を使ったルーのほうが中力粉や強力粉（実際は使いませんが）を使ったルーよりも粘りが強いわけです。

なお同じ小麦粉を使っても、小麦粉をよく炒めたブラウンルーのほうが、ホワイトルーより粘りが少なくさらりとしていますが、その理由は前の問題で述べたように、澱粉分子の部分的な分解によるものです。

同じ条件で炒め時間だけを変えてみると、粘りは約半分にも減ります。これは粉を油で炒めず、ただ炒った場合にも同じです。また逆に小麦粉を炒めずになまのものを使うと、ルーの粘りは最も強くなるわけです。

よくできたルー

すきやきの肉とシラタキ

すきやきをつくるとき、肉とシラタキがふれ合わないようにするのがよいといわれますがなぜでしょう

シラタキというのはコンニャクを細く糸のようにしたもので、コンニャクイモからつくった粉に、ぬるま湯を加えてよくこね、石灰を加えてできたかたまりを細い穴から、熱い石灰水のなかへ滝のように押し出してつくったものです。したがって、シラタキのなかには、コンニャク粉を固めるとき使った石灰のカルシウムが含まれています。

ところで肉の蛋白質は、熱によって凝固するわけですが、カルシウムに出合うとこの熱凝固がはやめられ、煮えたときかたくなる性質があります。肉のおいしさのほとんどは「やわらかさ」によって決まるので、せっかくのよい肉がシラタキのためにかたくなってしまうのは好ましくありません。

一方、カルシウムは、肉の色にも影響します。肉の色はミオグロビンという色素によるものですが、これは加熱すると酸化されてメトミオグロビンというものになり、褐色に変わるのです。ところがカルシウムがあると褐色ではなく、どす黒い色になります。

以上のように、やわらかさと色の両面から、シラタキと肉がふれ合うのをなるべくさけたほうがよいといわれるわけです。

9 揚げる

てんぷらにはゴマ油とサラダ油

てんぷらを揚げるとき、ゴマ油にサラダ油を混ぜて使うのは、なぜでしょう

特有の香りと味をもっているゴマ油は、昔から、本格的なてんぷらには好んで用いられる揚げ油です。

この油は、ダイズを主体とした、ほかのてんぷら油と比べて、ゴマの風味をいかすために、あまり極端な精製はしていません。そのため、揚がったてんぷらの油ぎれがやや悪くなるという欠点があります。

ところが、このゴマ油に、油のなかでは最もくせのないサラダ油を混ぜますと、ゴマ油の風味をいかしながら油ぎれの悪い欠点を補って、からりとしたてんぷらができるのです。一般に、サラダ油をゴマ油の三〜五割混ぜるのがよいといわれているようです。なお、サラダ油と普通のてんぷら油は、もともと同じような原料（おもにダイズ、菜種）からつくられるもので、精製の程度がちがうだけですから、日常の揚げものにはサラダ油だけを用いてもいっこうにさしつかえありません。

揚げ油の使い分け

てんぷらは植物油、フライにはヘットやラードを使うのはなぜでしょう

揚げものの生命は油です。てんぷらは軽く、カラリとした、いわゆる油切れのよい状態に仕上がることがたいせつです。このためには、使う油は、前に述べたようにゴマ油、サラダ油、てんぷら油のような植物性の油脂が望ましいのです。次ページの表のように、植物油は分子のなかに融点の低いオレイン酸やリノール酸のような不飽和脂肪酸を多く含んでおり、〇℃以下の温度に冷えても、ほとんど固まるということがありません。

一方、ラードやヘットのような動物性の脂肪は、前にも述べたように融点の高いパルミチン酸やステアリン酸のような飽和脂肪酸を多く含んでおり、三〇〜四〇℃以下にさめると白く固まってしまいます。

もし、てんぷらをこのような油で揚げたとすると、揚げあがりはともかく、しばらくたつと冷えてしっとりと重く、ころもが固まってきます。てんぷらがこうなって

は困りますが、一方、フライの場合はかたいパン粉を使ってあり、あまりカサカサした舌ざわりになるより、多少重くしっとりとしたほうがやわらかく、中身の肉などにもよく合うのです。てんぷらはからりとした揚げたてをすぐ食べなければ値打ちがありませんが、フライは少し時間がたってもおいしく食べられるのはこのためです。

フライでも、ヒラメなど白身の魚やエビの場合は、あっさりした持ち味をいかすため軽いころもが好まれ、オリーブ油などのような植物油で揚げるのが普通です。

エビのフライ

油脂の脂肪酸組成

	脂肪酸	融点	バター	豚脂	牛脂	綿実油	ダイズ油
飽和脂肪酸	酪酸	−73℃	4.6%	—	—	—	—
	ラウリン酸	48℃	5.0%	—	—	—	—
	ミリスチン酸	53℃	17.7%	0.7%	2.7%	0.3%	—
	パルミチン酸	64℃	16.0%	25.2%	27.0%	21.0%	9.4%
	ステアリン酸	69℃	3.7%	12.8%	23.9%	2.0%	4.1%
不飽和脂肪酸	オレイン酸	−14℃	48.0%	54.2%	40.7%	28.6%	28.5%
	リノール酸	−9℃	—	7.1%	1.8%	47.2%	55.0%
	リノレイン酸	−11℃	—	—	—	—	3.0%

揚げる材料の多少

揚げものの際、材料を一度に数多く入れるとうまく揚がらないのはなぜでしょう

油を熱して材料を入れると、一度に温度が下がります。材料が少なければ火を強めるとすぐ温度が回復しますが、一度に多くの材料を入れると、水が蒸発するとき空気中に熱をもち去るので、二〜三分以上も温度が回復しないことがあります。長くても五〜六分程度で勝負のつく揚げもので、二〜三分以上も低温が続けば、できたものの味がおちるのは当然です。

油一グラムの温度を一℃だけ上昇させるのに必要な熱量を水と比べると、約半分ですみます。このことを「油は水よりも比熱が小さい」といいます（水を一として約〇・四七）。つまり、油はあたたまりやすいかわりにさめやすいわけです。そこで揚げもののコツは、いかに適温をうまく保つかにあるといわれています。このため油のなかにあまり一度にたくさんの材料を入れないようにするわけです。

各種の物質の比熱

物質名	比熱	温度
鉄	0.107	20℃
銅	0.092	20℃
アルミ	0.211	20℃
木材	0.30	室温
磁器	0.17〜0.21	20〜200℃
植物油	0.47	20〜30℃
くだもの	0.91〜0.92	凍結点以上
キャベツ	0.93	凍結点以上
牛肉	0.68	凍結点以上
	0.38	凍結点以下
バター	0.64	凍結点以上
卵	0.76	凍結点以上
牛乳	0.90	凍結点以上
魚肉	0.82	凍結点以上
	0.43	凍結点以下

高木和男・児玉定子：全訂調理学、上、14(1956)より

揚げ鍋の形や材料の種類によって一定はしませんが、用意した油の重量の十分の一をこえる材料を入れるのはさけたほうがよいと思われます。またコロッケやドーナッツのようにまとまった形をしているものより、かき揚げやポテトチップのように表面積の広いものが油の温度を急降下させるので、こういうものは特に、一度に揚げる量をひかえたほうが賢明です。

おもな物質の比熱は表のとおりです。この数字が一に近いほど、あたたまりにくくさめにくいわけです。

揚げ油の適温の判定

揚げ油の適温をみるのに、ころもを油のなかに少し落とすのはなぜでしょう

油の温度をみるにはいろいろな方法がありますが、そのなかで、「紫色の煙が立ちのぼったら揚げ始める」というのを除いては、どの方法も水の蒸発を利用した方法です。

水でといたころも一滴を油のなかに落としますと、はじめは水が油より重いために、下に沈みますが、熱が加わって水が蒸発しますと、軽くなって上に浮き上がってきます。

もし、油の温度が二〇〇℃以上と非常に高いときは、ころもが油のなかに落ちたとたんに水が蒸発してしまいますので、下には沈みません。

油の温度が一七〇〜一八〇℃ぐらいのときには、おちたころもが沈んでいく途中で、熱のために水分を失い、鍋底につくかつかないうちに浮き上がってきます。

また、一五〇〜一六〇℃では、いったん完全に底に沈んでからゆっくり浮き上がり、一五〇℃以下では、沈んだころもはなかなか浮き上がってきません。したがって、浮き上がってくる時間によって油の温度をみることができるわけです。

なお、ころもを落とす方法のほかに、塩をひとつまみ入れてそのときに出る音で判断する方法や、揚げ箸の先を油のなかにちょっと入れたときの泡の出方で判断する

揚げものの適温と揚げ時間

調理の種類	温度	時間
天ぷら・魚貝類	180〜190℃	1〜2分
サツマイモ・ジャガイモ・レンコン 厚さ0.7cm	160〜180℃	3分
かき揚げ	180〜190℃	1〜2分
フライ	180℃	2〜3分
コロッケ	190〜200℃	40秒〜1分
ドーナッツ	160℃	3分
フリッター	160〜170℃	1〜2分
コイのから揚げ 1回目	140〜150℃	5〜10分
コイのから揚げ 2回目	180℃	30秒

山崎清子・島田キミエ:調理と理論、137(1967)より

方法もあります。

これらの方法は、いずれも水分の熱による蒸発を利用したものです。したがって、水気を全く含まない食卓塩や、金属製の揚げ箸では、油のなかに入れても効果がありません。

油の適温をみる

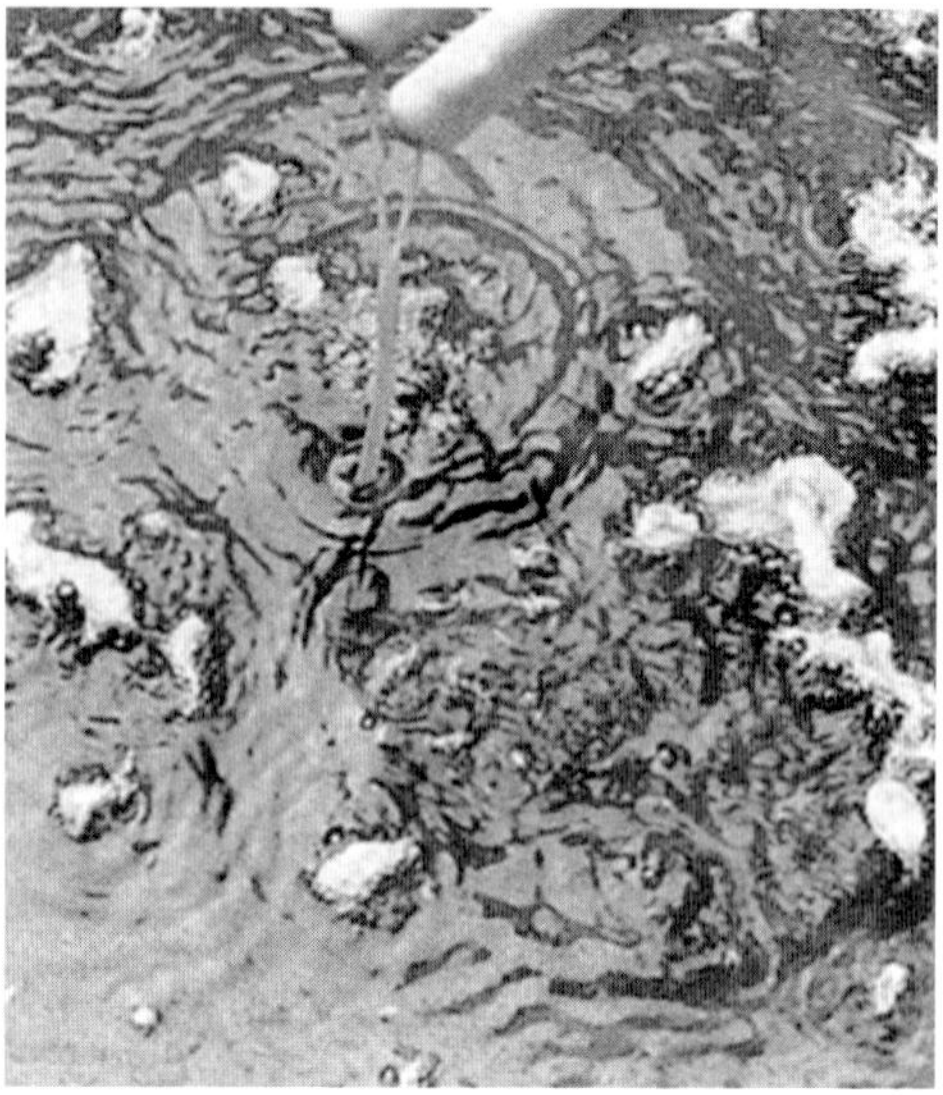

揚げものに適した鍋

揚げものの際、平底より丸底の鍋がよいのはなぜでしょう

すべての加熱調理でムラのない加熱をするためには、なるべく熱が周囲から一様に加わることがたいせつです。揚げもののように短時間で加熱を終えなければならないものは、特にこのことが結果に影響します。

油のなかに材料を入れたとき、ある程度の深さがないと、このような条件を満たすことができません。同じ量の油を、直径の同じフライパンと揚げ鍋に入れて深さを比べてみると、中央部の深さは当然丸底の揚げ鍋のほうが深くなることからも、このことがよくわかります。揚げものに丸底鍋を使うのはこのように深さをもたせて均一な加熱をはかるためです。

ただ逆に、もし深さが同じだった場合には、丸底鍋よりも平底のフライパンのほうが油の量はたっぷりはいっています。したがって丸底鍋では、深さの割に油の量は多くないことを忘れてはなりません。

揚げものの要点はなんといっても温度をこまめに調節することにありますが、油が多いほどそれがうまくいくことに注意する必要があります。また平底鍋には中央部もへりのほうも同じ深さであるという利点もあります。フライパンは別としても、揚げもの用の鍋は必ずしも完全な丸底ではないのはそのためです。

丸底の揚げもの用鍋

コイ・鶏の二度揚げ

コイや骨つき鶏肉を揚げるときなど、二度揚げするのはなぜでしょう

揚げものは、ほかの加熱調理より表面と中心部の温度の差が大きいのが特徴です。表面は一八〇℃前後の熱でこげてきても、内部は一〇〇℃以下のことが多いのです。このことを逆に利用して、アイスクリームのてんぷらさえできるくらいです。ころもをつけないから揚げでは、特にこの温度差ははなはだしく、鶏では骨と身がうまく離れてくれません。

だから、コイや鶏のように大きいものを揚げる場合には、一度油に入れて外側をこがさないようにあまり高くない温度（一四〇～一五〇℃）で揚げ、一度取り出して網じゃくしなどの上にしばらくおくのです。そうしますと、表面の熱がしだいに内部のほうに伝わりますので、表面だけがこげすぎるということがなく、なかまで火が通ります。

ここでもう一度一七〇～一八〇℃で揚げますと、表面

骨つき鶏肉の二度揚げ

がパリパリし、適当なこげ色もつきます。それは、油から出しておくうちに表面の水分が蒸発しますので、二度目に油で揚げると表面がかたくなるためです。必要があれば三～四度と揚げなおすこともあります。

なお、コイの場合に骨のところまで切り目を入れるのは、はやくなかまで火を通して、頭から骨まで食べられるようにするためです。

揚げたあと軽くなる

揚げものは油を吸収するのに、揚げる前より軽くなるのはなぜでしょう

揚げものの加熱温度は、普通一八〇℃くらいですから、わずか数分間の加熱中でも水はたいへんな勢いで空中に蒸発していきます。揚げる前のころもは普通六〇～七〇パーセントの水分を含んでいますが、これが揚げ終わったあとでは二〇～三〇パーセント以下になってしまいます。ときには、五パーセント以下という、まるで完全にちかい乾燥状態になることもあります。

一方、油は水と交代に材料のなかへ吸いこまれていきますが、油と水とは、とけ合うことができないため、材料がまだ水を含んでいる間は油の吸収はそれほどすすまず、水分が蒸発した部分が順々に油におきかわっていくわけです。ころもつきの揚げものでは、ころもが二〇パーセント以上もの油を吸いこんでも、中身のほうにはわずか数パーセントしか油が吸収されないのは、ころもの内部に水蒸気がこもり、材料の水分蒸発はほとんどすすまないためです。

　このように、油の吸収はまず水が蒸発したあと、一歩遅れておこっていくので、揚げ終わったときの水分量の減り方と油の吸収による重さの増え方を差し引きすると、たいていの揚げものでは一割前後重さが軽くなっているわけです。

　このことからすぐわかるように、カラリと揚がったよい揚げものは、水が十分蒸発して、その分だけ吸油量も多くなっています。吸油量は、揚げる時間や油の温度、食品の状態（すきまが多いかどうか）、水分の量、ころもの多少などによって大きくちがってきますので、揚げものの際にはそれらの条件に十分注意することが必要です。

　下の図はエビ二尾にころもをつけて普通に揚げ、ころもと中身を別々にして、そのなかに含まれる油脂（脂質）の量と水分量とを調べ、これをころもなしで揚げたものと比較したものです。ころもに、二六パーセントもの油脂が吸いこまれる一方、水分はわずか三〇パーセントに減少、これに対して中身のエビは、ほとんどなまのときと変わらない値を示しています。ころもなしで揚げたエビと比較すると、このことはいっそう明らかです。

エビの揚げものの水分と吸油量の変化

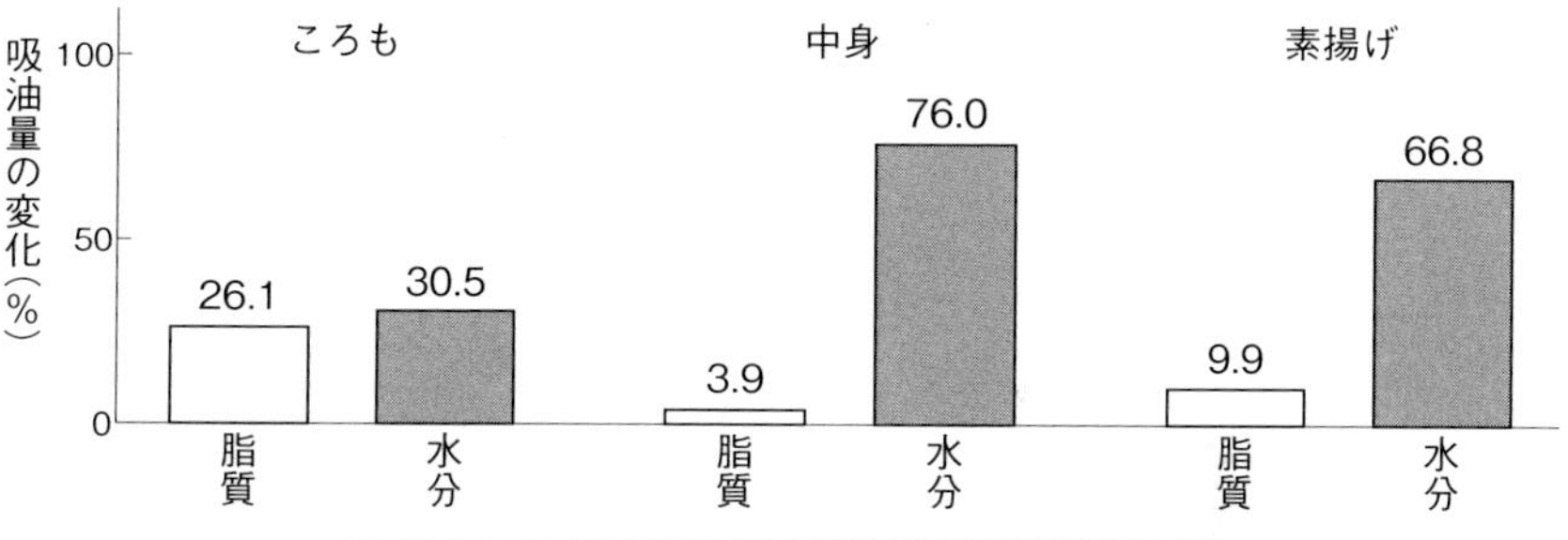

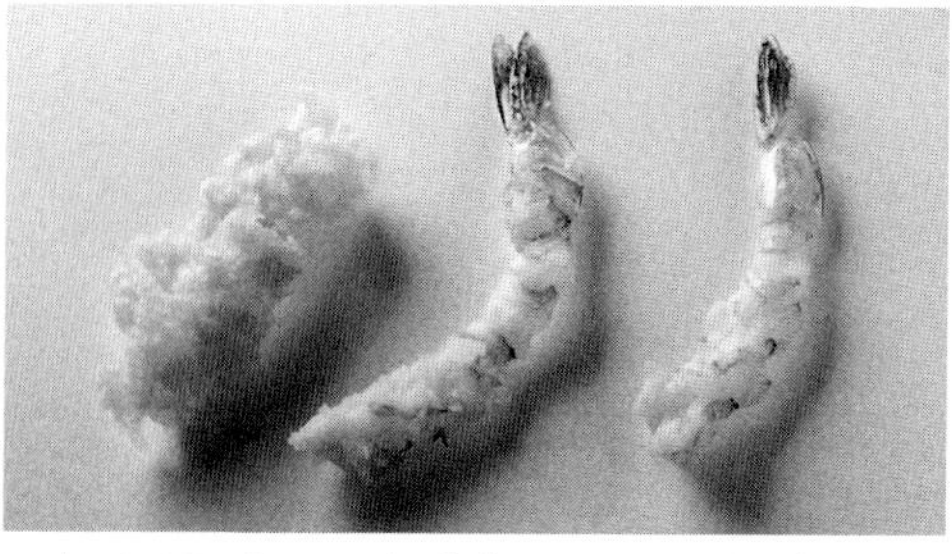

左から、天ぷらのころも、中身、ころもなしで揚げたもの

カツレツとコロッケの油量

カツレツはひたひたの油で揚げて、コロッケはたっぷりの油で揚げますが、どうしてでしょう

カツレツとコロッケはともに本来の意味から離れてそうざい料理として親しまれています。本来はカツレツはフランス語の「コートレット」からきたもので、肉をうすく切ることをいうのです。またコロッケは、あらかじめ調理した肉や野菜をホワイトソースや、ジャガイモを使ってまとめたものを揚げます。

カツレツは脂肪の多い肉を使いますので、揚げ油を極端に吸いこむことがありません。また、形が平たいため、裏返して両面を揚げることができますので、両面を同時に油にひたす必要がないわけです。日本のとんかつと違って、西洋料理ではカツレツはバターかラードで焼く、むしろ焼きものの一種です。

これに対して、コロッケは内部まで揚げ油を吸いこみやすいうえに、形が丸く、しかも、やわらかいので、油が少ないと鍋底に押しつけられて変形します。

このため、たっぷりの油に全体をひたして揚げるようにするわけです。

カツレツはひたひたの油で揚げる

強力粉とてんぷら

強力粉でてんぷらのころもをつくったところ、いつものように花が咲いた状態にならず、ベトッとした感じになったのですが、これはどうしてでしょう

てんぷらのころもは、中身を油の高温から守り、材料のまわりに水気の多い壁をつくって、そこから出る水蒸気でなかの材料をゆっくりあたため、しかも、ころも自身は油を吸いこんで、こんがりとこげたよい風味を与えます。

てんぷらはカラリと揚がることが生命なので、このような役目を果したあとのころもが、ダンゴのように固まっていたり、材料にかたくくっついていることをきらいます。といって、全く粘りのない澱粉だけでつくったようなころもでは、材料にくっついてくれません。「つかずはなれず」というのがころもの理想です。

そこで、てんぷらのころもには必要最低限度のグルテン（六七ページ）を含んだ薄力粉が最も適しています。

グルテンの多い強力粉を使うと粉が水を吸着する力が強いため、てんぷらが一応できあがったあとも、ころものなかに水分が残り、重くベトッとした、しかもかたいころもができあがるのです。

花揚げ

よいころものつくり方

てんぷらのころもをつくるとき、かきまわしすぎたり、あたたかい水を使ったり、つくったころもを長くおくとよいころもができないのはなぜでしょう

グルテンは、はじめから粘っているのではなく、こねたりかきまわしているうちに、はじめて粘りが出てくるのです。

そこで、ころもをつくるとき、いつまでもかきまわしていると、当然、粘りは強くなってきます。また、温度が高いとグルテンのできるのがはやまり、やはり粘りが強くなります。ころもをといてから長い時間放置しておいたときも同様で、しだいにグルテンの形成がすすむために粘りが強くなってくるわけです。

次ページのグラフは小麦粉に水を加え、といた直後のものと、攪拌あるいは放置したものの粘りの強さを回転粘度計という機械で測定したもので、これをみると、といた直後のものに比べて粘度が上がってくるようすがわ

てんぷらのころもと攪拌(グルテンの粘性がでないほどよい。Aが最良)

B　1分間攪拌　5分間放置

A　攪拌直後

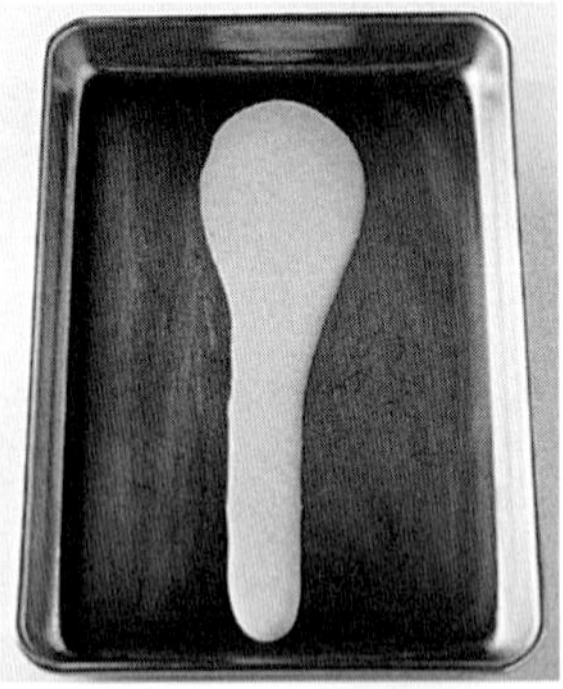

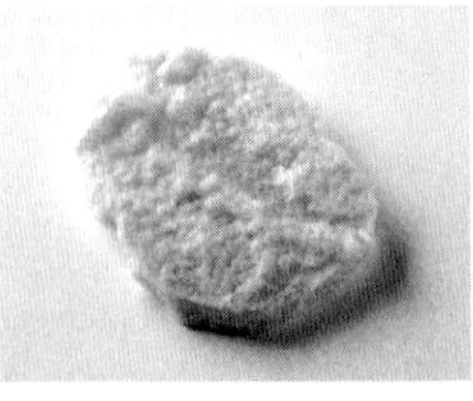

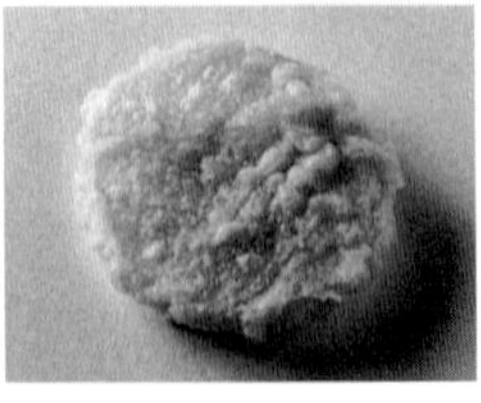

かります。

　カラリとしたてんぷらを揚げるためにはグルテンの粘りを、できるだけ出さないようにするのがコツです。このため、なるべく冷たい水、ときには氷水を使い、粉と水をいっしょにしたら、かきまわさずに軽く切るように混ぜ、時間をおかずに、すぐ揚げ始めることがたいせつです。

　といたころもの実際のようすは前ページの写真の通りです。攪拌後放置したころもは、見た目も粘りが出て、それを使って揚げたジャガイモは、ころもに全然凸凹がありません。

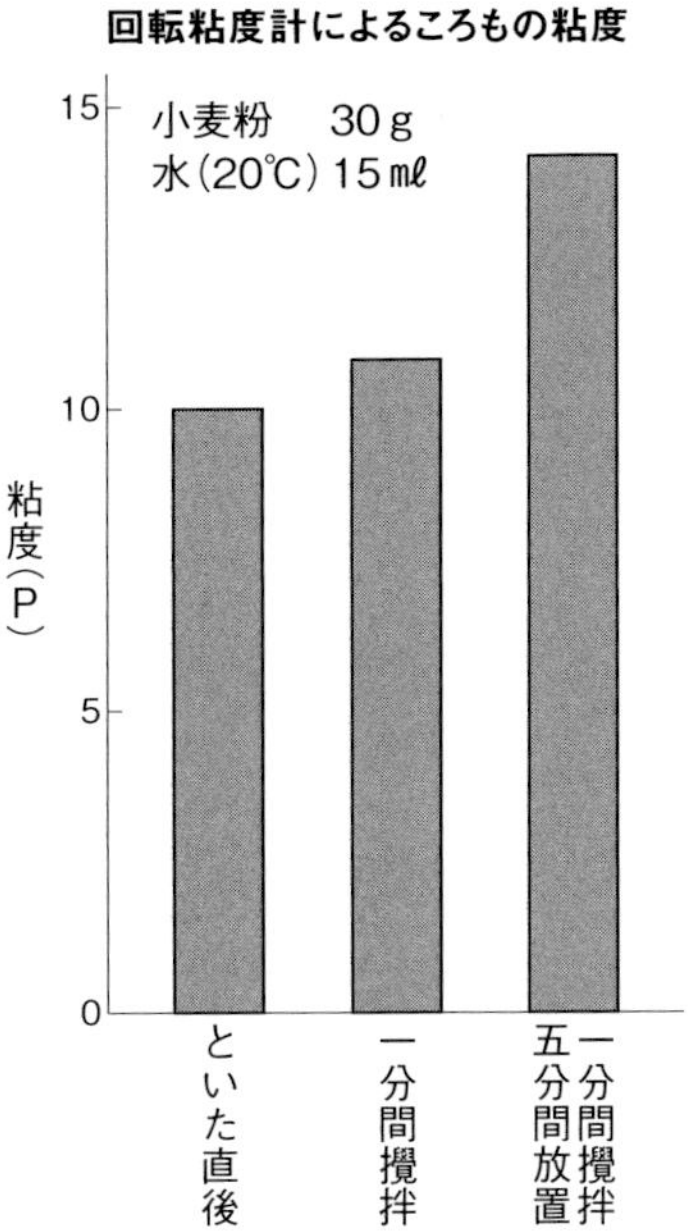

ころもに卵と重曹を混ぜる

揚げもののころもに卵や重曹を混ぜるのはなぜでしょう

　てんぷらのころもは、水分が少なく油を多く含んだ軽いものが好まれます。小麦粉に重曹や卵を入れると、小麦粉だけのときよりも、ころものふくらみがよくなります。重曹は水にとけた状態で熱を加えると二酸化炭素を発生してふくらむのですが（一六三ページ）、卵の場合には、泡立てと同じように、ころもをとくとき包みこまれた空気が熱で膨脹すると考えられます。

　いずれにしても粉と水だけのときよりも、ふくらんですきまの多くなったころもは、水分の蒸発もさかんになり、その分だけ吸油量も多くなるわけです。松元文子氏による実験の結果は次ページの表のとおりで、重曹、卵ともにころもの水分量を下げ、吸油量を増す効果があることがわかります。

　もうひとつ重曹にはころものかたさを保つ働きがあります。てんぷらを揚げてからそのまま放っておきますと、

ころもの材料と水分・脂質量

ころもの種類	小麦粉と水	小麦粉・重曹と水	小麦粉と卵・水
水分	18.36%	5.07%	13.22%
脂質	32.42%	53.86%	46.05%

松元文子：調理と水、34（1963）

内部から出てくる水蒸気をころもが吸収して、せっかくカラリとした揚げものがやわらかくなってしまうのですが、重曹を入れると吸湿性が下がり、ある程度の時間、かたさを保ってくれるのです。惣菜店や折詰の揚げものなど、長時間おくものに、よく重曹が使われますが、混ぜるときムラがあると、油のなかでひどくはねて危険なので、家庭ではあまりすすめられません。

重曹を入れると小麦粉のなかのフラボノイドという色素が、アルカリのため黄色くなるので、まるで卵でも入れたようにみえますが、これもたくまざる重曹の効果ともいえるかもしれません。

コロッケをつくるとき

コロッケには小麦粉をまぶさずに、卵とパン粉だけをつけて揚げたほうがよいといわれるのはなぜでしょう

魚や肉のような動物性食品をフライにするとき、あらかじめ小麦粉をまぶしておくと、食品の表面の水気やうま味を吸収して適度に粘着力をもつようになり、これに卵とパン粉をつけて揚げると、小麦粉自身のこげた香りも加わって、おいしいフライができるわけです。

ところが、コロッケの中身はほとんどが澱粉質で、しかもあらかじめ加熱してありますから、相当に粘着性をもっています。また肉や魚の場合と違い、中身にルーが使われているときも、ジャガイモの場合も、同系統の味である小麦粉を必ずしも必要としません。そこで小麦粉をまぶさずに、むしろ卵をいきなりつけたほうがよいといわれるわけです。コロッケのような材料には小麦粉を一様な厚さにまぶすのがむずかしく、揚げ終わったとき、どうしてもこげ色にムラができやすいのも、小麦粉がい

らないという理由のひとつです。

もちろん、コロッケのような料理にはそれぞれの流儀があるわけですから、絶対につけないのが正しいということではありません。ただ、つけてもなるべくうすく、しかもムラなくつけるという注意は必要です。

コロッケ

イカを揚げるとき

イカを揚げるとき油がはねますが、なぜでしょう

揚げものの最中に油がはねるのは、材料から出る水が油のなかで急激に蒸発するためです。

イカの水分は八〇パーセント前後で、エビ、キス、アジなどと極端に違っているわけではありませんが、ほかの魚や肉類と違って、イカの筋肉の蛋白質繊維は非常に長く、しかもそろっています。ところが加熱しますと、これが変性をおこして急激に縮みますので、イカ全体の形がみるみるうちに小さくなります。このとき、筋肉からしぼり出された水分が油のはねる原因となるわけです。

はねるのを防ぐ完全な方法はありませんが、少しでもイカの変形を少なくすることが、ころもをはがれにくくするのと同時に、はねるのを防ぐ方法にもなります。それには収縮しやすい皮を内側まで完全にむくこと、適当に切り目を入れて繊維を短くすることです。また、イカを醤油につけると、水分が醤油のほうへかなり引き出さ

イカのたんざくのかくし包丁

エビの尾の先を切る

れるので、揚げてもあまりはねません。

エビを揚げるとき、尾の先を切りおとすのも、はねるのを防ぐためです。エビ全体の水分量は八〇パーセント、決して少ないほうではありませんが、特に尾の先が袋状になっていて水がたまっており、はねる原因になるので、これを防ぐため切りおとしておくわけです。

カキやイカはあとから揚げる

カキやイカを揚げるとき、ほかの材料よりもあとから揚げるのはなぜでしょう

油が空気にふれますと、しだいに「疲れた状態」になり、さらにすすむとやがて「変敗」という現象がおこります（一四五ページ）。これが油の「劣化」です。

この反応は、温度が高いほどはやくすすみますので、揚げものをする場合には、油は当然疲れやすい状態になっています。しかも、この現象は、油のなかに水分や蛋白質があるといっそうはやくなります。

カキやイカのように水気の多い動物性蛋白質食品を先にたくさん揚げますと、油の劣化がはやくなり、疲れた油でほかの食品を揚げることになります。

水分の多い食品は、したがって油のいたみもはやいという関係がなりたちそうですが、カキやイカの例でもわかるように、水気がどのくらい影響するかは、食品の水分量そのものよりも、含まれている水が油のほうへ出てくるかどうかのほうが影響します。水気が多くても組織のかたい野菜はそれほど影響しませんし、前の項でも述べたように、エビなどは尾の先に集中した水が影響するわけです。

油の劣化と変敗

油を使ったり長く放置しておいたりするとしだいに粘りを増し、色や味が悪くなるのを「油の疲れ」または「劣化現象」とよび、さらにすすんで全く食べられない状態になってしまうのを油の「変敗」といいます。

変敗は油脂の分子のなかの二重結合という部分に空気中の酸素が結びつき、酸化がおこることによって始まります。この酸化は、油脂が空気にふれると自然におこり、一度始まるとつぎつぎに進行して、やがて「分解」と「重合」という二つの道をたどります。

分解がおこると油のなかに酸ができ、色が濃くなり、いやな匂いを生じてきます。一方重合がおこると油は粘りを増し、べとついてカラッとした揚げものができません。

油のつぎたし

長い時間かけて揚げものをするとき、途中で油をつぎたすのはなぜでしょう

長い時間揚げものをして疲れの出た油が酸性になるのは、おもに遊離脂肪酸という酸性の物質が増えてくるためで、これがすすむと変敗の原因になるわけです。

この酸性物質が、いったんある限度（酸度〇・七〜〇・八パーセント）以上に増えますと、あとは加速度的に変敗がすすみます。

ところが、疲れてきた油に新しい油を加えますと、酸がうすめられて、酸度が前記の限度以下になりますので、油の劣化を遅らせることができるわけです。

もっとも、酸をうすめるだけのために大量のさし油をしなければならないほど油が古くなったときは、むしろ、新しい油だけを使うほうがよいでしょう。

油の酸化は、つぎのような条件が加わると、その進行が急速にはやめられます。

・高温で加熱を続ける

加熱と遊離脂肪酸の関係

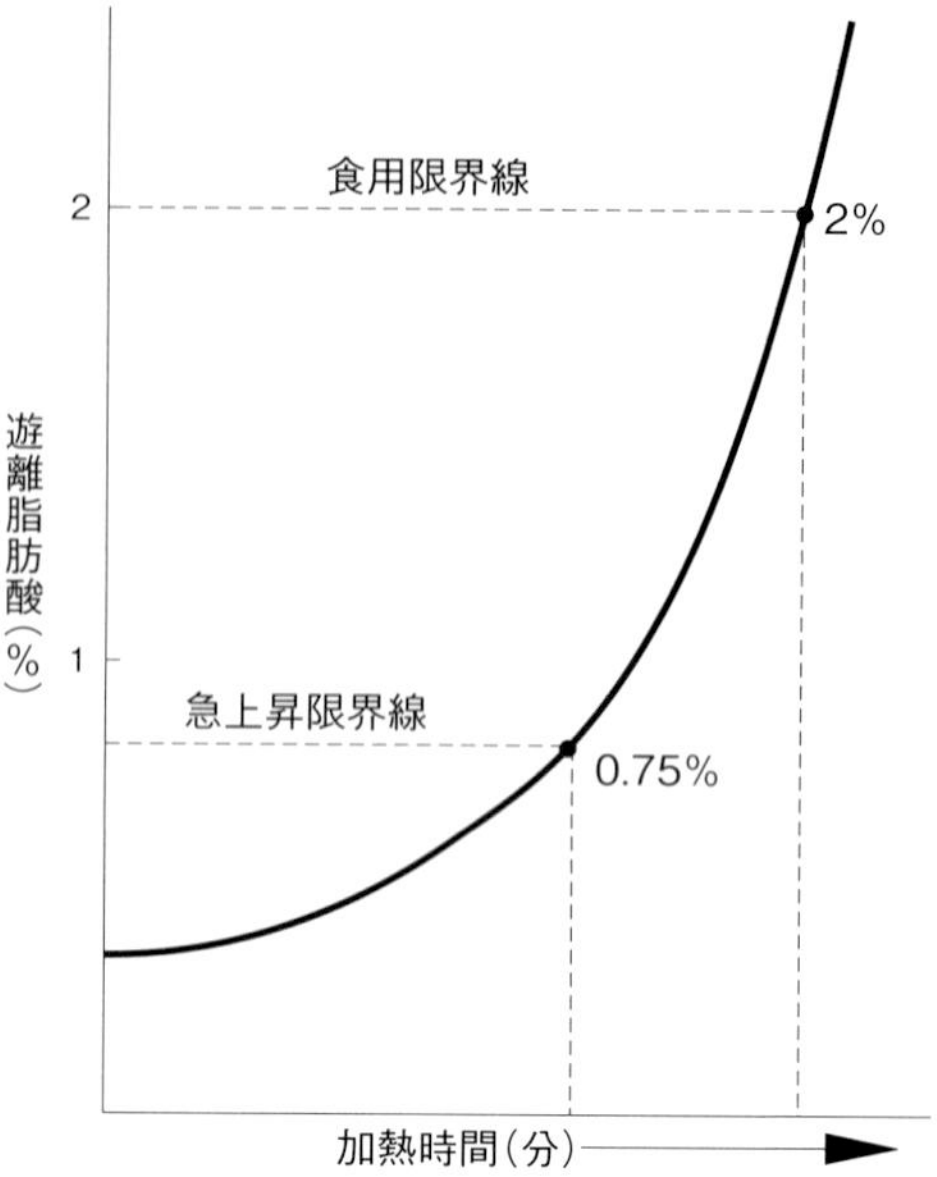

・日光に当てる
・鉄、銅などの金属にふれる
・油のなかに不純物が混じる

揚げものはこれらの条件のすべてにあてはまるようなものですから、酸化がはやまるのも当然です。そこで揚げかすをこまめにすくい取り、使い終わった油は手ばやくさまし、必ずこして容器の口元まで入れ、冷暗所におくようにします。

揚げ油の泡立ち

揚げものを続けていくと、油の表面に泡が立ち、なかなか消えないのはなぜでしょう

あつくなった油のなかに材料を入れると、水分が蒸発するために細かい泡がたくさん出てきますが、新しい油では、材料を引きあげると、泡は消えます。

ところが劣化がすすみ、粘りの強くなった油は、材料を引きあげても、泡の膜がじょうぶなので、しばらくは泡が消えないで残るようになります。これを持続性の泡立ちといいます。

これは、油の分子の酸化がすすむと分解がおこる一方、分解してできたものが互いに結合して、分子量の大きな重合物とよばれるものになるからです。換気扇にこびりついた油を、そのまま放っておくとゴムのようになることがありますが、あれが重合物のかたまりです。

持続性の泡が多くなってきた油は、そろそろ劣化の始まった油だということで、この現象は、酸化や変敗の程度を知るのに役だちます。梶本五郎氏の実験では二セン

加熱による油脂の泡立ちと性質の変化

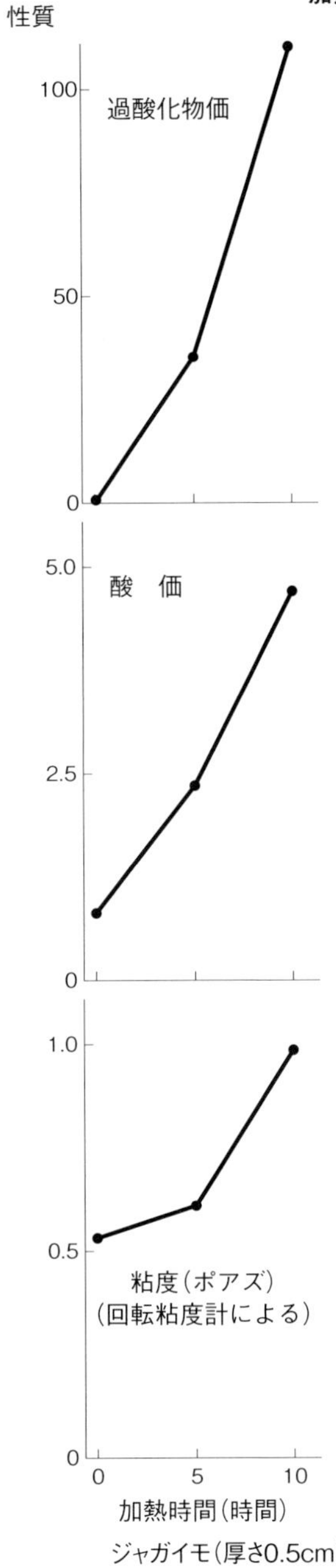

時間とともに粘りが増す（上から…直後,5時間後,10時間後）

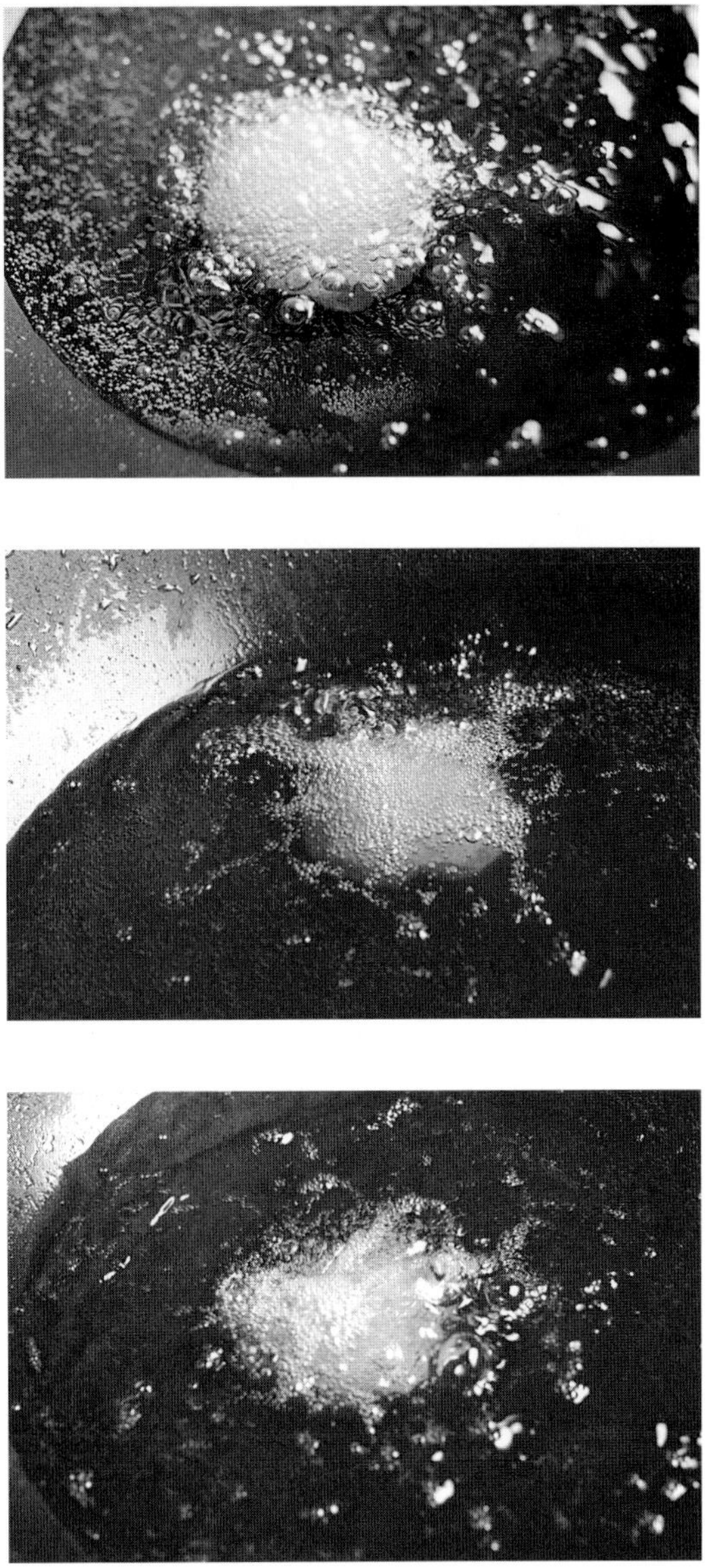

ジャガイモ（厚さ0.5cm）2個ずつをさしかえながら、180〜190℃で揚げ続けた油の状態

チメートル角で厚さ三センチメートルのジャガイモを一五〇℃の油に入れて一分間後に、そのジャガイモの周囲にたっている泡が三・二センチメートル以上あるような油は、変敗がかなりすすんでいるので、食用にしないほうがよいと述べています。

泡立ちは、油を一八〇℃に熱した場合、二〇時間くらいまでだいじょうぶですが、二〇〇℃では一〇時間くらいで、鍋の全面が泡でおおわれるようになります。また一八〇℃でも、油だけでなく、なかに材料を入れて加熱を続けると数時間で、ものによっては一時間以内で食用に不適当な状態になることがありますので、注意が必要です。

泡立ち油は粘度が高まるほか、酸や過酸化物というものが増えてくるので、その価を調べると、変敗の程度を知ることが可能です。

一四七ページの写真は、てんぷら油でジャガイモ二切れずつを一〇時間まで揚げたものですが、五時間後にそろそろ泡立ちが始まり、一〇時間後には油の表面の約半分が泡におおわれるのがわかります。そしてグラフのように、過酸化物、酸価、粘度とも直線的に増えています。

ポテトチップと古い油

古い油で揚げたポテトチップのもちが悪いのはなぜでしょう

ポテトチップの製品には約四〇〜五〇パーセントの油脂が含まれています。この多量の油がうすいポテトチップの表面で空気と存分に接触し、まるで酸化してくれといわんばかりの形になっているわけです。そこで、ポテトチップのようなものは、なるべく新しい油で揚げるのが原則で、少しでも酸化の始まった油を使うと、製品になってからの酸化が加速度的にはやまり、製品の保存性が極度に悪くなるわけです。

太田静行氏が新しい油（未加熱）と、疲れ始めの油（ジャガイモを二〇〇℃で五時間揚げたもの）、それに泡立ちの出た古い油（一〇時間揚げたもの）を使ってポテトチップを揚げた実験の結果は、表のとおり古い油ほど油の減りが大きいのに、その油はポテトチップに吸収されるのではなく、むしろ表面に付着している量が多いことがわかりました。このことも、味が劣るだけではなく、酸化がはやくすすむ理由です。

　料理に出てくる揚げものは、すぐ食べるのが原則なのでそれほど問題はないのですが、ポテトチップにかぎらず、ドーナッツ、フライビーンズ、バターピーナッツ、即席ラーメン（油で揚げたもの）などの加工食品や、惣菜店の揚げものなどは、良い油を使ったものでないと製品の保存性が悪いので、購入の際注意しなければなりません。

油の新鮮度とポテトチップの油量

項目	新鮮油	疲れ始め	泡立ち油
原料重量	100g	100g	100g
製品重量	33.0g	34.1g	36.2g
油の減り	18.1g	18.9g	20.4g
水分	2.02%	2.60%	4.63%
油分	49.8%	43.1%	43.6%
付着油脂	4.2%	7.2%	9.8%

太田静行・小宮山ゆきえ・浜彰江：調理科学、1、40(1968)

古くなった揚げ油のなおし方

古くなった揚げ油をなおすのに、野菜や梅干しを揚げるのはなぜでしょう

　いままでの問題でも述べたように、油が古くなると空気中の酸素と結合して酸化がおこり、色や匂いが悪くなったり、粘りが出て、揚げものがカラリと揚がらなくなったりします。これは油が単に酸素と結合するだけでなく、油の分子が分解して酸性の物質ができたり、分解してできたものがいくつか結びついて粘りの強い重合物になったりするためです（一四六ページ）。

　一度こういう変化がおこると、できた物質がふたたび元の油にもどることはありません。酸化は、油を加熱するとどんどんすすみますので、揚げ油は使う前が最もよい状態で、あとは使えば使うほど悪くなっていくわけです。

　こういうわけで理屈のうえでは青菜を揚げても梅干しを揚げても、一度酸化のおこった油が元にもどるはずはないのです。ただ、昔のように油の精製技術が十分でな

く、分解しやすい不純物を多く含むような油を使っていた時代には、野菜のように水分の多いものを揚げると、水がはげしく蒸発するいきおいで、これらの不純物や分解生成物のうち、揮発しやすい成分がいっしょに蒸発していくようなこともあったかと考えられます。また梅干しも、強い酸のため、粘りの強い重合物を分解して揮発性の成分にしたり、あるいは梅干し自体が不純物を吸着するとかいわれたこともあります。

しかし太田静行氏によれば、どういう条件で実験しても、野菜や梅干しが油の疲れをなおすという結果は出ていないということです。したがって、その効能を過信しないのが正しいと思われます。

10 蒸す

蒸しだねの入れどき

蒸しものをつくるとき、蒸気が十分立ってから蒸しだねを入れるのはなぜでしょう

蒸しものは、水を沸騰させて、出てくる蒸気を利用して食品を加熱する調理法です。水は一〇〇℃で沸騰しますが、冷たい食品をはじめから入れておくと、蒸気が出始めても、食品の表面で冷えて水滴となります。それが長時間続くため、表面が水っぽくなり、食品によってはうま味や栄養成分の損失もおこります。

水が沸騰し、蒸し器が十分あたたまってから食品を入れた場合でも、温度は一時的に下がりますが、ふたをすれば、すぐ一〇〇℃に回復し、水滴の凝縮は最少限度にとどめることができます。ちゃわん蒸しやプディングなど特別なものを除き、食品を入れてから一〇〇℃になるまでは強火にしておくのもそのためです。

途中でたびたびふたをあけると、冷たい窓ガラスにあたたまった空気がふれたときのように、開けるたびに食品は水滴でおおわれ、ちょうど水にひたしたような結果になってしまいます。ふたはなるべく開けないように、蒸し水の補給も冷水でなく熱湯のほうがよいのです。

ふたをするとき、かわいたふきんを一枚はさむと、余分な水滴を吸収してくれるほか、ふたの内側についた水滴が食品の上におちるのを防ぐこともできます。

グラフはまんじゅう一個を蒸したときの、空中へ蒸発する水とまんじゅうが吸収する水分を示したものです。

蒸し水の移行の状態

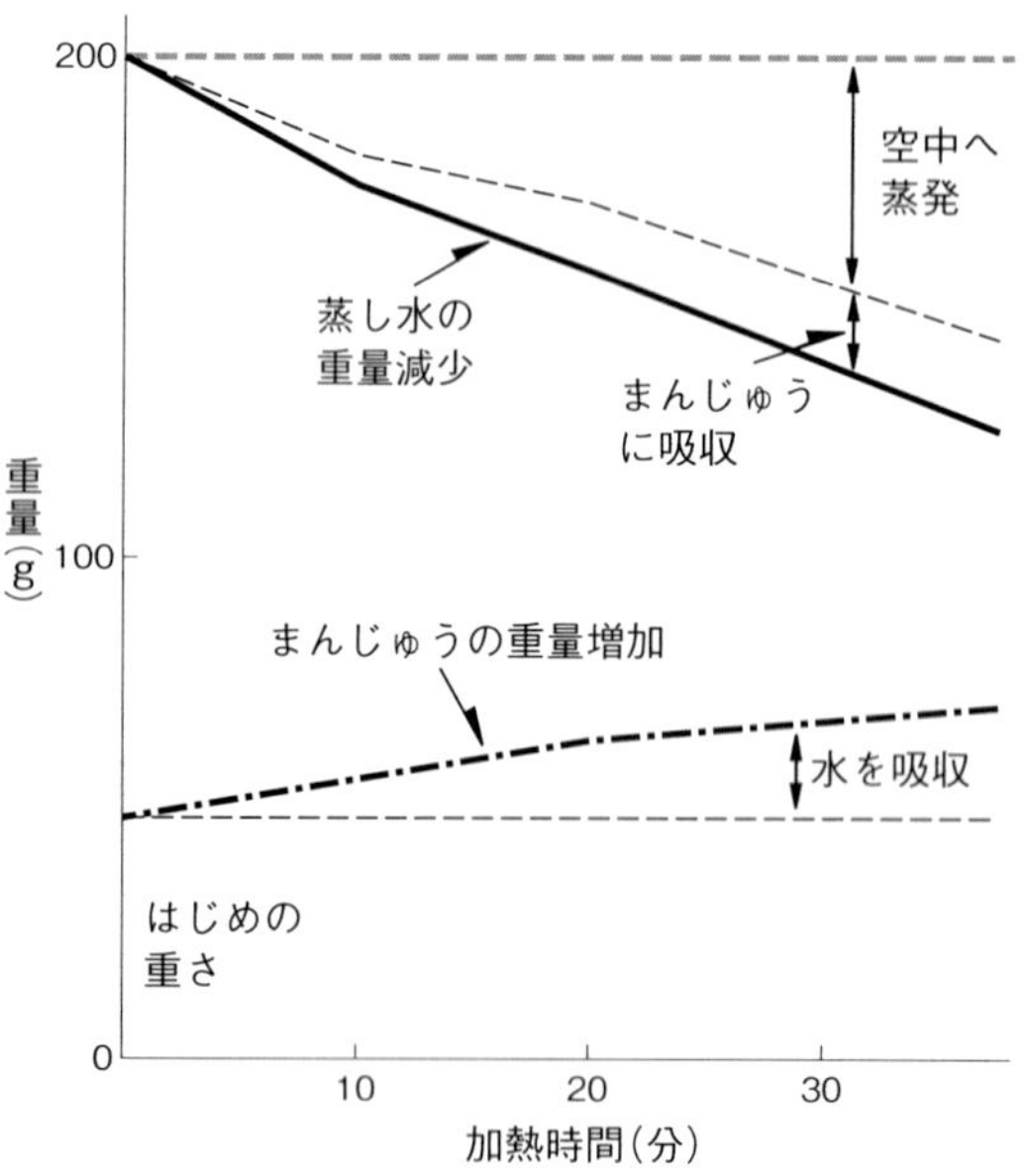

蒸しものの主材料

蒸しものには白身の魚や鶏肉が使われるのはなぜでしょう

魚や肉を蒸しものにするとき、原則としてタイ、ヒラメなど白身の魚か、肉では鶏のささ身のようなあっさりした材料が使われます。その理由は、第一に脂肪の量が少ないこと、第二に、なまぐさみや匂いが少ないことによるものです。

蒸しものは煮ものに比べて形のくずれや成分の損失が少なく、材料の形や味、香りを保つには有利な加熱法ですが、時間は長くかかります。そこで食品中の脂肪は熱でとけて、材料の外へ流れ出たり、食品全体にしみこんだりして味をおとします。

蒸しものが材料の持ち味や香りを保つということは、裏を返せば好ましくないにおいもそのまま保持されるということです。

食品のなまぐさみは、焼きものや揚げもののように、発散することもなく、煮もののように味噌や香辛料でカバーすることもなかなかできません。このために蒸しものでは、脂肪も匂いも少ない白身の魚や鶏肉が選ばれるわけです。

油を好む中国料理でも、魚の姿蒸しのような料理にサバやイワシを使うときは、ごく新鮮な匂いのないものに限られます。

タイの骨蒸し

サツマイモを蒸すとき

サツマイモを蒸すとき、なるべく大切りにするのはなぜでしょう

蒸すという加熱法の特徴のひとつは、いつも一〇〇℃という均一な温度を保てることにあります。水をグラグラ煮立てても、またゆるやかに沸騰させても、水の沸点は一〇〇℃で、高圧にしないかぎり蒸気の温度も変わりません。

一〇〇℃という温度は、つごうのよいことに食品がこげない温度です。そこで蒸しものではどんなに大型の食品でも、内部が一〇〇℃になるまで、表面がこげるのを心配することなく、時間をかけて加熱を続けることができます。

サツマイモには、澱粉を分解して麦芽糖にする酵素アミラーゼが多く含まれており、五〇~六〇℃以下の加熱が長く続くほど、酵素作用がすすんで甘味を増してきます。電子レンジで加熱したサツマイモが、蒸したり焼いたりしたものに比べて甘味がうすいといわれるのは、アミラーゼの作用する低温での加熱時間がきわめて短いことによるものです。

蒸しもののもうひとつの特徴は、容器内の温度にムラがないことです。どんなに材料を積み上げても水蒸気はすみずみまでゆきわたり、かきまわしたりする必要はありません。

ただ、食品の表面には、水蒸気が液化してできる水滴が少しずつ流れるので、わずかですが表面のうま味や栄養素が、その水にとけこんで失われることがあります。蒸しものの強みである形、味をいかすという面からみれば、食品の表面積はできるだけ小さいにこしたことはありません。

そのためには大切りにしたほうがよいことはいうまでもありません。同じ重さのイモでも、小さく切ると切り口の分だけ表面積が広くなり、その分だけ成分のとけ出しは大きいわけです。サツマイモには、一〇〇グラムにつき三〇ミリグラムという、トマトやキュウリを上回るビタミンCが含まれていますが、大切りのふかしイモでは、水へのとけ出しも、空気による酸化も、ともにおこりにくいので、ほとんど損失もおこりません。

もち米を蒸すとき

もち米を蒸すとき、ふり水をするのはなぜでしょう

米、トウモロコシ、粟などの穀類には、うるち型ともち型とがあり、栄養価にはほとんど差はありませんが、性質はおおいに異なっています。これはうるちともちの澱粉の化学構造に差があるためで、一五六ページに示したように、うるち米の澱粉は粘りの少ないアミロースを二割近く含んでいるのに対し、もち米では一〇〇パーセントがアミロペクチンであるためです。

このため、もち米は粘りが強く吸水力も大きいので、うるちのように水を加えてたくと、全体が固まって、米の持ち味をそこないがちです。水を少し控えてたこうとすると、米粒が水面より上に出て、平均に吸収しません。このためもち米の特徴をいかすには、たくよりも蒸すほうがよいのです。

前記のようにもち米はうるち米より吸水力が強く、二時間水にひたしたもち米は、グラフのように約四〇パーセントも吸水しています（うるちは約二五パーセント）。これをそのまま蒸しても、澱粉の糊化（α《アルファ》化）は一応可能であり、また蒸している間にある程度水蒸気を吸収して水分量も増えますが、もともともち米はα化するとき六〇パーセントちかくまで水分を吸収する能力をもっていますので、水蒸気の吸収だけでは不十分で、できたこわ飯は非常にかたくなります。そこで途中で一～三回ふり水をし、水を補うわけです。

ふり水の結果、普通の赤飯のできあがりの水分量は五八～六〇パーセントに達し、松元氏の実験によれば、初めの重さの二倍以上にもなることがわかります。

もち米を蒸すときのふり水の効果

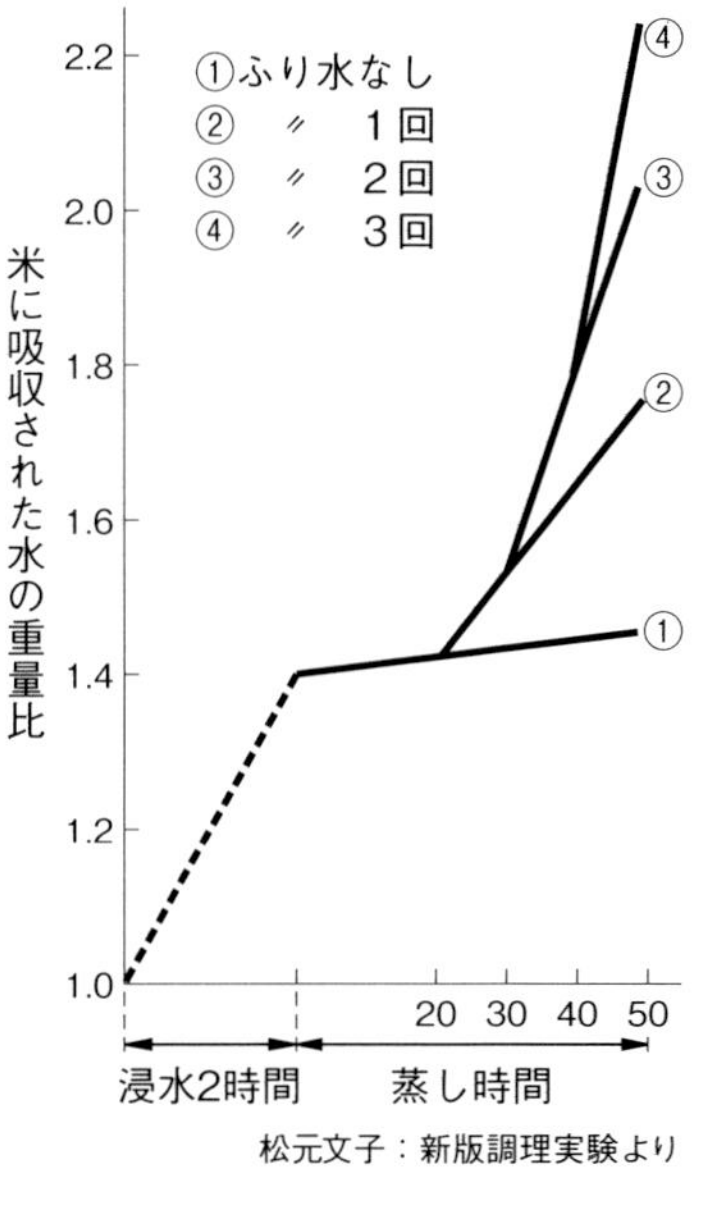

松元文子：新版調理実験より

蒸しなおしのごはん

蒸しなおしのごはんがまずいのはなぜでしょう

おいしい米飯というのは、芯までやわらかくふっくらとたけていながら、米粒の表面はむしろかわいた状態になっているものです。

冷えたごはんを蒸し器に入れると、水蒸気は水滴となって米粒をぬらして表面が水っぽくなり、さらに加熱が続くと、米粒の組織がくずれて、米飯特有の弾力や粘りが失われてきます。今では冷やごはんを蒸してあたためることは電子レンジの役目になりました。

もち米を加えてたいたごはんは蒸しなおしてもおいしいといわれます。これは米粒の組織が比較的じょうぶでくずれにくいこと、吸水力が強く表面があまり水っぽくならないこと、それに、もち米の澱粉はうるちとちがって、分子が枝分かれしたアミロペクチンが一〇〇パーセントを占め、このため、うるち米にはない粘りと弾力をもっていることなどによるものです。

アミロースとアミロペクチン

澱粉はブドウ糖の分子がたくさんつながった構造をもっていますが（五三ページ）、つながり方に二通りがあり、枝分かれせずにまっすぐにつながったものをアミロースといい、粘りが少なく、さらりとしています。一方、ブドウ糖が右の下図のように枝分かれしてつながったものをアミロペクチンといい、強い粘りをもっています。

米澱粉のアミロース量

米の種類	アミロース	アミロペクチン
うるち米	17%	83%
もち米	0%	100%

澱粉の分子

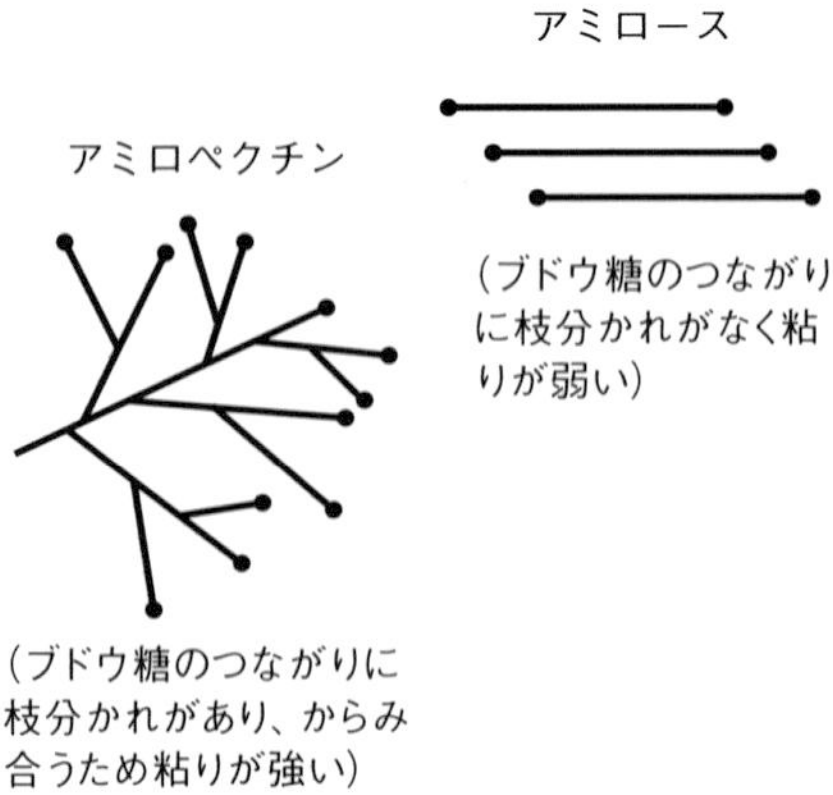

冷凍食品をもどす

多量の冷凍魚などをもどすとき、自然解凍より蒸気で蒸したほうがよいといわれるのはなぜでしょう

冷凍した生鮮食品は低温で自然解凍するのが最もよいといわれていますが、その理由は、解凍の際に汁液が流れ出して味がおちるのを少しでも防ぐためです。

しかし大量の冷凍魚などを、積み重ねたり、大きな容器に詰めたまま自然解凍させると、とけ方にムラができるうえ、全体がとけるのに、時間がかかり、はやくとけた部分からの汁の流出（ドリップ）はどんどん多くなります。

こういうとき蒸気で蒸すと、容器のすみずみまで同じ温度でとけていくばかりでなく、短時間で解凍が終わりますので、加熱用の食品は、自然解凍よりドリップも少なく、有効にとかすことができるわけです。

ただし小さな蒸し器に大量の冷凍食品を重ねて詰めこんだりすると、かえって逆効果です。いまではこの役割はほとんど電子レンジに任されるようになりました。

ちゃわん蒸しの凝固

ちゃわん蒸しをつくるとき、卵に加えるだし汁が多すぎるとうまく固まりませんが、どうしてでしょう

ちゃわん蒸しは、卵の蛋白質が熱によって固まる性質を利用したものです。

ところが、かきたま汁などのように、汁のなかで卵だけが固まるのとちがって、ちゃわん蒸しは卵が水を包みこんで全体がひとつに固まらなければなりません。

よいちゃわん蒸しは、全体が豆腐のように固まって、しかもやわらかく、口のなかでなめらかにとけるようなものであることが必要とされています。

このようなちゃわん蒸しができるのは、卵の濃度がだし汁に対して、二〇～二五パーセント（卵一個約五〇グラムに対して、だし汁一五〇～二〇〇グラム）くらいのときです（もちろん、できぐあいは、蒸し時間によってもちがいます。だいたい一五～二〇分ぐらい蒸し、内部温度が約八〇℃になったらおろしますと、ちょうどよい

卵の濃度と熱凝固

卵の濃度	熱凝固の温度	凝固後70℃にさましたときのかたさ
20%	78℃	1.0（20%を1として）
30%	76℃	1.2（20%を1として）
40%	76℃	5.1（20%を1として）
50%	74℃	6.8（20%を1として）

山脇扶美子・松元文子：家政学雑誌、15、248（1964）

ちゃわん蒸しができるようです）。

だし汁がこの分量より多い場合には、その分だけ蛋白質の濃度が低くなり、少量の卵が多量の水を包みこんでそれを保持しなければならないわけですから、凝固しにくくなることはもちろん、かりに凝固してもわずかな力ですぐにくずれてしまう弱いものにしかなりません。

また逆にだし汁が少ないとき、つまり卵の濃度が高いときには、右の表からもわかるように、凝固する温度が下がって固まりやすくなりますが、かたさが増して、ちゃわん蒸しのやわらかな舌ざわりを失います。

ちゃわん蒸しをつくるときの火力

強火でちゃわん蒸しをつくると なぜすがはいるのでしょう

ちゃわん蒸しは口の中へ入れたとき、とけるようなやわらかい舌ざわりを尊重するものですが、といた卵を一〇〇℃の強い蒸気でいきなり蒸しますと、卵の熱凝固が急におこりはじめます。

一方、卵のなかの水は加熱されて動きがはげしくなり、やがて水蒸気になろうとして卵のなかで泡をつくります。この泡は固まりかけた卵のなかで逃げ場を失い、やがて穴のあいた状態で全体が凝固します。これが卵のす立ちという現象です。

卵の蛋白質は約六〇℃をこえれば凝固できるので、す立ちを防ぐためには水が泡立つのを防ぎながら、なるべくゆっくりと温度を上げていくことがたいせつです。また卵の温度は一〇〇℃になる必要はなく、八〇℃以下で加熱をやめたほうがよい結果が得られます。これには蒸し器の温度を九〇℃以下にとどめる必要があります。

山脇、松元氏の実験によれば、全卵濃度二〇パーセントのとき、蒸し器内の温度が九〇℃、加熱時間一二～一五分で卵の温度は七八～八〇℃になり、このときの凝固の状態が最もよいとされています。ただし、これは具がはいっていないので、実際の場合にはこの数字そのものにとらわれず、あくまでも一〇〇℃にしないということを守るのがたいせつです。このため蒸し器のふたを少しずらしたり、火加減をごく弱火にしたりして温度を調節するわけです。

このように、蒸しものは一〇〇℃で加熱するかぎり温度管理はきわめてやさしいのですが、いったんそれ以外の温度を保ちたいときには、とたんに温度管理のむずかしい加熱法になるのが特徴です。

ちゃわん蒸し

よくできたもの

すのはいったもの

卵豆腐と割り箸

卵豆腐を蒸すとき、割り箸を四～五本並べた上にのせるのはなぜでしょう

卵豆腐を蒸すとき、割り箸を四～五本並べた上にのせると、すやあばたの少ない、なめらかなものができあがります。卵豆腐もちゃわん蒸しと同じように、一〇〇℃の水蒸気を使いながら、材料自体の温度は八〇～九〇℃に保って加熱することが必要なものです。

ところが、ちゃわん蒸しとちがって卵豆腐の型は金属なので、これが金属製の蒸し器の中板に直接のっている

各種の物質の熱伝導率

物質名	熱伝導率
鉄	0.15
アルミニウム	0.49
銅	0.92
ガラス	1.72×10^{-3}
磁器	$2.0\sim4.0\times10^{-3}$
ボール紙	0.17×10^{-3}
綿布	0.19×10^{-3}
水	1.40×10^{-3}

(単位は, cal/cm・sec・deg)
数値が大きいほど伝わり方がはやい

よくできた卵豆腐

と、せっかく蒸し器内の温度が九〇℃以下になっていても、蒸し器自体は数百℃の火にさらされ、一〇〇℃の沸騰水がはいっているのですから、これが中板を伝わって直接卵豆腐の底に伝わります。したがって、弱火で蒸しても底のほうにすやあばたができるのです。これを防ぐため、木製の割り箸を四～五本並べ、その上において蒸し器と直接にふれるのを防ぐわけです。

プディングをつくるときの用意

オーブンを用いてプディングをつくるとき天板に水を入れるのはなぜでしょう

カスタードプディングは、蒸し器を用いてつくるのが家庭では普通のことになっていますが、これはわが国だけで、本来はオーブンを用いてつくる蒸し焼きの菓子なのです。ところが、プディングを蒸すときにはちゃわん蒸しや卵豆腐と同じ、あるいはそれ以上にす立ちがおこりやすく、蒸し器の温度調節にはかなりの苦心が必要です。

　蒸すのでさえむずかしいのですから、温度の高いオーブンに入れたのではなおむずかしいのではないかと思われますが、実際は、水を用いるとオーブンのほうがずっと目的の温度を保ちやすいのです。プリン型に材料を入れ、これを天板にならべておいて、プリン型の高さの半分ぐらいまで湯をさし、そのまま静かに加熱していきます。蒸気の立った蒸し器に入れるより、温度はゆっくりと上昇していき、天板の湯を沸騰させないかぎり、温度は一〇〇℃になる心配はありません。オーブン内には水蒸気がこもって、全体がムラなく固まります。いわば、型のままゆでているようなもので、このように、水を使うことがオーブンでプディングをつくるときの不可欠な条件になるわけです。これも山脇、松元氏によれば、オーブンを一六〇℃に保ち、天板内に六〇〇ミリリットルの熱湯を入れ（すぐ六〇～八〇℃に下がる）、そこへ約六〇℃の卵液を入れて約三〇分加熱すると、卵液は一〇～一五分で八〇℃をこえ、最終温度も九〇℃付近にとどまり、これが最もよいという結果になっています。

蒸しものと味つけ　①

　蒸しものはいつも一〇〇℃を保つことができ、熱が容器のすみずみまで伝わり、こげる心配もなく、大きな材料も内部までゆっくり加熱でき、しかも栄養損失や色、香り、味の変化も少ないという、いいことずくめの加熱法です。特に大量調理の加熱法としては申しぶんありません。そんなによい加熱法が、なぜ焼きものや煮ものに比べると、あまりもてはやされないのでしょうか。その理由は一六二ページをごらんください。

プディングとキャラメルソース

プディングをつくるとき、型の底にキャラメルソースを先に入れておくのはなぜでしょう

できあがったプディングを型から出し、上からキャラメルソースをかけても、すぐ皿に流れおちてしまい、プディング特有の、こげたような感じは出せません。キャラメルソースをあらかじめプディング型の底に入れておくことによって、卵と一体になったプディングをつくることができます。

液体のキャラメルソースを底に入れ、上から卵液を注ぎ入れても両者が混じり合わないのは、キャラメルソースのほうが比重が重く、しかも両液の粘性が強いためです。こうして型に入れたものを、前の問題で述べたとおり、蒸し器かオーブンでそっと加熱しますと、卵液はキャラメルソースとの境がわずかに混じり合った状態で凝固し、キャラメルソースは熱によりむしろ流動性を増すため、型から出したとき、上からかけたような状態にできあがるわけです。

答え ②

その答えは、たったひとつ、味つけのしにくい点にあります。焼きものは新しい香りや風味を増し、煮ものは調味料による味つけ、味の交流が自由自在です。調理に「味」がどんなにたいせつかがよくわかります。

プディング

△よくできたもの

◁すのたったもの

まんじゅうと黄色

ベーキングパウダーを使ったまんじゅうが黄色くなることがあるのはなぜでしょう

ベーキングパウダーは、重曹（炭酸水素ナトリウム）を主成分とし、これに水を加えて加熱するときに出てくる二酸化炭素（炭酸ガス）の力を利用して、小麦粉を膨張させるものです。

ところが重曹から二酸化炭素が発生すると、そのあとに炭酸ナトリウム（炭酸ソーダ）が残り、この物質がアルカリ性のため、小麦粉に含まれているフラボノイドという無色の色素が、黄色く変色するわけです。てんぷらのころもに重曹を入れると黄色く仕上がるのも同じ理由によるものです（一四一ページ）。

市販のベーキングパウダーには、アルカリを中和して黄色くなるのを防ぎ、同時に二酸化炭素の発生をさかんにするため、酒石酸、リン酸カリウム、ミョウバンなどいろいろな酸性物質が配合されています。

下図でわかる通り、重曹単独のときは、二分子から二酸化炭素が一分子発生しますが、熱を加えると一分子の重曹から一分子の二酸化炭素ができるので、発生の効率は二倍になるわけです。これらのなかで、もし酸の割合が低くわずかでもアルカリ分が残るような場合には、黄色くなるわけです。

ベーキングパウダーを用いず、重曹だけで膨張させたいときに酢を少し入れるのも、同様な理由によるものです。

重曹の作用と酸を加える効果

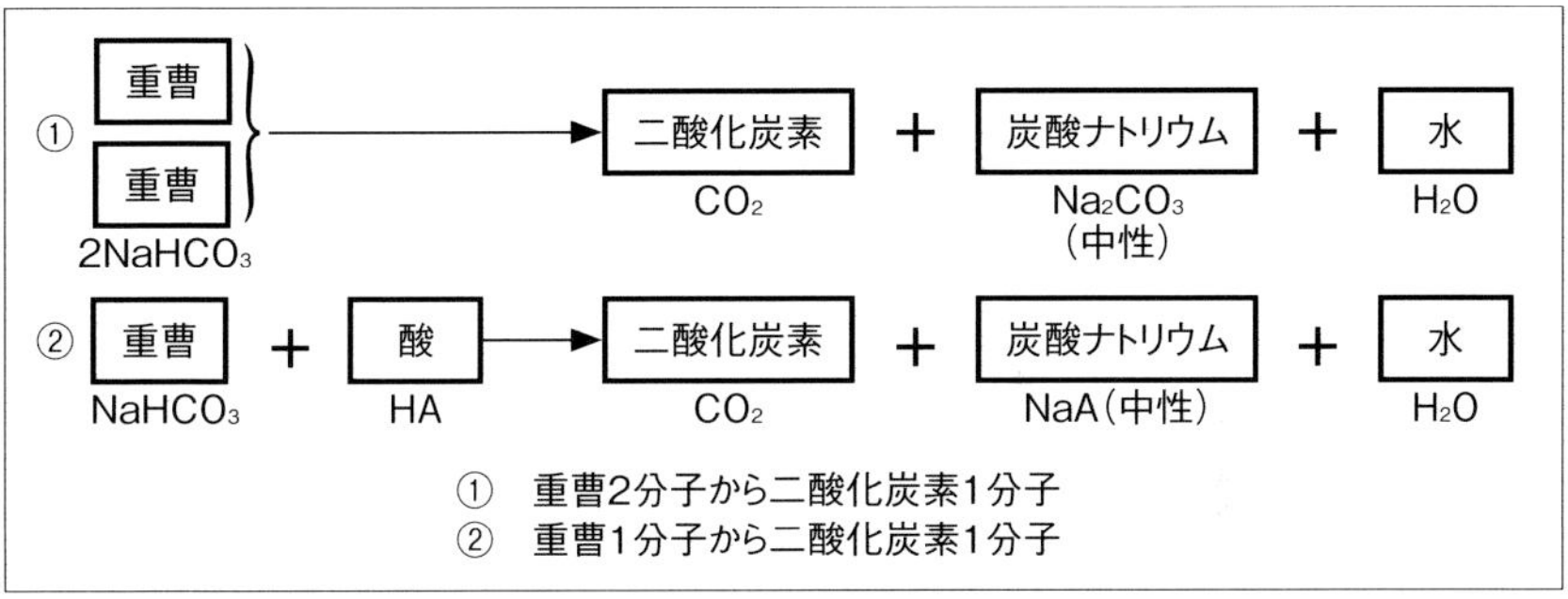

11 ゆでる

青野菜をゆでる

青い野菜をゆでるとき、たっぷりの沸騰した湯に入れるのはなぜでしょうか。また、塩をひとつまみ入れるのはどうしてでしょう

野菜の緑色は、クロロフィル（葉緑素）という色素によるものですが、長時間加熱を続けると、分子内のマグネシウムがはずれて色があせ、褐色のフェオフィチンというものになります。この変化は、なま野菜に含まれる酸化酵素（オキシダーゼ）によって促進されます。

野菜をあらかじめ沸騰した湯のなかへ入れるのは、少しでも加熱を短時間ですませるためです。

水から入れると、温度が高まっていく間に酸化酵素が働いて褐変がすすみますが、熱湯のなかに入れると高温のために酸化酵素の作用がおさえられ、少しでも褐変を遅らせることができるからです。

つぎに、たっぷりの湯（野菜の五倍以上）を用意するのは、入れたときの湯の温度の低下を防ぐためです。一〇℃に沸騰した湯でも、量が少ないと、材料を入れたとたん五〇℃以下にまで下がってしまうことがあります。それがふたたび沸騰するまでの間に、酵素作用や、野菜からとけ出した有機酸の影響で色は悪くなり、組織がやわらかくなって、歯ざわりも低下します。

ゆで汁が少ないと、とけ出した酸の濃度も高くなり、好ましくありません。このため、少なくとも材料の五倍以上の水を用意するようにします。

つぎに、食塩をひとつまみ（約一～二パーセント）入れておきますと、クロロフィルの分子の一部分が、食塩の成分であるナトリウムイオンと部分的におきかえられて、安定したかたちになると同時に、酸化酵素の作用を多少ともおさえる効果が期待できます。しかし食塩は少量なので効果には限度があり、過信は禁物です。

調理によるクロロフィルの変化

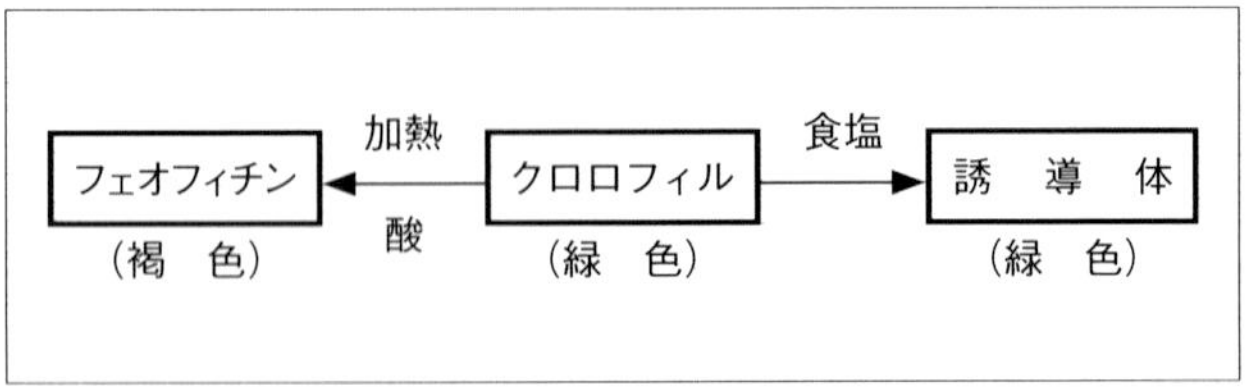

青菜に塩

サヤエンドウや青菜の煮ものに醤油をさけ、おもに塩味をつけるのはなぜでしょう

これも色をきれいにするためです。野菜の調理のポイントは、ほとんど色と歯切れのよさにあるといえますが、前の項でも述べたように、クロロフィルは酸に非常に弱いので、青野菜を煮るときには酸性になるのをさけることが必要です。醤油や味噌のなかには、一～二パーセントの有機酸が含まれており、かなり酸性の強い状態です。色よく仕上げるには醤油より塩のほうがよいわけです。また、青野菜はふたを取ったままでゆでるのがよいといわれるのは、野菜自体に含まれているキ酸、酢酸、シュウ酸などの有機酸を少しでも空中へ揮発させて色をきれいに仕上げるのが目的だといわれています。

なお、醤油、味噌にかぎらず、キュウリもみ、ぬかみそ漬けのように酸度の高い食物は、加熱しなくても時間がたつと細胞のなかに酸が浸透して、色があせてきますので注意が必要です。

タケノコに米のとぎ汁

タケノコをゆでるとき、米のとぎ汁を使うのはなぜでしょう

掘りたての新鮮なタケノコはやわらかくて味もよいので、ゆでる必要はありませんが、少し時間がたつと、かたくなり、えぐみも出てくるので、ゆでてから水にさらして用いるのが普通です。えぐみの成分としてはホモゲンチジン酸、シュウ酸などが知られていますが、タケノコを掘ってから二四時間もたつと、このシュウ酸は二倍から三倍に増えることが知られています。

タケノコをゆでるとき、水の量の二～三割のヌカを加えておくとおいしくゆでることができます。この理由はヌカのとけた濃いゆで汁に、えぐみのもとになるシュウ酸が大量にとけ出すこと、水からゆでていく間に、ヌカに含まれる酵素がタケノコに作用してやわらかくなることによるものとされています。

奈良女子大の長谷川千鶴氏の実験では、ヌカを入れたゆで汁には、加えないときの十数倍のシュウ酸がとけ出

しており、タケノコ自身に残っているシュウ酸量はヌカを加えると約半分に減っています。
　また、ヌカの澱粉粒子がタケノコの表面をおおって酸化を防ぎ、その結果、色が白くゆであがるともいわれています。

タケノコをゆでる

　なお、タケノコを皮のままでゆでるとやわらかくなるといわれますが、これは皮に含まれる還元性の亜硫酸塩がやはり酸化を防ぎ、繊維をやわらかくするためであるといわれています。

放置によるシュウ酸量の変化（%）

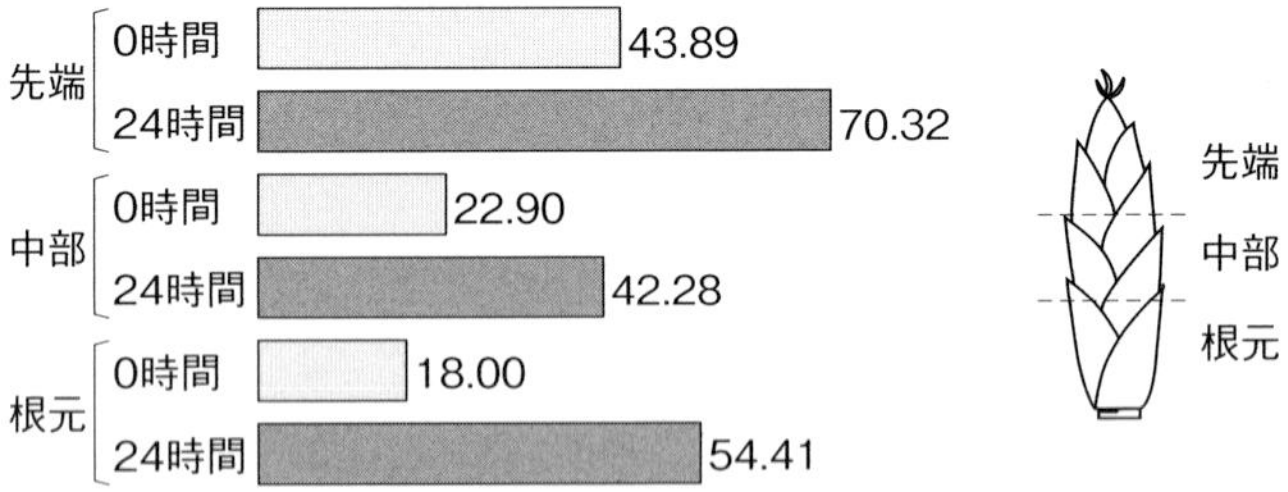

ゆでたときのシュウ酸の溶出量（mg）

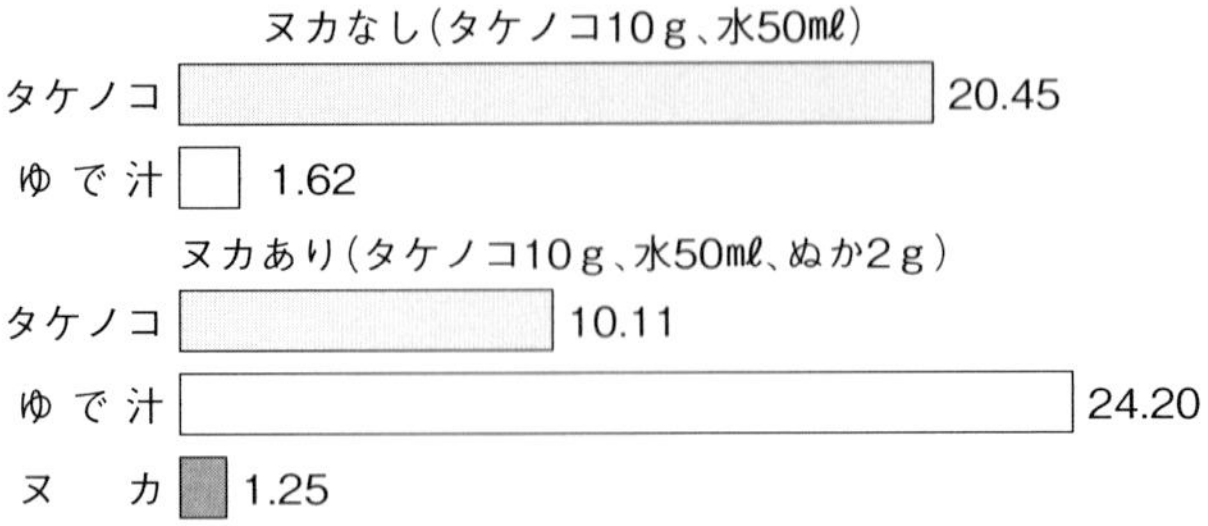

長谷川千鶴：家政学雑誌7、4（1956）より作成

ワラビなどに重曹を加える

ワラビやゼンマイ、ヨモギなどをゆでるとき重曹を加えるのはなぜでしょう

繊維の多い野草に、重曹のようなアルカリを加えて加熱すると、繊維はやわらかくなります。またクロロフィルの分子の外側にある炭素のつながりの一部に、ナトリウムイオンが結合して、クロロフィリンという緑のあざやかなものになります。

普通の緑色野菜をゆでるとき重曹を使うと、色だけはきれいになりますが、繊維がやわらかくなりすぎて、野菜の特徴である歯ざわりを失ってしまいます。そのうえ、クロロフィリンはクロロフィルとちがって水溶性なので、色がゆで汁にとけ出してきます。

こういう野菜に重曹は禁物で、かわりに約一パーセントの食塩を加えますが、ワラビ、ゼンマイ、ヨモギのような繊維のかたいものには、〇・二〜〇・三パーセントの重曹を加えると効果があるわけです。

重曹を使わなかった昔から、ワラビなどをゆでるときには木灰でアクぬきをすることが行なわれていました。小型のものは木灰をふりかけて熱湯を注ぎ、さましてから冷水にさらし、大型のものは木灰の汁で軽くゆでてから水にさらします。

重曹はこのアルカリ性の木灰の代用として使われ始めたものなのです。

ワラビやゼンマイは特有のなめらかな歯ざわりをもっているので、アクぬきの際、あまり重曹を濃くしたり時間を長くかけたりすると、くずれて値うちがなくなります。特に干しゼンマイは干す前に一度ゆでてあり、そのときに組織が弱くなっているので、ひと晩かけて温湯でもどし、弱火で水をとりかえながらゆっくりとゆでます。また、ゆでたあとすぐ冷水に入れると、組織のくずれがはやく、味がおちるので、ゆでたら新しい湯とかえて、そのままさまします。

アルカリによるクロロフィルの変化

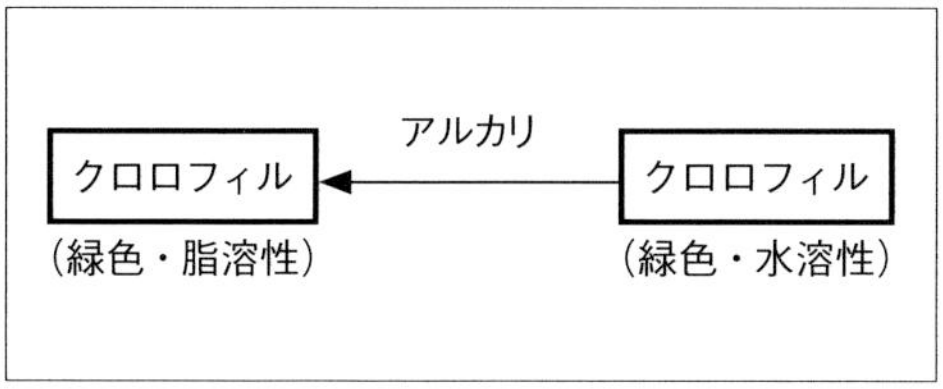

ヤツガシラにミョウバン水

ヤツガシラをゆでるとき、ミョウバン水を使うと煮くずれしないのはなぜでしょう

　ヤツガシラの含め煮では、煮くずれをなによりきらいます。イモや野菜の組織は、細胞同士がペクチン質という物質でつながっていますが、加熱すると、このペクチン質が水と結びついてとけた状態になり、組織全体がやわらかく、くずれやすいものになります。

　ペクチン質は果実にも含まれており、砂糖と酸を加えて煮るとゼリー状になる性質があり、ジャムをつくるときにはくずれやすいこの性質が逆に利用されているわけです。

　ミョウバンはアルミニウムと鉄が硫酸と結合してできた物質で、ナスの色を安定させたりするのに役だつものですが、ヤツガシラにミョウバンを約〇・五パーセント加えると、ペクチン質がミョウバンを構成するアルミニウムイオンや鉄イオンと結合して水にとけなくなり、組織が強められて、煮くずれしにくくなるわけです。きんとんやクリの甘露煮にミョウバンを使うのも、やはりクリの煮くずれを防ぐのが目的です。

　ペクチンはカルシウムやマグネシウムイオンとも結合して、やはり不溶性になりますので、トマトの缶詰や野菜の漬けものなどにもカルシウム塩が使われることがあります。漬けものにニガリの多い粗塩を用いるのも同じ理由です（二三二ページ）。

　イモが畑で水をかぶると、煮てもやわらかくならないことがありますが、これもやはり細胞膜のペクチンが水中のイオンと結合して不溶性になり、細胞内の澱粉の糊化が妨げられるからです。

くだもの、野菜のペクチン
（乾物中）

品名	含有率
オレンジ	30～40%
ナツミカン	16%
リンゴ	16%
カブ	10%
ニンジン	7%
ジャガイモ	3～5%
サツマイモ	2%

江上不二夫編:多糖類化学より

ジャガイモは水からゆでる

ジャガイモは水からゆでるのがよいといわれるのはなぜでしょう

粉吹きイモやマッシュポテトにするジャガイモは、やわらかくなりすぎて細胞が破れ、内部の澱粉がとび出してくるようになるのをきらいます。このためには長時間の加熱は禁物で、四〇〜五〇グラムのもので三〇分が限度といわれています。加熱が長びくとペクチン質が軟化して、細胞膜が破れやすくなるわけです。

ところがイモの表面と内部ではどうしても温度上昇の経過が異なり、中心部にちょうどよく熱が通ったころには、外部はどうしても過熱されがちです。

グラフをみるとわかるとおり、水からゆでると温度がゆっくりと上がっていきますので、外部と中心部の温度の差を、少しでも縮めることができるわけです。

サツマイモをゆでるときも、目的によりますが同じような注意が必要です。サトイモは皮つきのままゆでるので、あまりこだわる必要はありません。

ジャガイモをゆでたときの温度上昇

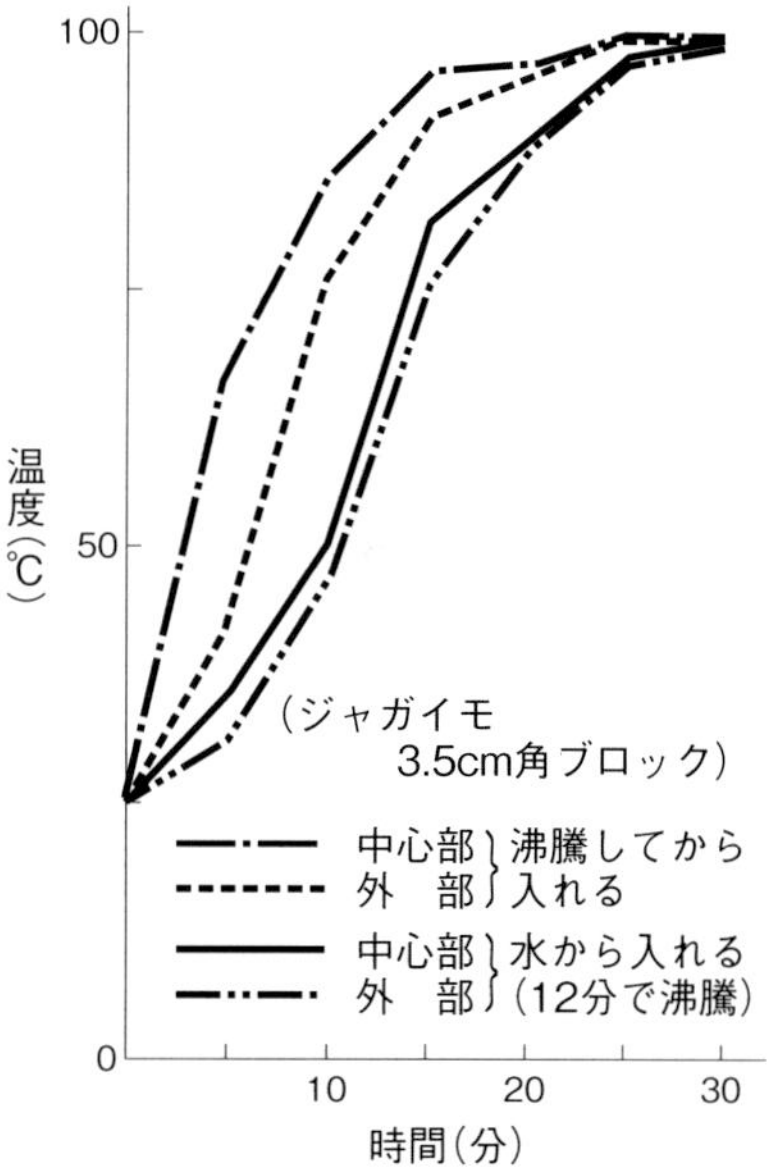

イモと野菜

イモ類は、植物学的には野菜と全く変わりませんが、食品群別では「野菜類」と区別されます。すなわち澱粉を含むのが特徴です。日本では、①サツマイモ、②ジャガイモ、③サトイモ、④ヤマイモの四種が食用にされますが、③、④はわが国独特のものです。食べる部分は、①と④が根の部分、②と③が地下茎の部分と、それぞれ異なっています。

粉吹きイモに新ジャガはダメ

粉吹きイモやマッシュポテトに新ジャガイモを使うと、うまくできませんがどうしてでしょう

粉吹きイモとマッシュポテトは、ともに組織がくずれて細胞が離ればなれになり、しかも、細胞のなかには十分煮えた澱粉の粒が多く含まれているほどよいのです。

新ジャガイモは、細胞膜をつなぎ合わせるペクチンが未熟で、水にとけにくいために細胞が容易に離れず、しかも、細胞自身はやわらかくて壊れやすいのです。おまけに、なかの澱粉も十分には成熟していません。したがって、表層部の組織だけをくずして粉を吹いたようにさせるのはむずかしく、また全体をつぶした場合も、細胞膜が破れてなかからベタベタした澱粉がとび出し、ダンゴのように粘着力の強いものになってしまいます。

そのため、新ジャガイモは粉吹きイモには不向きで、九月以降の十分成熟した農林一号、男爵イモのような粉質のイモを用いるわけです。

エビやカニはなぜ赤くなる

エビやカニをゆでると赤くなりますが、どうしてでしょう

エビやカニの殻には、アスタキサンチンという物質が含まれています。

これは、もともとニンジンやミカンの色と同じカロテノイド系の色素なのですが、エビやカニがなまのときには、蛋白質と結びついて赤色があらわれず、青黒い色をしています。

ところが、加熱しますと、蛋白質が熱によって変性し、結びついていたアスタキサンチンが離れま

車エビの塩ゆで

卵の内部構造図

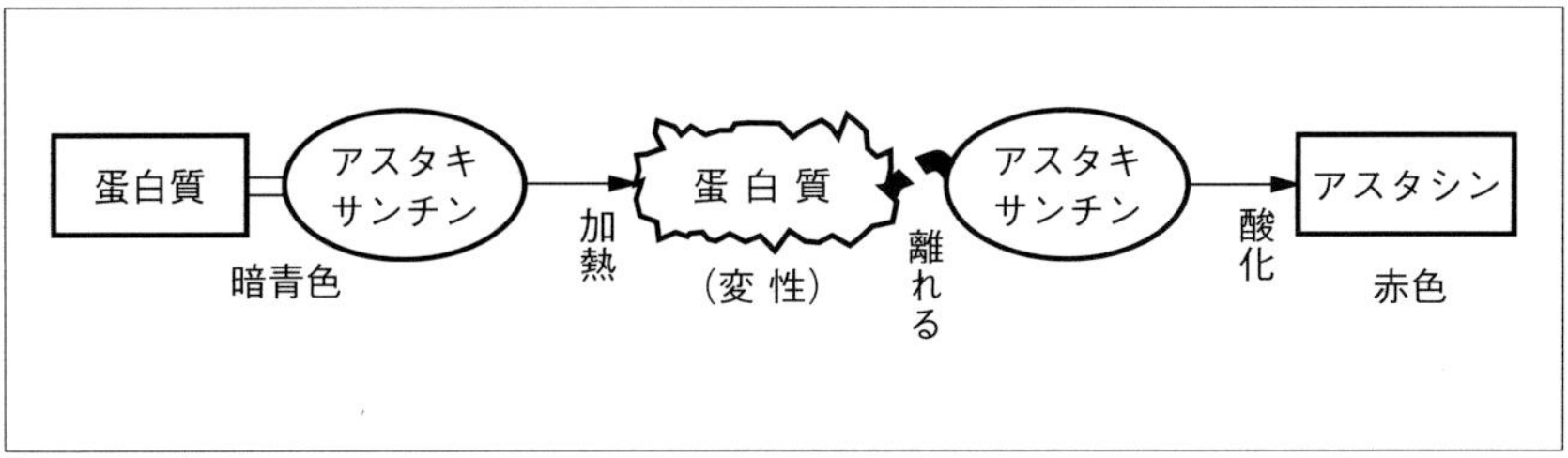

す。

そして同時に、空気中の酸素によって、酸化がおこり、上の図のようにアスタシンというものに変わります。このアスタシンの色があざやかな赤色をしているのです。

なお、加熱したときばかりでなく、酢につけたり、鮮度がおちてきたときにも赤くなることがあります。これもやはり蛋白質が少しずつ変性して、その働きを失ってくるためです。

冷えた卵はゆでると割れやすい

冷蔵庫から出したばかりの卵をゆでると割れやすいのはなぜでしょう

物体はすべて冷やすと容積が減り、加熱すると膨張する性質があります。卵の殻は、非常にもろいうえに、厚さに部分的なムラがありますので、冷えきった状態から急にあたためると、部分的に膨張のムラができ、写真のようにひずみの大きいところが割れやすくなるわけです。殻のうすいところは中身もはやくあつくなり、その膨張の圧力が加わることも割れやすくなる原因です。

これを防ぐためには、卵をあらかじめ使用時間を見はからって取り出しておき、室温にあたたまってからゆで始めることです。

冷蔵庫から出してすぐのゆで卵

ゆで卵をつくるには塩と酢を

卵をゆでるときに、塩や酢を入れるとうまくゆだるといわれますが、どうしてでしょう

湯のなかに、あらかじめ一パーセントくらいの食塩を入れておきますと殻にひびがはいったとき、卵白が外に流れ出しません。

というのは、塩には、蛋白質の凝固をはやめる働きがありますので（一〇六ページ）、割れ目から卵白が水に流れ出すのを防ぐからです。

塩の代わりに酢や澱粉を入れてもよいといわれますが、それは、酢はやはり蛋白質の凝固をはやめますし、澱粉は、水に粘りを与えて、卵白が流れ出ようとするときの抵抗を大きくして、卵白の流出を防ぐからです。

塩や酢が殻を通してなかまではいりこむのではないかというような疑問がありますが、普通のゆで卵はせいぜい一五分以内で終わるので、あくまでも割れたときの用意であって、できたゆで卵の味とは関係ないことはもちろんです。

卵を水中でころがしながらゆでる

卵を水中でころがしながらゆでるのはなぜでしょう

卵が古くなると卵白が弾力を失い、卵黄が卵のなかで自由に動けるようになります。こういう卵は、横にねかせたとき、卵黄が重みで下がっているので、そのままゆでると、一方に卵黄がかたよったゆで卵になります。

水から入れて沸騰まで静かにころがしながらゆでてい

卵黄を真ん中にする転がしの温度

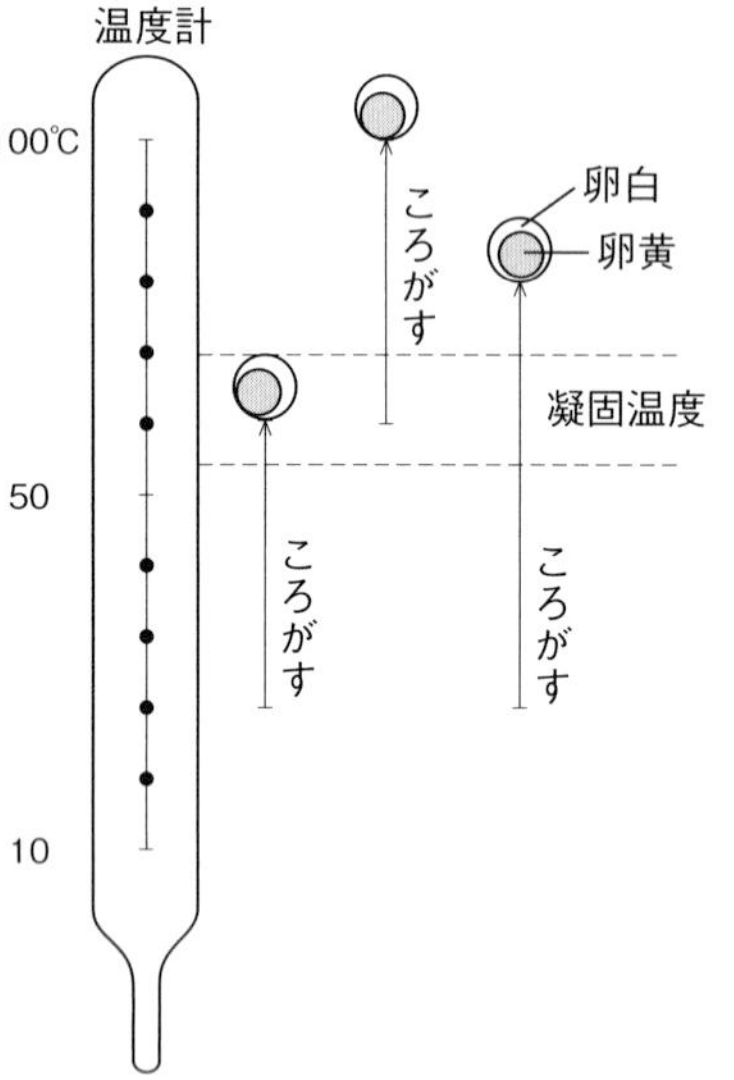

山崎清子・島田キミエ
：調理と理論、258(1967)より作成

くと、卵白が外側からしだいに凝固するにつれて、卵黄は中央部へ押しやられ、最後にはちょうど真中で凝固させることができるわけです。

岡村氏の実験では水温が一九℃から八〇℃に上がるまでの間、ころがし続けていれば、必ず卵黄が中央に安定します。一九℃から始めても、六〇℃でころがすことをやめたり、五〇～六〇℃を過ぎてからころがすことを始めても効果はありません。要は、凝固が始まる前から、十分凝固が終るまでの間ころがしていることがたいせつなのです。

卵

ゆで卵は水につけてからむく

ゆで卵を水につけると殻がむきやすいのはなぜでしょう

卵はちょうど好みの状態にゆであがるだけの時間、加熱を続けていたのですから、引き上げたらはやく加熱をとめたほうが、ちょうどよい状態を保てるわけです。古い卵では加熱が続くと、卵白から硫化水素が発生して、卵黄の色が黒くなる原因にもなるので（一七七ページ）、外側を冷やして硫化水素ガスを外に発散させて変色を防ぐことも、水につけるひとつの目的です。

つぎにゆであがった卵を冷水で冷やすと、殻がわずかながら収縮し、中身のほうと収縮の程度がちがうことから、殻と中身のあいだに一種のずれができます。

一方、外側が冷えると、まだあつい中身のほうから出た蒸気が冷えて水となり、ずれている殻と身の間の膜がこの水を吸収して多少膨潤します。こうして殻と身の間に、いわば水がたまった状態になり、密着を防ぐので、殻がむきやすくなるわけです。

ゆで卵は水につけてむく

卵の栄養価

鶏卵の蛋白質は、一個の卵に六〜七グラム含まれ、しかもその質のよさはあらゆる食品のなかで最高です。また卵黄には脂質も多く、エネルギーも十分期待できます。無機質、ビタミンも豊富ですが、ただビタミンCは全くなく、カルシウムも牛乳にやや劣ります。

温泉卵

卵を六五〜七〇℃で長時間ゆでると、卵黄から先に固まるのはなぜでしょう

表に示したように、卵白は五八℃くらいから凝固を始め、六〇℃をこえると半熟の状態になりますが、七〇〜八〇℃にならないかぎり、かたく完全に凝固することはありません。ところが卵黄は、六五〜七〇℃で長時間保つとほぼ完全に凝固します。

そこで、六五℃以上、最高七〇℃までの温度を正確に

卵白と卵黄の凝固温度

卵白	
58℃	凝固開始
62〜65℃	流動性消失
70℃	ほぼ凝固
80℃	かたく完全に凝固

卵黄	
65℃	粘りのあるゲル
70℃	ほとんど凝固

保って約三〇分間加熱しますと、まだ多少流動性を保ったやわらかい卵白のなかに、ほぼ固まった卵黄がはいった、いわゆる温泉卵ができることになります。昔は、温度計を使わずにこれができることが、料理人の熟練を示すひとつの目安であったということです。

温泉卵

卵黄が青黒くなるのは

ゆで卵の卵黄が青黒くなることがありますが、どうしてでしょう

卵を一五分以上、高温でゆで続けますと、卵黄の表面と卵白との境い目が暗い緑色になってきます。

これは、卵白の蛋白質のなかで、シスチン、システインなどというイオウを含むアミノ酸が熱のために分解して、硫化水素という気体ができ、それが卵黄のなかの鉄分と結びついて、図のように硫化

卵黄の黒変の原理

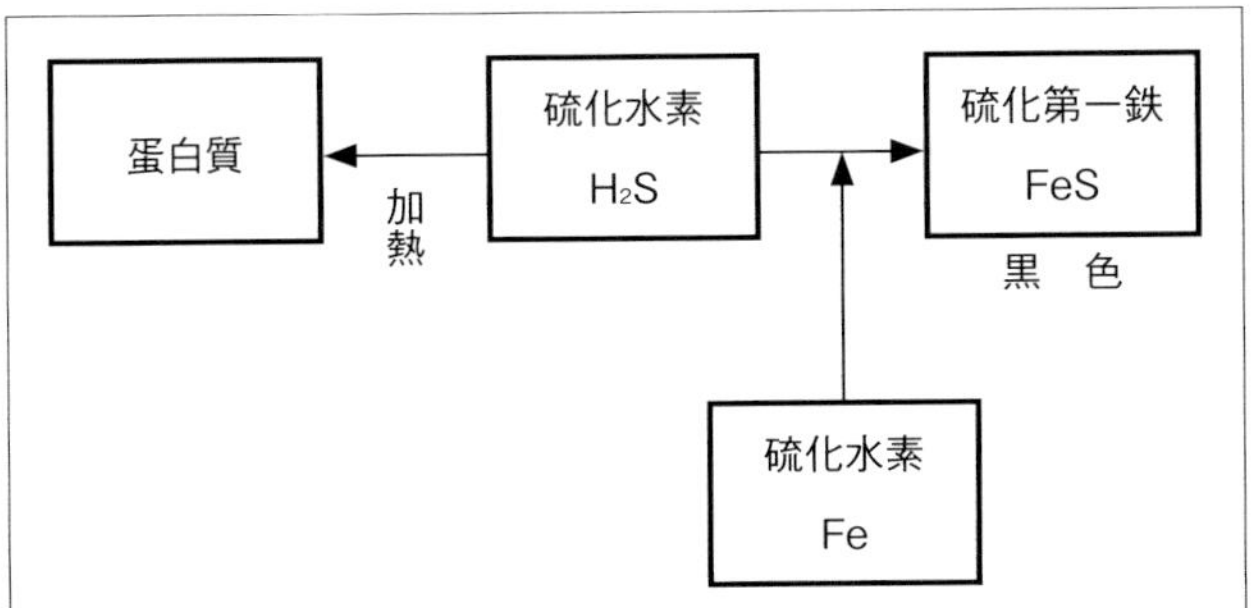

第一鉄という暗緑色の化合物になるためです。
　この反応は、アルカリ性の強い液のなかでは急速にすすむ性質があります。古い卵は蛋白質が分解して内部がアルカリ性に傾いているため、この反応がおこりやすくなります。また温度が高く、加熱時間が長いほど、黒変が激しくなるのは当然です。

　ゆであがった卵をすぐ冷水に入れると、表面の温度が下がるとともに内部の水蒸気の圧力も下がり、殻の付近でできた硫化水素は卵の表面にむかって発散し、卵黄のほうへいかなくなるので、ある程度黒変をくいとめることができます。

12 煮る

吸いものだしのとり方

吸いものに、カツオブシとコンブと両方を合わせてだしをとるのはなぜでしょう

カツオブシもコンブもわが国特有のだしの材料として古くから使われていますが、そのうま味の本体はそれぞれ異なっています。

カツオブシはイノシン酸ナトリウム塩、コンブはグルタミン酸ナトリウムという物質がうま味の主成分で、両者の味はともにうま味とはいいながら、完全に同じではありません。

コンブのうま味は明治四十一年に池田菊苗氏が、カツオブシのほうは、大正元年に小玉新太郎氏が、いずれも純粋な物質として取り出すことに成功、前記のような物質であることが明らかにされました。

わが国のだし汁は、西洋料理のスープや、中国料理の湯《タン》とちがって、目的のうま味成分や香りの成分が水のほうへとけ出したら、あとの余分な味やなまぐさみが汁のほうへ出てこないうちに抽出をやめ、カスは捨ててしまうという、他国には例のないぜいたくなとり方をするのが特徴です。したがって、何ヵ月がかりでつくったカツオブシも、使うときにはわずか数分間でその役目を終わってしまうのです。

グルタミン酸は、コンブ以外にもダイズや小麦の蛋白質からつくることができますので、これを利用して「味の素」をはじめとするうま味調味料が大正はじめからつくられてきました。現在ではサトウキビからとれる糖蜜などの原料を微生物で発酵させてつくられるようになっ

だしのうま味成分

材料	主要うま味成分
カツオブシ	イノシン酸ナトリウム塩
煮干し	イノシン酸誘導体
コンブ	L-グルタミン酸
干しシイタケ	グアニル酸,アミノ酸類
貝柱	コハク酸
獣肉（骨）	アミノ酸,リボヌクレオタイド,有機塩基など
鳥肉（骨）	アミノ酸,リボヌクレオタイド,有機塩基など
野菜	アミノ酸類
生鮮貝類	コハク酸,ベタイン
イカ	ベタイン

ています。

一方、イノシン酸は魚以外に適当な原料がなく、長い間、うま味調味料になりませんでしたが、昭和三十五年ごろからこれも酵母やバクテリアの力でつくられるようになりました。

微生物によるイノシン酸の製造が始まったころ、グルタミン酸とイノシン酸を別々に単独で用いるより、両者を混ぜ合わせたほうがうま味が強くなることがわかりました。たとえば、グルタミン酸は〇・〇三パーセント、イノシン酸は〇・〇五パーセントくらいの水溶液ではじめて味を感じますが、この両者の液を混ぜると、それより十倍くらいのうすい液でもうま味を感じるようになるのです。

このような現象を相乗効果（二三四ページ参照）といい、市販のうま味調味料はこの効果を利用し、グルタミン酸ナトリウムに五〜一二パーセントのイノシン酸やその関連物質であるアデニル酸、グアニル酸の塩を混ぜてつくられています。カツオブシとコンブをいっしょに使うことは、このようなことが知られなかった以前からの人々の知恵といえるでしょう。

だしをとる適温

だしをとるとき加熱をしすぎるといけないのはなぜでしょう

前記のように、カツオブシのうま味はおもにイノシン酸と、ヒスチジンというアミノ酸が結合したものです。そこでカツオブシのだしをとる目的は、このイノシン酸ナトリウム塩のうま味を沸騰した水中に引き出すことにあるわけです。

この物質は熱湯にはよくとけるので、カツオブシをうすくけずって煮立った湯に入れてすぐ火をとめるか、または煮立つ直前の湯に入れて、煮立ったらすぐ取り出せば、大部分湯のほうへとけ出してきます。カツオブシの量は水の一〜四パーセントもあれば十分です。

ところで、カツオブシにはイノシン酸ナトリウム塩以外になにも含まれていないわけではありません。蛋白質も含まれていますし、いわゆるエキス分といわれるアミノ酸や有機酸類も含まれています。また、わずかですが魚特有のなまぐさみを出すピペリジンやトリメチルアミンも存在します。

カツオブシを五パーセント以上も使ったり、加熱を長引かせたりしますと、これらの物質も当然だし汁のほうへ引き出されてきます。そしてうま味だけではなく、酸味や渋味などの不快な味もするようになります。このためにカツオブシ、特に一番だしは長い加熱をさけるわけです。

うま味成分は一番だしのなかにかなりの部分がとけ出してきますので、たとえ、カスを捨てても役目はすんでいるわけですが、もし残りのうま味成分も利用したいときは、一番だしをとった後、さらに水を加えて、二番だし、三番だしをとっていきます。こういうだしは吸いものではなく味噌汁や煮ものなどに使用します。またためんつゆは濃い味に合わせて初めから長時間だしをとります。

最近、カツオブシにはうま味だけではなく、香りが大きな役割を果たしていることが知られてきました。香りの成分は揮発性で、短時間の加熱でどんどん発散し、加熱が長時間になるとやがて空中に逃げ去ってしまいますので、この一番だしのとり方は、香りのうえからもよい方法といえましょう。

コンソメスープに卵白を混ぜて煮るのはなぜでしょう

短時間に目的のうま味成分だけを取り出して、残りはさっさと捨ててしまう日本料理のだし汁とちがって、西洋料理のスープは牛すね肉、鶏の骨などを使って、あらゆるうま味成分を、全部液のほうへ引き出してしまうのが特徴です。

肉や骨にもイノシン酸やグルタミン酸は含まれていますが、それはごく一部で、肉のうま味は多種多様なアミノ酸やペプチドや、ヌクレオタイドといわれるものが総合してできあがっています。

コンソメスープは、見たところ吸いものに似ていますが、肉のほかニンジン、キャベツなどの野菜も加えて煮出すので、味の複雑さからいえば吸いものとは比較にならないものです。

このように材料を長時間煮出すと、当然液は濁るわけです。しかしコンソメスープは、味はどんなに複雑であっても、液は皿の底までみえるように透明であるのが値うちなのです。

肉や野菜を細かく切って、これを卵白でよく練り合わせ、スープストックや水を加えたものを静かに加熱していきますと、鍋のなかに対流がおこり、濁りは上へ押しあげられていきます。そして卵白は、これらの濁りを吸着したり、包みこんだりしながら少しずつ熱凝固していき、やがて液の表面で肉や野菜も包みこんだひとつの大きな卵のかたまりになって、凝固を終わります。このとき、残った液をみますと、浮遊物がかたまりのほうへ吸い取られ、すっかり澄んだ状態になっていることがわかります。したがって、卵白を混ぜても加熱の仕方がたいせつで、決して煮立てないように、卵白をゆっくり熱凝固させていくのがコツです。煮立てたりかき混ぜたりすると、卵白自身もくだけて濁りの一種になりますので注意が必要です。

スープストックをとったらそのままこして味をつけ、浮き身を入れてコンソメスープにする方法がよく行なわれます。これは一種の簡略法で、この場合は卵白を使う必要はありません。

卵白の清澄作用

卵白を使ったスープ

卵白が集まったところ

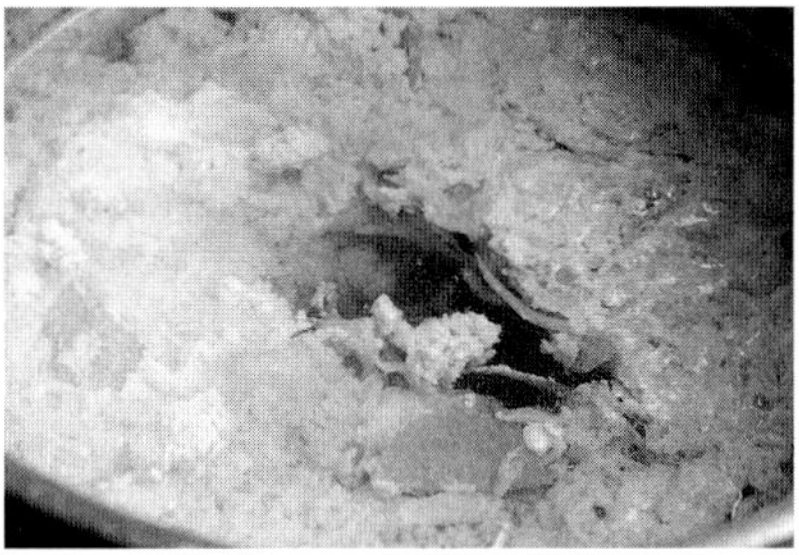

卵白を使わないスープ

吸いものに使う魚や鶏肉

吸いものに使う魚や鶏肉をたたいてかたくり粉をまぶすことがあるのはなぜでしょう

白身の魚や鶏肉、ときにはイカなどを吸いものだねに使うとき、そのままで持ち味を味わうのがもちろん本筋ですが、加熱が少し長びくと、蛋白質の凝固がすすみ、身が締まってかたくなる性質があります。そこで、ときにはあらかじめたたいて組織を壊し、加熱後もやわらかい舌ざわりのものにしようとすることがあるわけです。

組織が壊れ、やわらかくなったものは、当然加熱の際のうま味の流出も多くなります。また、組織の破片が汁のほうにとけ出して液を濁らせることも多くなります。そこで、たたいたものにあらかじめ澱粉をまぶしておきますと、組織の表面の水分が澱粉に吸い取られ、うま味もそこで保たれて失われずにすみます。これをゆでると澱粉に糊化（五二ページ）がおこって、全体がなめらかな舌ざわりのよいものになり、しかも材料のうま味がゆで汁へとけ出すこともありません。

かきたま汁の卵は沈まない

澱粉がはいったかきたま汁はなぜ卵が沈まないのでしょう

あついくず汁を攪拌しながら、ときほぐした卵を糸のように細く流し入れると、すぐに固まって卵の糸ができ、これが汁のなかにただよった状態になります。

くず汁の澱粉の濃度は、〇・五～一・五パーセント（汁二〇〇ccに澱粉一～三グラム）です。こういう濃い澱粉液は、分子が網目のようにからみ合って粘りの強い液になり、液の比重も大きいので、熱凝固した卵の糸は沈まないのです。

澱粉がうすかったり、卵のかたまりが大きすぎると、両者の重さのバランスがくずれて、卵は下へ沈みます。汁が冷えると澱粉分子が互いに引き合い、集まろうとして網目が大きくなり、卵は沈みやすくなります。そのうえ、卵を入れても、あつい汁に入れたときとちがって瞬間的な熱凝固がおこらず、液のなかに分散していこうとしますので、ますます汁も濁ってきます。

卵の加熱調理というのは、卵の蛋白質を「いかにうまく熱凝固させるか」というのが、その要点になっています。かきたま汁もその一例ですが、ほかにもゆで卵、ちゃわん蒸し、卵豆腐、卵焼き、オムレツ、それに前記のコンソメスープをすませる働きなど、いかに熱凝固がうまく利用されているかがわかります。

酸辣湯《ソワンラァタン》　卵を糸のように入れる

牛乳をあたためるとき

牛乳をあたためるとき、途中で軽くかき混ぜるようにするのはなぜでしょう

牛乳を静かに加熱していくと、温度が六〇～六五℃になったときに表面にうすい皮膜ができます。これは牛乳のなかの脂肪が浮きあがり、これに蛋白質が結びついてできるものです。

牛乳の脂肪は、普通は脂肪球という直径五～一〇ミクロンの細かい粒になって分散していますが、加熱すると互いにくっついて大きくなり、水より軽いために表面に浮き上がってきます。

一方、牛乳の蛋白質の七～八割はカゼインという蛋白質で、これは熱凝固しませんが、残りはアルブミン、グロブリンという、熱によって凝固する蛋白質です。これが脂肪球の層の間にはいりこんで、全体として厚い皮膜をつくるのです。

皮膜は、味はよくありませんが、これを捨てると牛乳の蛋白質全体の八分の一、脂肪の四分の一、灰分の六分の一を失うことになります。

牛乳をかき混ぜることは、この皮膜の形成を防ぎ、温度をムラなく上昇させてふきこぼれを防ぐのに役だちます。六五℃以上では皮膜のでき方が急にすすみますので、わかして飲むときはそれ以下の温度にとどめることも必要です。

牛乳の皮膜

ホワイトソースの粘り

長く火にかけたホワイトソースはあまり粘らないのに、つくりたてのホワイトソースは粘りがあるのはどうしてでしょう

つくりたてのホワイトソースは、どろどろのルーとあとから加えた牛乳などが十分混じっておらず牛乳のなかにルーの細かいかたまりが無数に浮遊しています。

これをしゃもじで伸ばし、ときどきかき混ぜながら、静かに煮ていくと、牛乳の乳化作用でルーはごく細かいコロイド粒子という状態になり、牛乳のなかにムラなく分散します。このため、かきまわしたときの抵抗が少なくなり、粘りがなくなったように感じられるのです。

ルーを水やブイヨンで伸ばしたときには、糊化した小麦粉の澱粉がとけるので、固形物が多い牛乳のコロイドより、さらに粘りの少ない液になります。川端氏によれば、小麦粉を一五〇℃で一〇分炒め、牛乳、水、ブイヨンで伸ばしたときのルーの粘度は、牛乳が最も高く、以下、水、ブイヨンの順になっています。

牛乳入りのソースやスープとバター

牛乳入りのソースやスープをつくるとき、仕上げにバターを入れるのはなぜでしょう

牛乳入りのソースやスープをゆっくり加熱していくと、皮膜ができるおそれがあります。

これを防ぐには、軽くかき混ぜながら加熱することはもちろんですが、仕上りにバターを加えると、バターがとけて液状になり、これが表面に浮かんでくるため、固形の皮膜の形成を防げるわけです。

バター自体は、牛乳から取り集めた脂肪を原料としてつくられたものですが、バターのなかでは脂肪球は全部連続していて、脂肪のなかに水滴が分散した形になっており（油中水滴型のエマルジョン、七七ページ）、これをスープやソースに加えると、表面に一様な液状か大きな油滴になって浮かび、これが固形の皮膜の形成を防ぐことになります。そして、そのあとの調理の際の攪拌などによって、終わりにはこの油滴もスープやソースのなかに細かく分散し、なめらかな乳化状態をつくりあげます。

トマトスープをつくるとき

トマトスープをつくるとき、トマトをあらかじめ煮てから牛乳を加えるのはなぜでしょう

牛乳の蛋白質であるカゼインは、熱をかけても凝固しませんが、酸を加えると凝固します（七三ページ）。

トマトには約〇・四パーセントの酸が含まれており、はじめから牛乳に混ぜて煮ると、カゼインはぶつぶつと粒になって凝固し、舌ざわりが悪くなります。

トマトをあらかじめ煮ておくと、有機酸の一部が揮発して、酸性が多少弱まり、これにルーを加えて粘りをもたせてから牛乳で伸ばしていくと、牛乳はなめらかなルーのなかへ少しずつ混じっていき、急に凝固するような心配はありません。

トマトに牛乳を加えるときは、なるべく少しずつ攪拌しながら加えていくことです。また、牛乳を加えてからあとの加熱はなるべく短時間にとどめます。また、重曹をわずかに加えて、トマトの酸を中和するのも凝固を防ぐのに効果があります。

豆腐にすがたつ

湯豆腐や鍋もののとき、豆腐を長く煮すぎますとすがたってかたくなりますが、これはなぜでしょう

豆腐は九〇パーセントちかくの水を含んでいますのでこれを急に加熱しますと中の水が沸騰して細かい泡ができ、やわらかい豆腐の内部にたくさん穴ができます。

それに、豆腐のなかには、にがりやすまし粉がまだ残っていますので、加熱されることによって、豆腐の蛋白質を固める作用がいっそうすすみます。このため、できた穴がふさがらないまま豆腐はかたくなってしまい、すがたつわけです。

煮汁に食塩や重曹を少し加えておきますと、にがりやすまし粉の作用が妨げられて、ある程度かたくなるのを防ぐことができます。たとえば、沸騰水中に入れて五～一〇分の間にす立ちがおこる豆腐が、〇・五パーセント食塩水中では一〇分をすぎても変わりなく、一五分ではじめてす立ちがおこるといった程度の効果があります。

豆腐の加熱

重曹を加えて加熱した豆腐　　すのたった豆腐

なお、一パーセント程度の澱粉を加えることも、豆腐の表面をなめらかにする効果があります。

また、小さく切ったり、うすく切るなど、切り方もくふうして、なるべく短時間に、なかのほうまでムラなく熱が伝わるようにすることもたいせつです。

落とし卵をつくるとき

落とし卵をつくるとき、食塩や酢を湯のなかに入れておくのはなぜでしょう

この理由は、ゆで卵の水に食塩を入れるのと同じで（一七四ページ）、蛋白質の熱凝固をはやめるためですが、ゆで卵では割れたときに備えてという予防的なものだったのに対して、こちらのほうはもっと積極的に、割りおとした白身が広がっていかないうちに、少しでもはやく凝固させてしまおうという意味があるわけです。

卵が新しく、白身の濃厚卵白の部分がしっかりと弾力を保っているときには、割った卵はある程度まとまっているものですが、古くなってくると濃厚卵白が弾力性を失い、全体がいわゆるコシの弱い状態になりますので、割ったとき盛り上がった形を保つことができずに、広がっていこうとします。こういう卵を使うときには、特に塩や酢を加えておくと効果があります。しかし、あまり多量に使うと味を悪くするので、食塩なら卵一個に〇・五グラム以上は使わないほうが無難です。

ポーチドエッグ

卵の消化時間

一般に、蛋白質は変性がおこっても消化率はそれほど変わりませんが、ただ、凝固すると消化にかかる時間が変化してきます。

一〇〇グラムの卵が胃にとどまる時間は、なまが一三五分、半熟一〇五分、かたゆで一八〇分ですが、半熟とかたゆでの消化率はともに九六パーセント以上で変わりません。

魚を煮るとき

魚を煮るとき、必ず汁を煮立ててから入れますが、どうしてでしょう

煮ものは、自由に味つけができるという点では最もすぐれた加熱法です。しかし、汁のなかにうま味や栄養成分がとけ出したり、食品の形がくずれやすくなったりするのが欠点です。

冷たい煮汁に魚を入れますと、煮上がるまでの時間が長くなりますので、それだけ長く汁のなかにひたされることになります。したがって、成分もよけいにとけ出すことになります。

ところが、煮立てた汁に魚を入れますと、表面の蛋白質がすぐ凝固しますので、内部のうま味がとけ出すのを防ぐことができます。しかも、汁のなかにひたされている時間が短いので、なかまで身が締まってかたくなることもありません。また、煮立った汁に魚を入れると、魚のなまぐさみが熱のためすぐ揮発しますので、匂いが汁にとけ出ることもなくおいしく煮あがります。

甘露煮をつくるとき

小魚の甘露煮をつくるとき、鍋に経木や竹の皮をしいたり、ささらを間に入れるのはなぜでしょう

煮汁にひたっている材料は、理屈では一〇〇℃前後の温度を保つはずですが、実際には鍋底に接する部分がもっと高温になり、また、煮汁より上に出ている部分が一〇〇℃を保ちにくいものです。甘露煮など、少ない煮汁で長時間加熱する煮ものは、鍋底に接した材料は、煮汁の温度より鍋の温度の影響を大きく受けます。

肉、魚などの蛋白質食品は高温に熱すると鉄に付着する性質があるので、底のほうは鍋にこびりつき、時間がたつとこげて味もおちますし、骨までやわらかく煮たい甘露煮では、たとえ白焼きしてあっても、材料自体がくずれやすく、ゆすったり、かきまわすことはできません。

竹の皮などをしくことは、温度ムラ、煮くずれ、こげつきを防ぎ、やわらかく、しかも形のそろった甘露煮にするのに役だちます。

ハゼの甘露煮（経木をしく）

魚を煮るときの落としぶた

魚を煮るとき落としぶたを使うのはなぜでしょう

魚にかぎらず、煮ものでは煮汁の味が材料の表面からしだいに内部へ浸透していきますが、それと同時に材料のほうからは、必ず味や栄養成分が煮汁のほうへとけ出しているわけです。煮魚のように煮汁よりも魚自身の味が目的の場合は、成分のとけ出しを極力防がなければなりません。前に述べた煮汁を煮立てておくのもそのひとつの方法ですが、さらに、煮汁をなるべく少量ですませるのもたいせつなことです。最後に煮上がったとき、汁がほとんどなくなってしまう程度になっていれば、うま味がとけ出したとしても、ふたたび魚の表面にもどってくれることになります。

ところが、短時間で加熱を終わらなければならない煮魚に、煮汁も少ないのでは、味のしみこむひまがありません。特に汁よりも上に出ている魚体の部分は、煮えても全く味がつかないわけです。

煮魚の落としぶた

落としぶたは、まず鍋のなかの空間を少なくして、熱が有効に使われるようにします。つぎに材料を上から押さえつけて動くのを防ぎ、汁が沸騰しても身くずれなどがおこらないようにします。さらに、煮汁が煮立っているとき、落としぶたをしてあれば、それにあたった煮汁が上からも魚にかかり、魚はいつも全体が煮汁のなかにあるのと同じような状態を保つことができます。これが落としぶたの効用です。

カツオとタラを煮たときのちがい

カツオを煮るとかたく締まり、タラを煮るとほぐれやすくなるのはなぜでしょう

一般に赤身の魚は加熱すると身がかたく締まり、くずれにくくなりますが、白身の魚は逆にバラバラとほぐれやすくなります。

この理由は、ひとつには水分量の多少に関係があります。カツオの水分は七〇・〇パーセント、タラは八一・〇パーセントと、約一〇パーセントの開きがあります。一般に赤身の魚は外洋を回遊する魚で、筋肉が発達し、特にカツオは身が締まっています。一方、白身の魚は沿岸の浅い海にいるものが多く、筋肉の構造もそれほど遠距離向きにはできていません。筋肉が熱凝固したとき、水分の多いほうがやわらかいことは想像できます。

しかし、もっと大きなちがいは、やはり蛋白質そのものにあります。カツオの蛋白質量は二五・四パーセント、タラは一六・六パーセントと一〇パーセントちかくの開きがあり、いわばタラのほうが水が多く実質が少ないわ

けです。加熱したときに凝固するのは蛋白質なので、これが多ければ身が締まりやすくなるのは当然です。

また、蛋白質の量だけでなく、内容にもちがいがあります。肉でも魚でも、その蛋白質は大きく繊維状蛋白質、球状蛋白質、肉基質蛋白質の三つに分けられます。

このうち、最もじょうぶな肉基質蛋白質は、どの魚も約三パーセントでほぼ一定ですが（肉は二〇～三〇パーセント、このため肉は魚よりかたい）、あとの繊維状蛋白質（ミオシン、アクチンという蛋白質からなる）と、球状蛋白質（アルブミン、グロブリンなどからなり、熱凝固してかたくなりやすい）の割合が異なっています。

白身の魚は球状蛋白質が二〇パーセント前後ですが、赤身の魚は三〇パーセント以上と多く、その分、繊維状蛋白質が少ないのです。したがって赤身の魚を加熱するとかたく凝固した球状蛋白質が筋肉全体を接着したような形になり、身が締まってくるのです。

魚肉の球状蛋白質（全蛋白質中の割合）

オコゼ	20%
サバ	30%
タラ	21%
カツオ	35%
スケトウダラ	30%
アジ	40%

肉の煮こみ料理は弱火

肉などの煮こみ料理を弱火でじっくり煮こむのはなぜでしょう

一〇五ページにも述べたとおり、肉を焼くときは強火で短時間に加熱するように気をつけますが、シチューや東坡肉《トンポーロー》のような煮こみ料理にかぎっては、弱火でゆっくりと気長に煮こみます。

これは、湯のなかでじっくり加熱を続けますと、肉のすじや結合組織に多く含まれている「コラーゲン」というかたい蛋白質が「ゼラチン」に変わり、やわらかくとけやすいものになるためです。この現象は肉ばかりでなく、中国料理の材料に使われるフカのひれも、同じ変化を利用したものです。また、煮魚の汁が冷えて煮こごりができるのも、このようにしてできたゼラチンによるものです（八六ページ）。

ヒレやロースのようなやわらかい肉は、すじや結合組織が少なく、長く煮るとかえってかたくなりますので、シチューのような煮こみ料理には「かた」や「ばら」、スープストック用にはすね肉のようなすじや結合組織の多いかたい肉のほうが使われるわけです。

結合組織をあらかじめ砕いておきますと、加熱が短くてもゼラチン化がはやくおこります。肉ダンゴやハンバーグのようなひき肉料理がやわらかく食べられるのはこのためです。

肉の組織のゼラチン化

なま

加熱後

牛肉の部位と名称

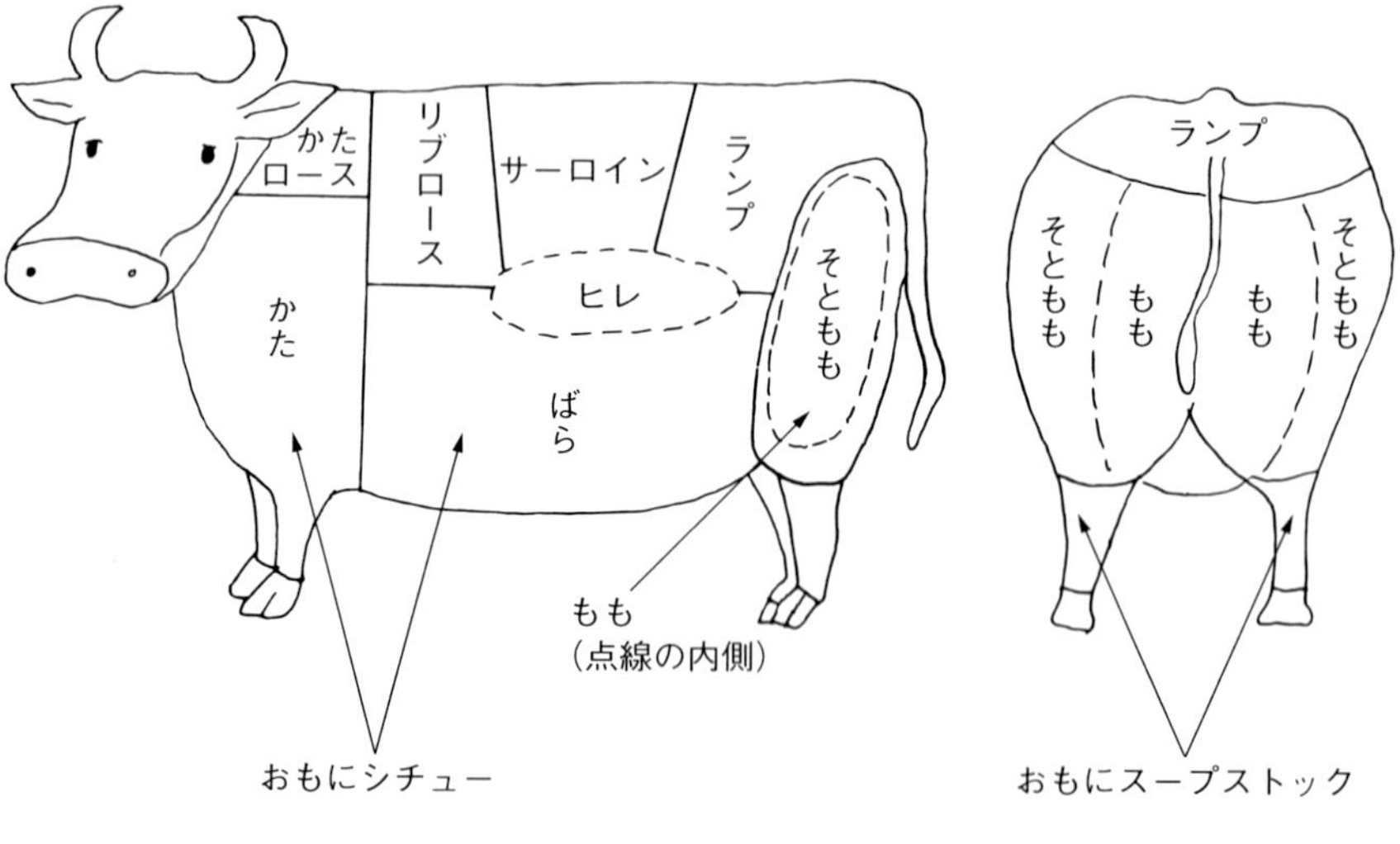

肉の煮こみ料理になまパイナップル

肉の煮こみ料理になまパイナップルを入れるとやわらかく煮えるのはなぜでしょう

なまのパイナップルは特有な香りと酸味があり、甘味が少ないことを逆に利用して、肉の味と意外によく合ったおいしい料理をつくることができます。

しかし、パイナップルを肉といっしょに使うのは、味よりも肉をやわらかくする作用があるからです。パイナップルに含まれる酵素ブロメリンは、蛋白質分解酵素（プロテアーゼ）の一種で、筋肉の蛋白質を分解して、ペプチドやアミノ酸に変え、肉のうま味を増すと同時にやわらかくします。これはゼラチンゼリーになまパイナップルを入れると凝固しなくなるのと同じ原理です（九〇ページ）。ただし、缶詰のパイナップルは酵素作用が失われていますから、このような効果はありません。最近は、肉をやわらかくする酵素剤が市販されていますので、味、香りを目的とするのならともかく、軟化のためだけにパイナップルを入れる必要はなくなりました。

面とり野菜

煮ものに使うダイコン、イモ、ニンジンなどを面とりするのはなぜでしょう

煮ものは、ほかの加熱法（焼く、蒸す、揚げるなど）とちがって、味つけが自由にできるのが特徴です。煮汁にとけている調味料は、材料の表面からしだいに中心部のほうへ浸透し、味つけが行なわれていきます。

このとき煮汁にふれる表面が広いほど、調味料の味が材料にはやく、ムラなく浸透していきます。面とりは、そのやり方によっては、多少とも材料の表面積を広くするのに役だつ可能性があります。

煮もののもうひとつの特徴は、材料の形がくずれやすいことです。角切りにしたイモやニンジンが、鍋のなかで煮立てられて動きますと、そのたびに材料同士はふれ合ってしだいに角がくずれ、見た目を悪くするとともに汁を濁らせます。

面とりは、とがった角をなくして、このような煮くずれを防ぐためにも効果があります。

煮もののガス量

奥田氏が、イワシ一〇尾（四五〇グラム）を加熱するのに必要とするガス量を測定した結果は、左のとおりでした。煮ものは熱を有効に利用できることがわかります。

焼　く：六二リットル　煮る：三〇リットル
揚げる：七一　〃　　蒸し焼き：三五　〃

面とりしたダイコン、ニンジン

ニンジンのバター煮、クリの甘露煮などに紙ぶた

紙ぶたを使うのはなぜでしょう

煮ものの煮汁は少なめにするのがコツですが、少ない煮汁で味をムラなくつけるには、裏返したり鍋をゆり動かすよりほかありません。しかしニンジンのバター煮やクリの甘露煮のように、長時間加熱しながらも形はくずしたくないときにはこれもできないわけです。

こういう場合に、じょうぶな日本紙をふたとして鍋にかぶせておきますと、沸騰した煮汁が紙に吸収され、それが上から材料にかかり、上下に比較的ムラなく味がゆきわたります。落としぶたも同様な効果が得られるので、煮魚のように特に材料を押えつけて動くのを防ぎたいときには、落としぶたにします（一九一ページ）。

松元氏らがイモを使って食塩の吸収を調べた実験によれば、普通のふたでは、鍋の上下で調味料の浸透に約七割の差ができるところを、紙ぶたや落としぶたにすると、約三割の開きにとどめることができたといいます。

クリの甘露煮の紙ぶた

落としぶたと紙ぶたの効果

条　件	上半分(a)	下半分(b)	差(b−a)
普通に煮る	0.57%	1.23%	0.66%
落としぶた	0.60%	0.93%	0.33%
紙ぶた(日本紙)	0.66%	1.00%	0.34%

100gのジャガイモ4個(400g)を3%食塩水中で加熱
松元文子：調理と水、63(1963)

きんとんに焼きミョウバン

きんとんに焼きミョウバンを入れるのはなぜでしょう

ミョウバンは硫酸アルミニウムカリウムというのが正式名で、これを加熱して分子内の結晶水を取り去ったものが焼きミョウバンです。

この物質は毒性がほとんどなく、味は渋味とともに甘味があって、料理に使ってもじゃまになりません。しかも、食品の色をよくし、蛋白質の凝固をはやめ、微粒子を吸着して水を透明にし、ベーキングパウダーの成分になるなど、おどろくほど広い用途をもっています。

きんとんをつくるとき、〇・五パーセントほどのミョウバン水でクリやサツマイモを煮ると、ヤツガシラについて述べたように（一七〇ページ）、細胞膜に含まれるペクチンがミョウバンと結合して水にとけない塩《エン》をつくり、組織のくずれるのを防ぎます。また、クリやイモに含まれる蛋白質も凝固が促進され、組織が引き締まるのを助けます。また、ただの水よりもミョウバンを加えた分だけ液の濃度が高まることにより、材料との間の浸透圧（二六ページ）の差が少なくなり、これも成分の溶出や煮くずれを防ぐために役だちます。

クリの甘露煮のように形を生かすものには、以上のような理由で特にミョウバンを使うことが必要ですが、きんとんのようにあとでつぶす場合にも、水っぽくしないためには煮上がりはしっかりした組織を保っていることが望ましいのです。

なお、ミョウバンは弱い酸性なので、アルカリ性のアクの成分と結合します。このため、ミョウバンを加えるのはアクぬきにも役だつと考えられます。

煮ものにおける水の役割

煮ものは「水」というものの働きがなければなりたたない加熱法です。水の果たしている役割りを次にあげてみましょう。

① 一〇〇℃付近の温度を持続する
② こげつきを防ぎ、周囲から一様に加熱
③ 対流で容器内全部を同じ温度にする
④ 熱源の範囲を広げ、熱効率を高める
⑤ 調味料の浸透や味の交流を助ける

フキを煮る

フキを煮る前に、あらかじめさました調味料液にひたしておくのはなぜでしょう

フキは季節の食品として美しい色に煮上げることがなによりたいせつです。ところが調味料を加えて長く煮ていると、ゆでもののところで述べたようにクロロフィル（葉緑素）が醤油のなかの酸や、長い加熱のために変化し、しだいに緑色があせてきたなくなります（一六六ページ）。しかし、加熱をはやくやめると味はなかまで浸透しません。

一方、フキのように新鮮な歯ざわりを楽しむ食品を調味料液のなかで急に加熱すると、水分が煮汁のほうへどんどん引き出され、全体にしなびて、せっかくのフキの歯ざわりを失います。

そこでさっとゆでて、よく水にさらしたフキを、冷たい調味液にひたしておくと、色と形、歯ざわりを保ったまま味がなかまでゆっくりと浸透しますので、浸透が終わったところを短時間で煮上げるわけです。

ナスを煮る

ナスを煮るとき、よくあらかじめ油で揚げたり炒めたりしますがなぜでしょう

ナスは、ほかの野菜と異なり、味にクセがなく、強い香りもありません。このため油の味が加わってもくどくはならず、むしろ風味のものたりなさを補ってくれます。ナスに肉をはさんで揚げたりする料理が喜ばれるのは、ナスの味の特徴をよく示しています。

つぎに、ナスの皮の紫色は、花やくだものの色と同じアントシアン系のナスニンという色素で（二五三ページ）、水溶性ですから、長く煮ると色素が汁にとけ出して、ナスも汁も色が悪くなります。ナスの味噌汁を煮すぎると色があせてみえるのは、ナスニンが汁にとけ出すからで、味噌汁の色もその分だけどす黒くなっています。

ナスをあらかじめ揚げるか炒めるかして表面に油の膜をつくっておくと、水溶性色素のとけ出しを防ぎ、同時に煮る時間を短縮して、色や形を保つのに役だちます。

これが、ナスに油を用いる理由です（一〇八ページ）。

ゴボウやレンコンを煮る

ゴボウやレンコンを煮るとき、酢を入れるのはなぜでしょう

一般に野菜の皮をむいたり切ったりしておくと、切り口が褐色になってきます。これは、野菜に含まれるクロロゲン酸、カテキンなど、ポリフェノール化合物とよばれるものが、空気中の酸素によって酸化され、褐色の物質を生じるためです。この変化も酸化酵素によってすすめられるので、酢を加えることにより、酵素による酸化をとめることができます（一〇ページ）。

つぎにゴボウやレンコンばかりではなく、広く植物一般に含まれている色素に、フラボノイドというのがあります（一四ページ）。この色素は、化学的には前のアントシアンと同じ系統のものですが、色のほうは酸性では無色、アルカリ性では黄色に変わります。小麦粉を重曹でふくらませたり、てんぷらのころもに重曹を入れたりすると黄色くなるのはこのためです（一四一ページ）。

ゴボウやレンコンはアクが強いので、そのまま煮ると

褐色になりますが、これに酢を加えると、煮汁は酸性になり、このフラボノイドが無色になるため、色はますます真白に煮上がるのです。フラボノイドはほとんどすべての植物性食品に含まれていますが、化学的に分離されている代表的なものを、右の表に示しました。

食品に含まれるフラボノイド（※は配糖体）

種類	中性における色	分布
フラボン		
アピゲニン	ごくうすい黄色	コウリャン
アピイン※	無色	パセリ
ノビレチン	うすい黄色	ミカン
トリチン	うすい黄色	アスパラガスの茎と葉
フラバノン		
ヘスペレチン	無色	ミカン
ヘスペリジン※	無色	ミカン
ナリンギン※	無色	夏ミカン
フラボノール		
ケルセチン	黄色	タマネギの皮
ルチン※	無色	ソバ・トマト
イソフラボン		
ダイジン	無色	ダイズ

鎌田栄基・片山脩：食品の色、43（1965）より

なお、レンコンには粘りの強いムチンというものが含まれており、これが切り口から糸を引きますが、酢を加えると、このムチンが粘りを失って、レンコンは歯切れがよくなります。これも酢を使う効用のひとつです。酢の使用量は材料の約一〇パーセントです。

酢レンコン

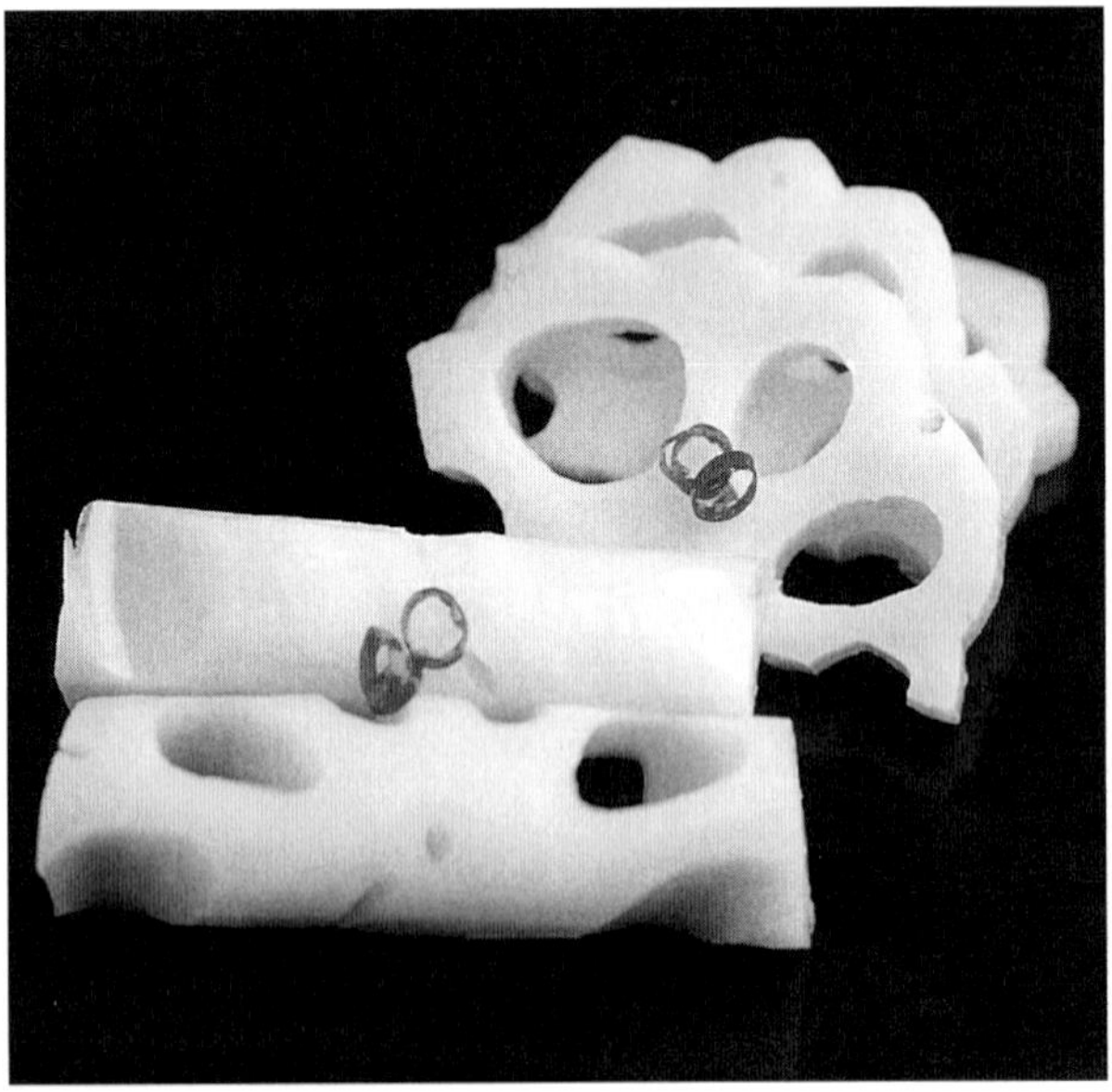

黒豆、ズイキに酢や鉄鍋

黒豆やズイキの煮汁に酢を加えて飲みものにしたり、黒豆を煮るとき鉄鍋を使うのはなぜでしょう

黒豆やズイキの煮汁は、水溶性のアントシアン系の色素がとけ出して、紫色に染まっています。この色はリトマスなどと同様、酸性では赤くなり、アルカリ性にすると青や紫色になりますが（一四ページ）、そのほかに、金属イオンに合うと、色があざやかになる性質をもっています。黒豆を鉄鍋で煮ると、黒色があざやかになるのはこのためです。よく洗った古くぎを布で包んで入れておいても同じ効果が得られます。また、ナスの漬けものに古くぎを入れるのも同様です（二五三ページ）。

黒豆やズイキの汁に酢を加えると、イチゴのようなあざやかな赤色になりますので、砂糖をたっぷり入れて甘くした煮汁に酢を入れると、ちょうどジュースのように赤く、しかも甘ずっぱい飲みものになります。この黒豆の汁は、昔から、声をよくする薬などといわれ、愛飲されています。

果実の色はほとんどアントシアンですが、野菜のほうも、前に述べたナス（一九九ページ）や紫キャベツ、赤カブの色など、あざやかなアントシアンの原色をもったものが少なくありません。おもなアントシアンをまとめてみると、左の表に示したとおりです。

食品に含まれるアントシアン

種類	中性における色	分布
ペラルゴニジン類		
ペラルゴニン	赤	ザクロ
フラガリン	赤	オランダイチゴ
シアニジン類		
シソニン	赤	チリメンジソ
クリサンテミン	暗い赤	黒豆・モモ
シアニン	赤	イチジク・赤カブ
ケラシアニン	暗赤褐色	サクランボウ
デルフィニジン類		
ペリラルミン	赤	チリメンジソ
ナスニン	赤	ナス

鎌田栄基・片山脩：食品の色、45（1965）より

アズキ、ダイズのびっくり水

アズキや黒豆、ダイズなどを煮るとき、途中で冷たい水を加えますが、どうしてでしょう

豆を煮るとき途中で加える冷水を「びっくり水」とよんでいます。普通は水が沸騰し始めてからまもなく、豆の約二分の一量の冷水を加えて急に五〇℃以下の温度に下げてやります。

びっくり水の役目は、豆の種類によって多少のちがいがあります。皮がかたく、内部の子葉がやわらかいアズキの場合は、びっくり水を加えますと、表面の加熱が一時的におさえられ、内部までゆっくりと水が吸収されていく時間的な余裕が与えられます。

一方、ダイズは、もともと内部の子葉より皮のほうが先に水を吸ってしわが寄りやすいのですが、途中で冷たい水を加えますと、皮の伸びはおさえられ、むしろ縮もうとします。したがってしわも取れ、内部がふくらむのと歩調を合わせて煮えるのです。

黒豆を煮るときの砂糖

黒豆を煮るとき、砂糖を何回にも分けて加えるのはなぜでしょう

煮豆は六〇パーセントもの濃い砂糖液で豆を煮るわけですが、これだけの砂糖を一度に加えると、水と結びつく力の強い砂糖は、なかにしみこむより先に豆のなかの水をしぼり出してしまいます。このため、内部の子葉は縮んで小さくなりますが、その割に皮のほうは収縮しません。これが煮豆の表面にしわができる原因になるのです。

だから、砂糖は一度に加えずに、何回にも分けて加えるわけです。こうすれば、豆の内部の砂糖の濃さを少しずつ高めていくことになりますから、急速な脱水がおこらずに、ふっくらとした煮豆ができます。

砂糖は普通、数時間煮沸して豆が十分やわらかくなってから加え始めますが、ときには、煮る前のつけ水のなかに、あらかじめ砂糖を加えておくこともあるようです。どちらも原理は同じで、要はゆっくりと浸透させるよう

に考えればよいわけです。したがって、砂糖を加えたあとはぐらぐら煮立てるのは禁物で、ときには調味料を加えたあと、火からおろしてひと晩おき、ゆっくりと浸透させることもあります。

調味料の加え方と黒豆のしわ

砂糖を分けて入れたもの

一度に入れて加熱したもの

煮豆の消化率

ダイズの蛋白質グリシニンは、栄養価の高いすぐれた蛋白質ですが、ダイズそのものは構造上消化の悪いのが難点です。煮豆の蛋白質の消化率は六五～七〇パーセント、味噌、きな粉、納豆は九〇パーセント、これが豆腐にすると九五パーセントにまで高まります。

ダイズを煮るときのコンブ

ダイズの煮豆にコンブを入れるのはなぜでしょう

コンブは、ダイズにないうま味を補うだしとして用いるのが主目的ですが、そのほかに、表皮の保護や、かたさの調節などにもたいせつな役割を果たしています。

ダイズは加熱の際、内部の子葉より表皮のほうが先に膨潤して、皮にしわがよってきます。このとき、豆同士が直接ふれ合っているよりは、コンブなどが間にはいっているほうが、表皮がむけたり、さけたりするのを防ぐことができます。

また加熱がすすんで、内部の子葉がふくらんでくると、底のほうの豆は上からの重みですきまがなく、多角形にふくれあがろうとします。このとき平らなコンブがはいっていると、豆同士ピッタリくっついている場合より、形を保って膨潤することが可能なわけです。甘露煮と同様、鍋に竹の皮などをしくのも同じ原理です（一九〇ページ）。

13 たく

米のじょうずな洗い方

米を洗うとき、あまり時間をかけるとごはんの味がおちるのはなぜでしょう

米をとぐ大きな目的は、米粒の表面についている細かいヌカを洗いおとすことです。

もともと、米はよく洗ったほうがヌカのくさみがなく、おいしいごはんになるはずですが、これがかえってまずいごはんになるのは、最初の一回目の水洗いに時間をかけすぎたときです。

米に水を加えると、ヌカが米粒の表面から離れて、水が白く濁ります。

ところがこれをそのまま一分もおくと、たちまち一〇パーセント以上もの水を吸いこんでしまいます。このとき水中に浮いたヌカの匂いは、水といっしょにどんどん米粒のなかに吸収され、あとでいくらよく洗っても容易にとれません。それどころか、洗えば洗うほど新たに水を吸いこむので、ますますなかのほうまでしみこんでいきます。そこで最初の一回目に加える水が少なかったり、いつまでもそのなかで洗っていたりすると、たいたごはんは当然ヌカくさくなります。

米をじょうずに洗うには、最初になるべくたっぷりの水を加えて手ばやく二〜三回かきまわしたら、その水はすぐに捨てて新しい水にかえることです。

グラフでもわかるように、一回目の吸水量は特別に大きいのですが、二回目以後はそれほど急には吸水がすすまないうえ、ヌカの量も少なくなっているので、あとは

洗米による米の吸水量と溶け出した固形物量

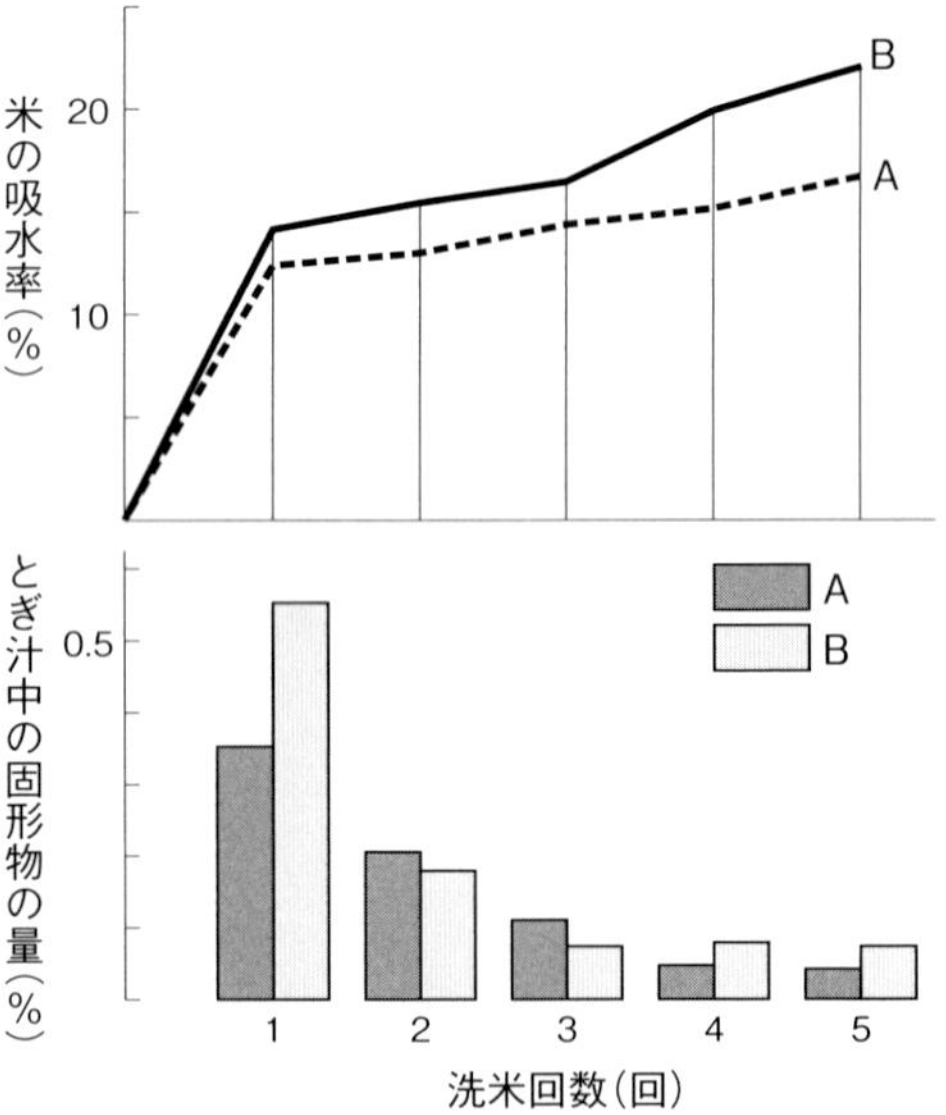

Aは各15秒ずつ、Bは1回目だけ2分洗ったもの

ゆっくり洗ってもそれほど心配することはありません。

なお、ヌカは三、四回水をかえて洗うとだいたい流れ去り、あとは澱粉などがとけ出してくるだけなので、水が完全に透明になるまで洗いをくりかえすのは、あまり得策ではありません。

白米にもわずかに残っているビタミンB_1は、軽く洗ったときには約二〇パーセント失われるだけですが、強く洗うと、五〇パーセント以上失われるといわれますし、あまり長く洗っていると、余分な水を多く吸いこむことになり、あとの水加減がしにくくなります。

炊飯の三段階

米の炊飯は次の三段階に分かれます。

① 前処理…洗米と浸漬、水加減
② 加熱処理…温度上昇期と沸騰期
③ 後処理…蒸らし

炊飯といえば、②の加熱だけを考えがちですが、①の前処理、特に水加減と、③の蒸らしとは、できばえのカギをにぎる重要なものです。所要時間からみても、②は長くても二〇分で①の浸漬に及びません。

にわかだきのごはん

まずいのはどうしてでしょう

ごはんをたくと、米のなかに含まれている澱粉が煮えて、粘りのある糊《のり》の状態になり、味も消化もよくなります。

米をたくということは、なまのβ(ベータ)澱粉をα(アルファ)化すなわち糊化させることですが、このためには、大量の水が必要です(五二ページ)。

ところが米を洗い、水加減をすませても、米粒の中心まではまだ水はしみこんでいません。この状態ですぐにたき始めると、表面は煮えてもなかのほうは芯のあるごはんができることになります。

そこで、米を洗って水を加えたら、三〇分〜一時間そのままおき、水を十分吸収させてから火にかけるわけです。普通、夏で三〇分、冬でも一時間半でほぼ吸収を終わり、米の二〇〜三〇パーセントの水を吸いこみます。

しかし、あまり吸収が長びくと、米の組織が弱まり、

米の吸水曲線と容積の増加

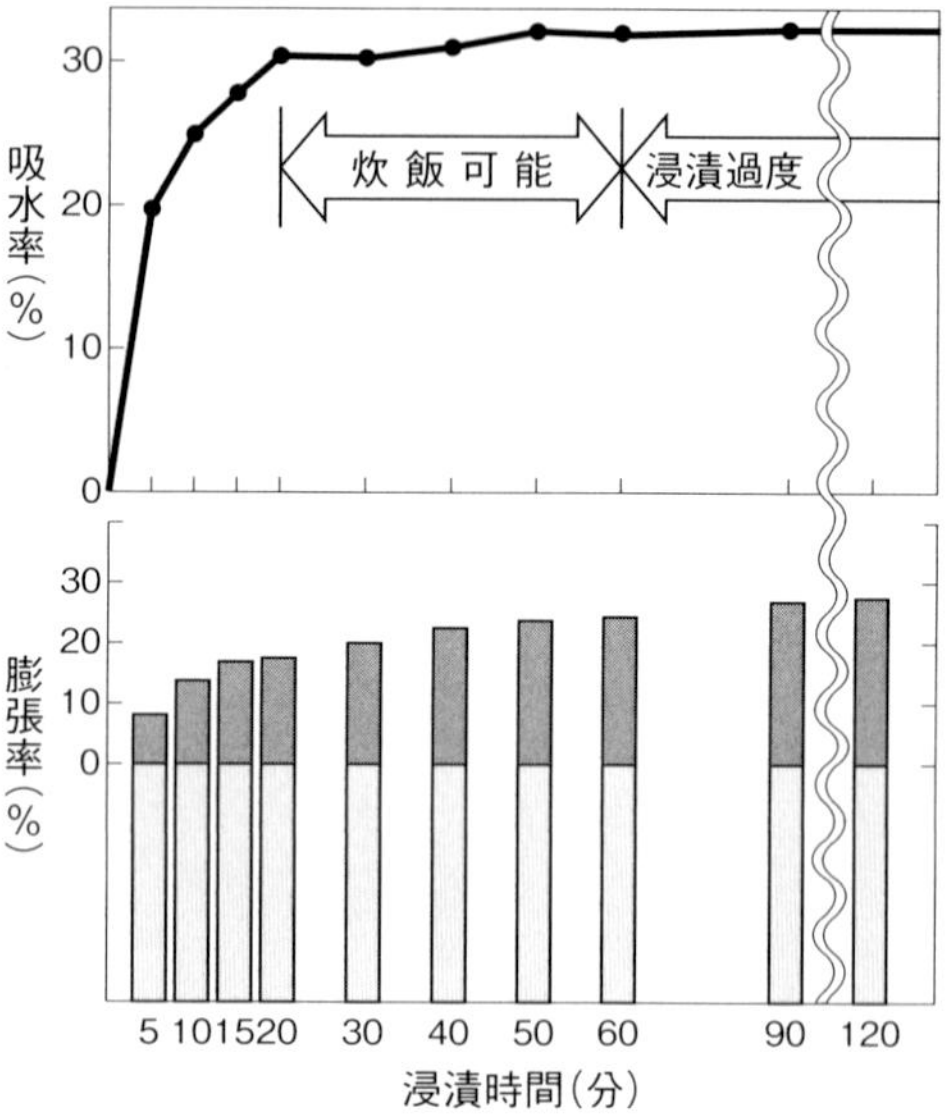

米50gを20℃の水に浸漬、20分で吸水、容積20%増

形のくずれやすいごはんになりますので、洗ってからひと晩おくようなときには、水が多すぎないように注意する必要があるのです。

もし、どうしても急ぐときは、水温が高いと吸水もはやいので、水のかわりにぬるま湯を使い、火にかけたら、はじめはなるべく弱火にして、沸騰までの時間を少し長めにとるようにします。これを湯だきといいます。最近はすぐにスイッチを入れても一定時間予熱（前だき）ができるような自動炊飯器が出てきました。

古米は水加減を多めに

古米は新米より水加減を多めにするのはなぜでしょう

米の水分は食品成分表では精白米一五・五パーセントとなっていますが、実際にはかなりの幅があり、少ないものでは一三パーセント、多いものでは一六〜一七パーセントも含んでいます。水分は米を貯蔵している間に蒸発するため、一般に新米の水分は多く、古米は少なくなっています。

ところが、米を十分吸水させたものは、新米、古米にかかわらず、ほぼ一定の水分量におちつきます。したがって、乾燥のすすんだ古米のほうが、水分を多く含む新米より当然吸水量は多いわけです。

普通の炊飯では、容積で米の約二割増し程度の水を加えるとされていますが、水分の多いとりたての新米では、同量か一割増しに減らし、水分の少ない古米の場合には、少し増やして二・五割増し程度にするのがよいでしょう。

混ぜごはんの水加減

青豆やサツマイモのたきこみごはんでは、水加減を特に考えなくてもよいのに、ダイコンや貝類のときは水をひかえるのはなぜでしょう

イモや豆を加熱すると、澱粉の糊化がおこり、組織のなかの水は、澱粉の分子とかたく結びついて簡単には動けない状態になります。このような食品は、組織の外へ水が流れ出したり、しみ出したりすることがありません。したがって、これらを米といっしょにたくときにも、米は米の水加減で独立して考えてもよいのです。

ところが、ダイコン、貝などはもともと水分量が八〇～九〇パーセント以上もあるうえに、その水分はイモやマメとちがって、加熱されると組織の外へ流れ出てきます。したがってこういうものではその分だけ水加減をひかえる必要があるわけです。

どのくらいひかえるかは、加える材料の水分量や材料の多少によってちがいますが、かつて食糧不足のころ食べたダイコン飯のように、よほどたくさん加えるのでないかぎり、心もちひかえる程度で十分です。むしろ、醤油、酒、ケチャップなど、液体調味料が加わる分を考慮し、その分の水は必ず減らすべきです。

エンドウ豆の混ぜごはん

ごはんの火加減

ごはんをたくときの火加減がたいせつなのはなぜでしょう

ごはんをたくということは、結局米を煮ることなのですが、ただ煮えればよいのではなく、煮上がったとき、米粒には十分水が吸いこまれていて、余分な水は少しでも残さないという、むずかしい加熱法です。

しかし、そのなかで実際に加熱する時間は意外に短く、むしろその前後の吸水と蒸らしのほうがたいせつな役割を果たします（二〇七ページ）。

まず加熱を始めてしばらくの間は温度の上昇が目的なので、中火か強火で加熱します。この間、図のように対流がさかんにおこって、米粒の吸水は急速にすすみます（図の加熱初期）。

次に短い加熱の間に、米粒に十分吸水させ、なかまで煮えた状態にするために、沸騰したら、ある程度火を弱めてふきこぼれを防ぎ、米粒のすきまを水がムラなく上下するように調節します（図の沸騰後）。

炊飯中の水の動き

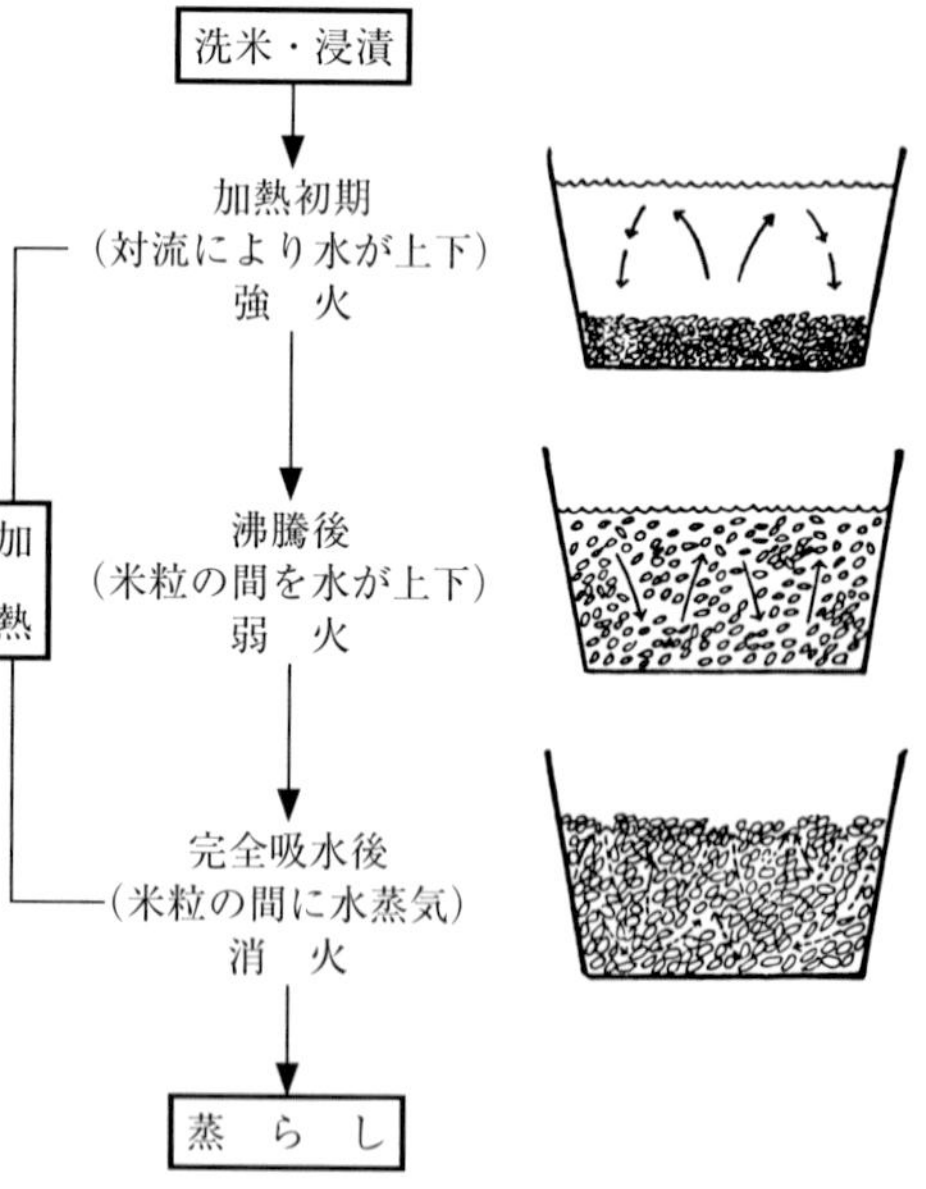

加熱を続けるうちに、水はほとんどなくなり、米粒のすきまは蒸気の通路となり、通路のあとが穴になって残ります（図の完全吸水後）。この時期になったら、火をいっそう弱めないと、蒸気が全部上にふき上げられて、底がこげつくことになります。

自動炊飯器では、こういう細かい火加減の調節ができないので、ごはんの味は昔ながらの釜でたいたものより劣るといわれるのです。

ごはんの蒸らし

ごはんを蒸らすとき、ふたを取るといけないのはなぜでしょう

沸騰が終わって火をとめるまでの時間は意外に短く、米の澱粉が完全に糊化するにはまだ不十分です。澱粉は、理論上六〇～六五℃以上になれば糊化するはずですが、米の組織の細胞膜に包まれた澱粉は、実際には九八℃で二〇分以上加熱を続けないと、完全には糊化しません。そこで、消火後一〇～一五分そのままおいて、米が、芯までやわらかくなるように蒸らすわけです。

もうひとつの蒸らしの目的は、米粒の表面の余分な水をなくして、ある程度かわいた状態にすることですが、この途中でふたを取ると、蒸気が逃げて蒸らしが不完全になるばかりか、温度も急に下がって米粒の表面に水滴がつき、べたべたとぬれたまずいごはんになります。「赤子泣くともふた取るな」といわれるのはこのためです。

ごはんの量が少ないときはさめやすいので、特に余熱を利用してゆっくり蒸らします。

蒸らし終わったあと

ごはんを蒸らし終わったあと、しゃもじで軽くかき混ぜるのはなぜでしょう

蒸らしをあまり長く続けていると、ふたをしたままで蒸気の逃げ場がない状態のまま温度がしだいに下がっていき、結局は水滴がたまって水っぽいごはんに逆もどりします。この現象を「釜返り」といいます。

そこで澱粉の糊化が終わって米粒が十分やわらかくなったらふたを取り、しゃもじで軽くかき混ぜて余分な蒸気を逃がし、米粒の表面をある程度かわかして、水分を吸収しやすい木のおひつに移すか、かわいたふきんを入れて保存するわけです。

かわいた木の飯びつに移すと余分な水気を吸い取ると同時に、保温の役をもして、ごはんの味の低下を防ぎます。かわいたふきんをかけると、いっそうそれが効果的になります。自動炊飯器が普及し、おひつに移すことはほとんどなくなりました。その場合も、ふきんは不必要ですが、軽くかき混ぜることは必要です。

さめたごはん

さめたごはんがおいしくないのはなぜでしょう

おいしくたけたごはんも、水気のある状態でそのままおくと、しだいに粘りを失い、なまの状態にもどってきます。この現象は、米の澱粉の老化（β《ベータ》化）によるものです（五二ページ）。

米飯は水分が六〇～六五パーセント前後で、最も老化しやすい水分量ですから、半日～一日おくとかなり老化がすすみます。この結果ごはんの粘りや弾力が減って、ぽろぽろになってきます。

老化は凍結しないかぎり、温度が低いほどはやくすすむので、冷蔵庫に入れたごはんは、はやくぽろぽろになります。冷えたごはんでにぎり飯をつくってみるとごはんがうまくまとまらないのはこの老化のためです。ごはんがさめるとき米粒の表面が水滴でぬれると、内部よりはやく老化がすすみ、よけい舌ざわりが悪くなります。前記の木の飯びつやかわいたふきんは、これを多少防ぐのにも有効です。

かゆとアルミ鍋

かゆを煮るとき、アルミニウム鍋ではおいしくできないのはなぜでしょう

かゆは大量の水のなかで米を加熱してやわらかくするものですが、米粒の芯まで一様に煮えるためには、なるべくゆっくりと温度を上げて、米粒が加熱によって膨潤し水を吸いこむ速度と、全体の温度が上昇していく速度との調和を保つことがたいせつです。

普通の炊飯は米の量が多いので、ある程度強火にしないとなかなか温度が上がりませんが、かゆの場合は米が少なく水が多いので、対流がスムースにおこり、すぐ沸騰を始めます。したがって、強火では米粒が十分膨潤しないのに、水だけがふきこぼれたりして困るばかりでなく、米粒の表面だけがやわらかくなってくずれやすくなり、おいしいかゆができません。

うすいアルミ鍋を使って強火で熱すると、ちょうどこういう状態になるわけです。うまく煮るためには、よほど火加減を細かく調節しなければなりません。

土鍋は熱伝導率がアルミより低く、しかも厚くて熱容量が大きいため、火加減が少し強くてもゆっくりとあたたまっていきます。しかも、一度あたたまったらその温度を保つので、火加減が非常に楽になります。アルミ鍋では火にあたる鍋底はあつくても周囲は空気で冷やされがちですが、土鍋ではそういうこともありません。さらに重いふたは蒸気の逃げるのを防ぎ、内部圧力が高まって沸点もやや上昇し、米の芯までムラなく加熱ができます。

さらに決定的なことは、土鍋の保温力がアルミ鍋に比べて抜群によいことで、できあがったかゆを、そのままさまさずに保存しておくことが可能です。以上のような理由で、土鍋はアルミ鍋よりおいしいかゆができるのです。

かゆの種類

かゆの濃さは、米に加える水の量で決まり、次の四種類に分けられます。普通に「かゆ」といえば、「全がゆ」か「七分がゆ」をいいます。

全　が　ゆ（二〇パーセントがゆ）
米一：水五
七分がゆ（一五パーセントがゆ）
米一：水七
五分がゆ（一〇パーセントがゆ）
米一：水一〇
三分がゆ（六パーセントがゆ）
米一：水一五

14 電子レンジでの調理

電子レンジによる加熱

電子レンジで食品を加熱するとき、内部のほうが先にあつくなるのはなぜでしょう

レストランはもちろん、家庭にもすっかり普及してきた電子レンジは、いままでの加熱調理とは全くちがって、マグネトロンという真空管から出るマイクロ波（周波数が二四五〇メガヘルツという極超短波）を食品にあてて吸収させ、そのエネルギーが熱に変わるのを利用して調理を行なうものです。

この加熱法の第一の特徴は、加熱時間がいままでの加熱法に比べて極度に短くなることで、このために食品の組織がくずれたり、こげついたりするのを防ぎ、味や栄養成分の変化も少なくなります。食べる人の顔をみてから電子レンジのスイッチを入れれば、わずか数分間で芯まであつくなりますので、ひまな時間に料理のつくりおきが可能です。

水分を含む普通の食品では、マイクロ波は表面から最高で約五～六センチのところまで到達します。したがって、それより半径の小さい普通の食品では、各方向からあたった電波が中心部に集中して、内部から先に激しく発熱します。

これに対して、表面は一方向からの電波を受けるだけで、中心部より発熱は少ないうえ、普通のレンジやオーブンと違って、ボックスのなかの空気は室温にちかいわけですから、表面はさめていこうとします。

ジャガイモブロックの温度上昇

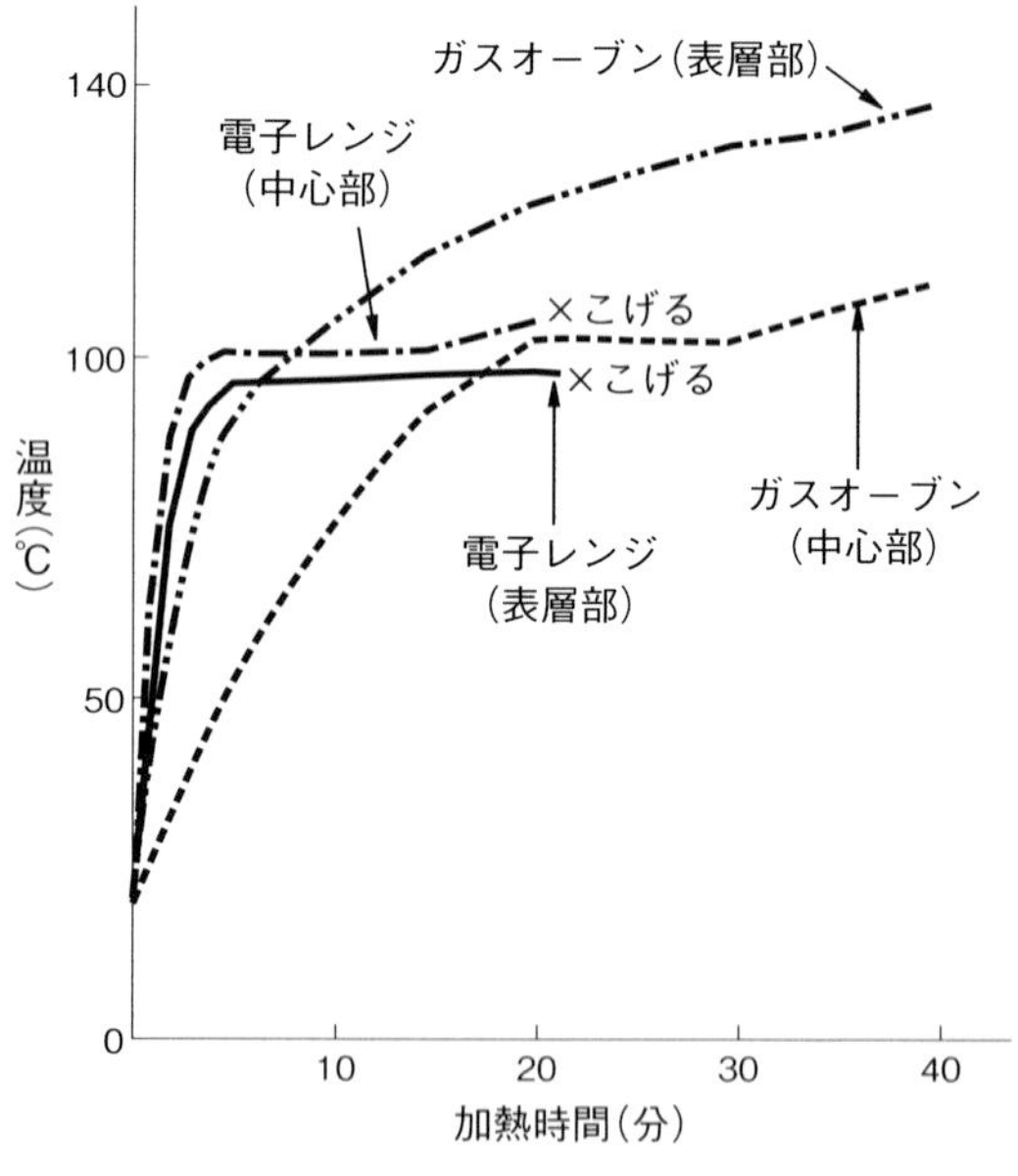

このようにして、電子レンジでは内部のほうが先にあつくなり、表面はそれよりやや遅れて温度の上昇がおこっていくのです。したがって、電子レンジでは材料が空中に熱を放散しやすい形状であるかどうかが発熱を大きく支配します。

表面から水分の蒸発がさかんにおこるような食品では、蒸発熱がどんどん奪われていきますので、材料を包んだりカバーをかけたりして、少しでも水分の蒸発と熱の発散を防ぐことがたいせつです。

グラフは三・五センチ角に切ったジャガイモのブロックを、電子レンジとガスオーブンで加熱して、その温度の上昇を比べたもので、ガスでは当然表層部の温度のほうが高いのに対して、電子レンジでは中心部のほうが先にあつくなっていくことがわかります。

なお、グラフでみると、表層部と中心部に比較的温度の差が少ないのは、実験のジャガイモが小さいからです。

また、電子レンジとガスオーブンの、加熱に要する時間を比べてみると、電子レンジで一〇〇℃に達するまでの時間は、ガスの約二分の一から三分の一と短縮されていることがわかります。

ローストチキンと電子レンジ

ローストチキンなどを電子レンジでつくると中心部はあたたまり方が少し遅いのはどうしてでしょう

前の項でも述べたように、マイクロ波は食品の表面からはいって、六〜七センチメートルのところまで到達して吸収されます。

そこでいま食品を球形であると仮定したとき、半径が数十センチもあるような大型の食品の中心部は、電波が届かないため発熱せず、周囲の発熱した部分から熱が移動して温度が上がっていくわけです。これを食品内部の「繰りこし加熱」といいます。

大型のローストチキンは、次ページの図のように、もし中心部がどの表面からも電波が届かない距離にあれば、繰りこし加熱だけであたためられることになります。ただ、実際には表面には屈曲があるので、中心部まで全く電波が届かないということはありません。しかし、発熱が少ないことは確かです。

材料の大きさによる発熱の違い

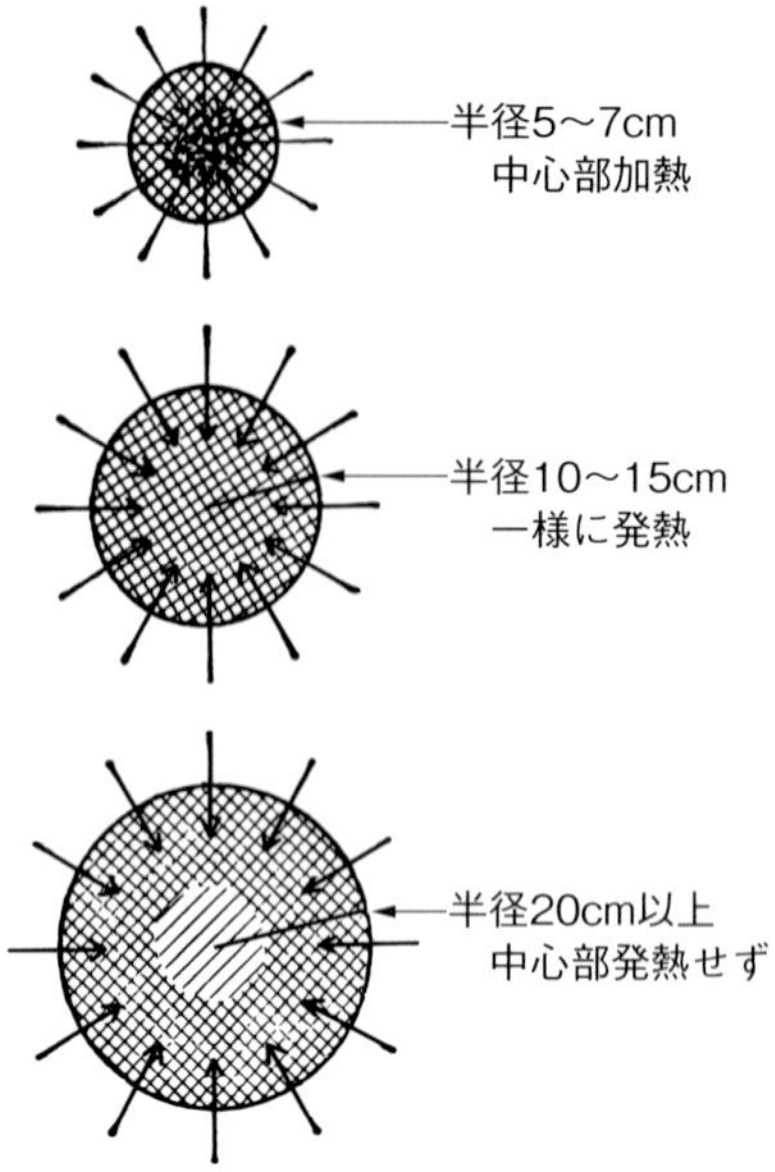

以上のように、小型の食品は中心部が過熱し、大型の食品は表層部が発熱するので、その中間に表層も中心も全く同じように温度が上がっていく大きさがあるはずです。半径一〇〜一五センチメートルくらいの食品が、もし全体が均一なものであればちょうどこの条件にあてはまっています。電子レンジに入れる材料は、このように大きさに注意をはらうことが必要です。もちろん実際の食品は、外側と中身とちがったり、表面の状態にも差があったりしますので、ただ大きさだけで発熱の仕方が決まるわけではありません。

びん、折箱は発熱しない

電子レンジにびんや折箱ごと食品を入れて加熱すると、容器は発熱せず中身だけあたたまるのはなぜでしょう

マイクロ波は、どんな材料にも吸収されて熱に変わるわけではありません。すべての材料は、①電波を吸収するもの、②電波を通過させるもの、③電波を反射させるものの三つのグループに分かれます。このうち発熱がおこるのは①のグループだけで、②と③は電子レンジに入れても発熱しないのです。

①のグループの代表的なものは水で、ほとんどの食品は水分の量によって発熱の仕方が決まります。水分三〇パーセント以上の食品は、普通の場合、同じ容積の水を加熱しているのだと思っていればまちがいありません。

②の発熱しないグループは分子が大きく、分子を構成する各原子のもっている電子は、活動の自由を奪われて、とびこんでくるマイクロ波を少しもじゃませずに通過させてしまいます。ガラス、プラスチック、木、紙、布、

合成樹脂フィルム、陶磁器など、普通の食品の容器や包装材料に使われているものは、ほとんどこのグループに属しています。

　したがって、牛乳はびんのまま、しゅうまいは折箱のまま、まんじゅうは紙包みのまま、野菜はポリフィルムに包んだまま加熱できます。発熱するのは中身だけで、容器のほうは中身の熱であたたまる以外、発熱はおこりません。これは電子レンジの大きな強みのひとつで、レストランでも家庭でも、この理由から料理を皿ごと入れて加熱し、そのまま食卓に出すことができるわけです。

電子レンジの原理

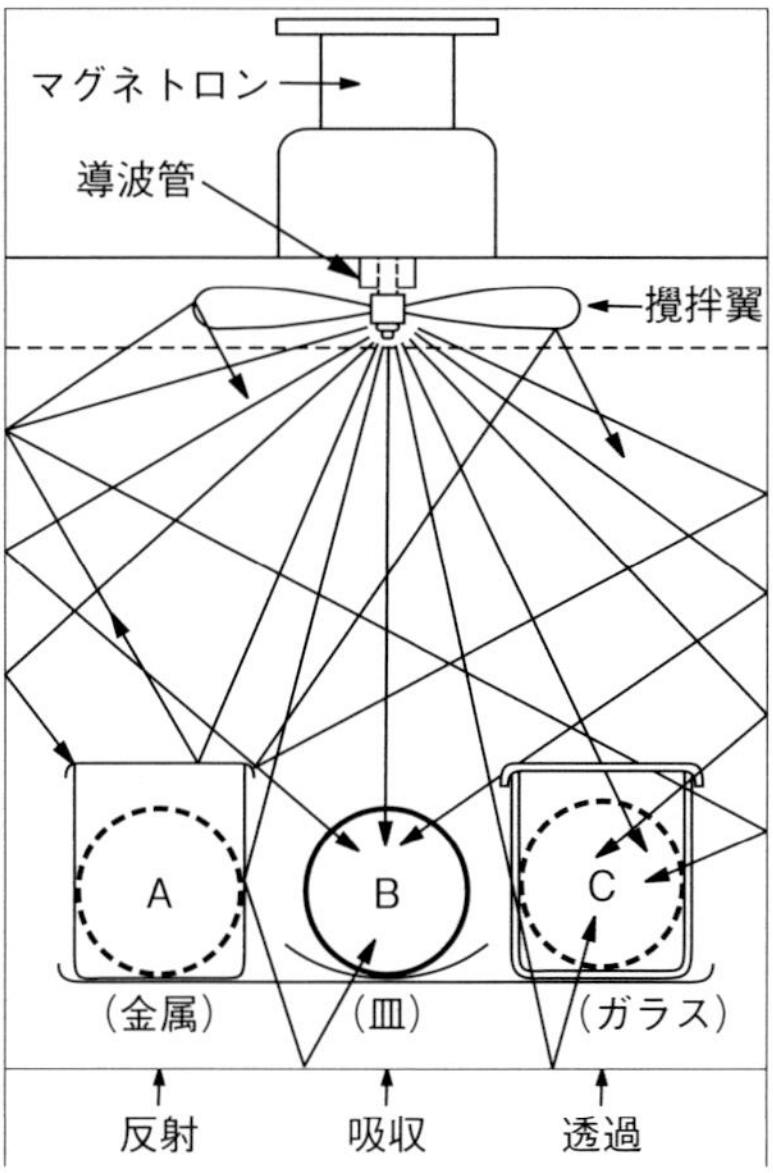

十分乾燥した食品は発熱しない

普通の食品でも、十分乾燥すれば発熱しないのでしょうか

　どんな食品でも水分がゼロになるまで乾燥すれば、紙や木と同じになって、理論上は発熱しないわけです。しかし、完全に乾燥した米やマメでも、十数パーセントの水分を含んでいますし、干しシイタケも一五〜一六パーセント、あさくさのりは一一パーセントというように、水分がゼロという食品はありえないのです。

　そこで、これらの食品も電子レンジに入れればやはり発熱はおこります。ただ、食品の表面が広く、すきまが多いときには、空気中へ水分とともに熱がどんどん逃げていきますので、温度はそれほど上がりません。のり、せんべい、お茶の葉などはその例で、電子レンジを使って乾燥させることもできます。

　しかし、いったん熱の放散が妨げられたときには、ごくわずかな水分でも熱がこもって温度はぐんぐん上がっていき、ときには二〇〇℃をこえることもあります。たとえば、白砂糖をそのまま皿にのせて電子レンジに入れても発熱しませんが、これに七～八パーセントの水を均一に混ぜて加熱すると、たちまち二百数十℃まで温度は直線的に上昇します。これは水が砂糖の分子と結びついて蒸発できなくなっているからと考えられます。

水が十分ある砂糖の溶液は、水分が二〇～三〇パーセントに減るまでは一〇〇℃付近の温度を持続していますが、それ以上水分量が減ると、グラフでもわかるように、たちまち温度が急上昇し始めます。

澱粉や小麦粉は、そのまま加熱してもやはり直線的に温度が上昇してこげてきますが、これも澱粉のコロイド粒子に水分が強く吸着されており、熱の逃げ場がないからであるといえます。とろろ昆布のように水分が三〇パーセントちかいものでも、皿や紙に軽く盛って加熱したときには、熱が放散するので温度はそれほど上がりませんが、同じものをビーカーにかたく詰めこんだ場合には、たちまち二〇〇℃ちかくまで発熱します。このように、電子レンジで発熱がおこるかどうかは、そのものの水分量だけでなく、水蒸気や熱の逃げ場があるかどうかが大きく関係するわけです。

含水量の異なるショ糖の温度上昇曲線

実線は温度、点線は水分量を示す

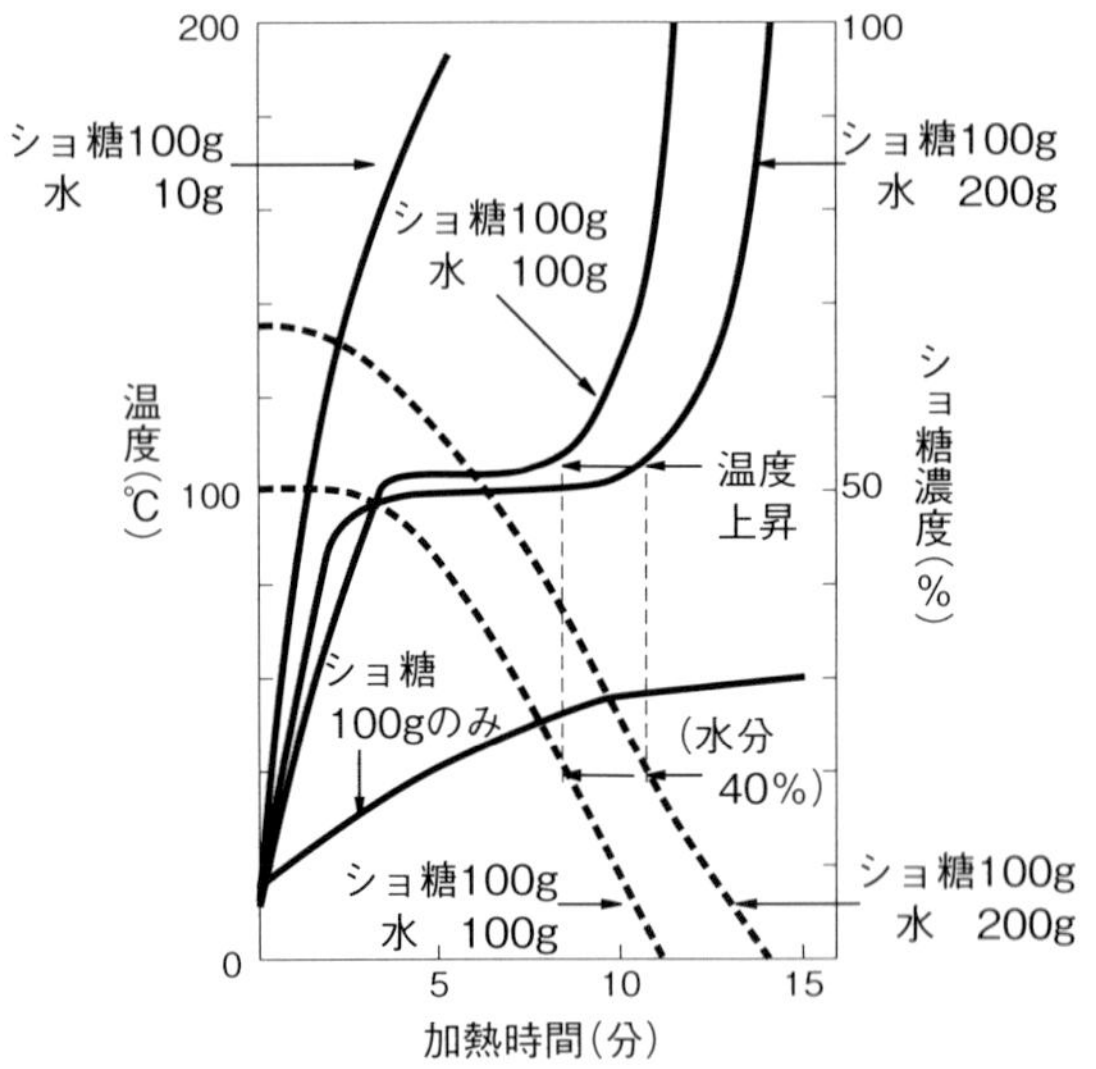

材料のおき方による発熱のちがい

とろろ昆布(20g)

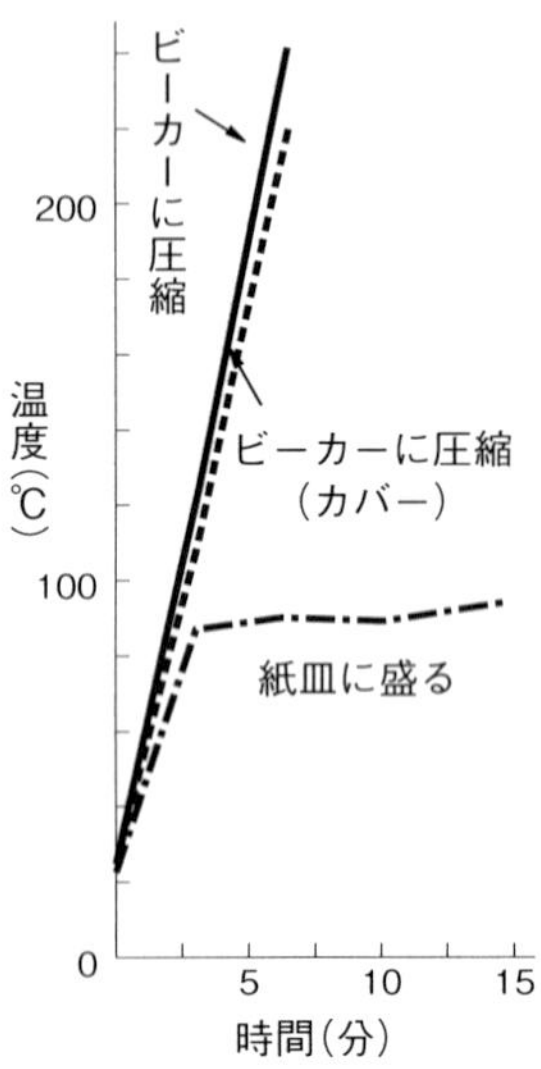

アルミ箔で包むとあたたまらない

アルミ箔で包んだ食品が、電子レンジではあたたまらないのはなぜでしょう

電子レンジのマグネトロンから出てくるマイクロ波が、食品や容器にあたったとき、前にも述べたとおり、電波を反射する物質があります（二一八ページ）。それは、金属のグループです。

金属には分子というものがなく、原子がつながって直接大きな固体となり、その原子の間をマイナスの電気を帯びた電子が自由に飛びまわっています。金属に電流が流れるのも、この電子の動きをある一定方向に導いてやることによって可能になっているわけです。

こういう金属にマイクロ波があたっても、ひとたまりもなくはじき返され、吸収や発熱はおこりません。アルミ箔で包んだものが発熱しないのはそのためです。

アルミ箔にかぎらず、缶詰、アルミの弁当箱、ふたをした鍋などに材料を入れて加熱しても、やはり発熱はおこりません。また金属の模様のついた皿などを入れておくと、パチパチと放電がおこって模様がとれてしまうこともあります。

アルミ箔が電波を反射する性質を逆に利用することもできます。たとえば、折詰の一部分にアルミ箔をかぶせておくと、そこだけ冷たく保つことができます。また卵豆腐をつくるとき、型の周囲にアルミ箔を巻いておくと、電波が各方向から飛びこむのを防ぎ、上からの電波だけがはいることになって、各部分の発熱の仕方を同じにすることができ、しかも飛びこむ電波の絶対量も減るので、むらのない卵豆腐ができあがります。

アルミ箔を巻いた場合と、巻かない場合の電波の飛びこみ方（横からの断面）

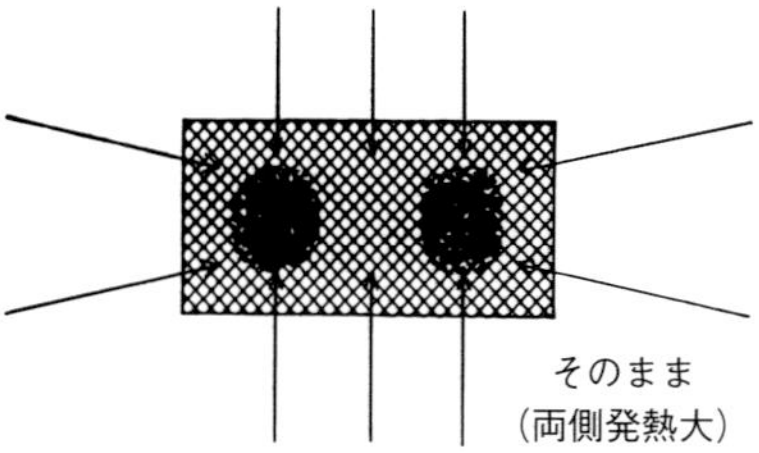

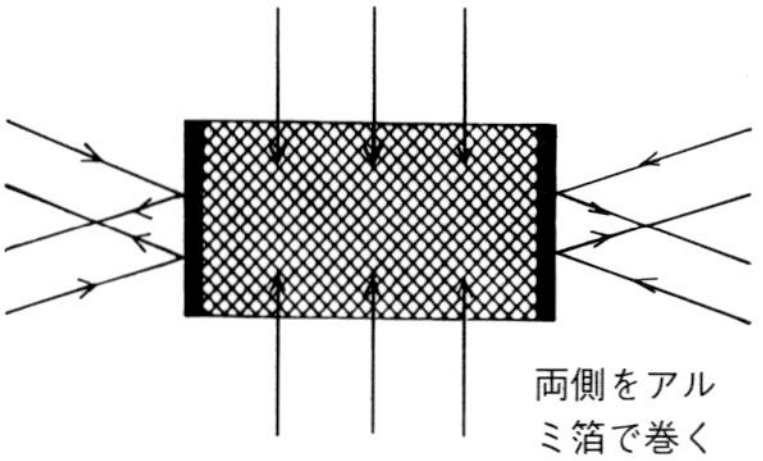

こげめがつかない

電子レンジを使った焼きものにこげめがつかないのはなぜでしょう

電子レンジの発熱の仕方は、普通の加熱と全くちがった経過をたどります。たとえば、普通の焼きものの場合、外から熱が加えられると、材料の表面の温度がまず上がり、それがしだいに内部に伝わっていきます。

表面の温度の上がり方は時間とともにゆっくりとした上昇カーブをたどり、やがて二〇〇℃以上にもなりますが、内部はせいぜい一〇〇℃どまりで、表面がこげても内部はそれよりはるかに温度が低いのです。

ところが、電子レンジでは表面も内部も（むしろ内部のほうが先に）普通の加熱の数倍の速さで、いきなり一〇〇℃まで上がってしまうのです。しかし、それからあとがガス加熱とちがうところで、水分がある量以上存在するかぎり温度上昇はストップし、そのまま一〇〇℃が続くのです。

この間、水分はどんどん蒸発して水が沸騰するため、

電子レンジと普通加熱の比較（冷凍マグロ）

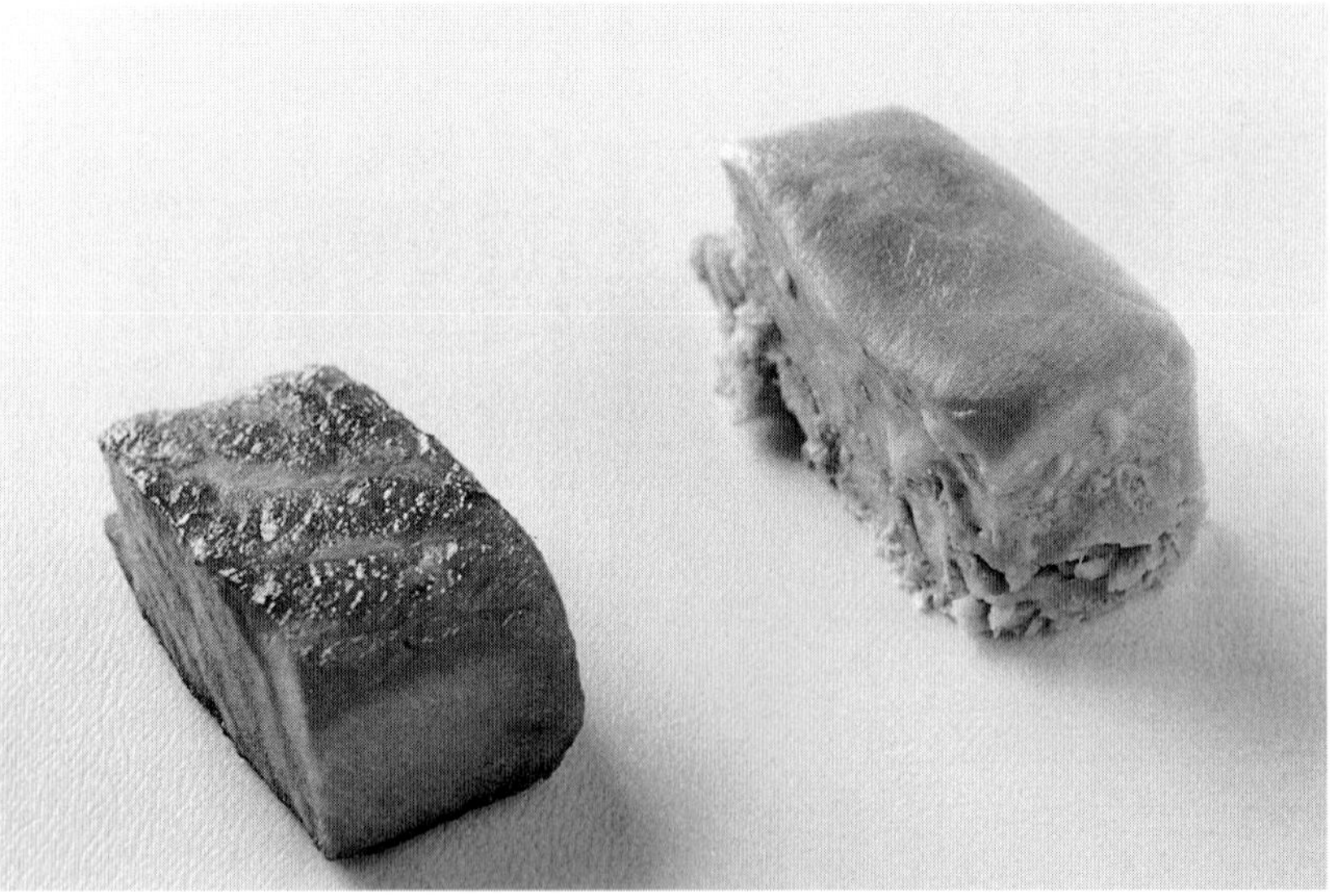

直火焼き　　電子レンジ使用のもの

食品の組織は破壊され、そこから汁が流れ出してくるなどさまざまな変化が続き、やがて水分量がある一定限度以下(普通は約三〇パーセント)になると、そこからふたたび温度が上がり、こんどは内部のほうが先に一〇〇℃以上に上昇してこげたかたまりができてきます。

電子レンジによる加熱は、見かけは焼きもののようですが、温度上昇のこのような経過からは、蒸しもの的だといえるでしょう。ただ、蒸しものは一〇〇℃になったあとも水分が不足することはありませんが、電子レンジでは水を失っていく点がちがうわけです。

オーブンレンジが普及してからは、表面にこげめをつけるのはオーブンやグリル機能を使って一台でできるようになりました。

電子レンジの最もよい加熱法は、数分で一〇〇℃になったらすぐそこで加熱を終わることです。このために最適な条件というのは、すでにできあがった料理の再加熱ということになるわけです。加工米飯をはじめ電子レンジ向きの調理食品が増加して、電子レンジの使いみちはますます広がってきました。

電子レンジと卵料理

電子レンジで卵料理をつくると、うまくいくときと、いかないときがあり、コツがいるようですが

電子レンジによる加熱の大きな難点は、一〇〇℃以外での温度調節が原理的に困難なことです。そこで、ただ一〇〇℃に上げさえすればよいという料理には便利なのですが、強火、弱火の微妙な使い分けを必要とする料理には、本来は縁がありません。主としてスイッチを入れたり切ったりするのを自動的に繰り返していく「間けつ加熱」という方法で制御してきました。

卵料理で一〇〇℃に放置すればよいという料理はほとんどありません。ちゃわん蒸し、卵豆腐はもちろん、目玉焼きからゆで卵にいたるまで、加熱温度には細かい配慮が必要です。電子レンジで卵料理ができないわけではなく、簡単であるべき電子レンジが、卵を使うときにはかなりコツのいるものになるということです。

そこで、たとえばポーチドエッグには水を必ず加えて

電子レンジでつくったポーチドエッグ

おく、卵豆腐は前に述べたようにアルミ箔を巻いておく（二二一ページ）など、水分の蒸発や電波のはいり方を加減できるような処置が必要になるわけです。

　現在は強弱両様のマグネトロンで出力を調節したり、センサーやマイコンを使って時間設定を自動化したり、くふうをこらした各種の機種が開発されています。

冷凍食品をとかす

冷凍食品をとかすのに電子レンジを使うとよいといわれるのはなぜでしょう

　調理冷凍食品はいきなり加熱をしますが、魚のようになまで利用する食品は、ゆっくりとかすというのが常識になっています。電子レンジを解凍に用いるのはこれと矛盾するようですが、実際には電子レンジで解凍して、ほかの解凍法よりもおいしく食べられる場合のほうが多いことが知られています。

　氷がとけて水になっていくとき、マイナス五℃〜〇℃の間で最も時間がかかり、いったん〇℃をこえるとあとはどんどん温度が上がっていきます。これは氷が水になるときに非常に多量の融解熱を必要とするためです（水または氷のままで温度だけを上昇させるときの一六〇倍の熱量が必要）。

　解凍と反対に食品を凍結させるときは、この温度の範囲で最も多量の氷ができるので（最大氷結晶生成帯）、なるべく急速に凍結させ、この温度の区間をはやく通過させるのが、食品の組織をいためずに保つカギですが、解凍の場合には、この温度をはやく通過させるのがよいか、ゆっくり通過させたほうがよいかは、もとの食品の組織の状態によって一定しません。

組織や細胞のいたんだ食品を急速解凍すると、いたみがさらにすすみ、細胞からの液汁の流出（ドリップ）が大きくなって、品質がひどく低下します。ところが、新鮮で細胞膜に張りのある食品では、このマイナス五℃から〇℃までの区間をなるべくはやく通過させたほうがよい結果が得られるのです。最近は、品質のよい冷凍食品

マイクロ波と室温によるクジラ肉の解凍曲線

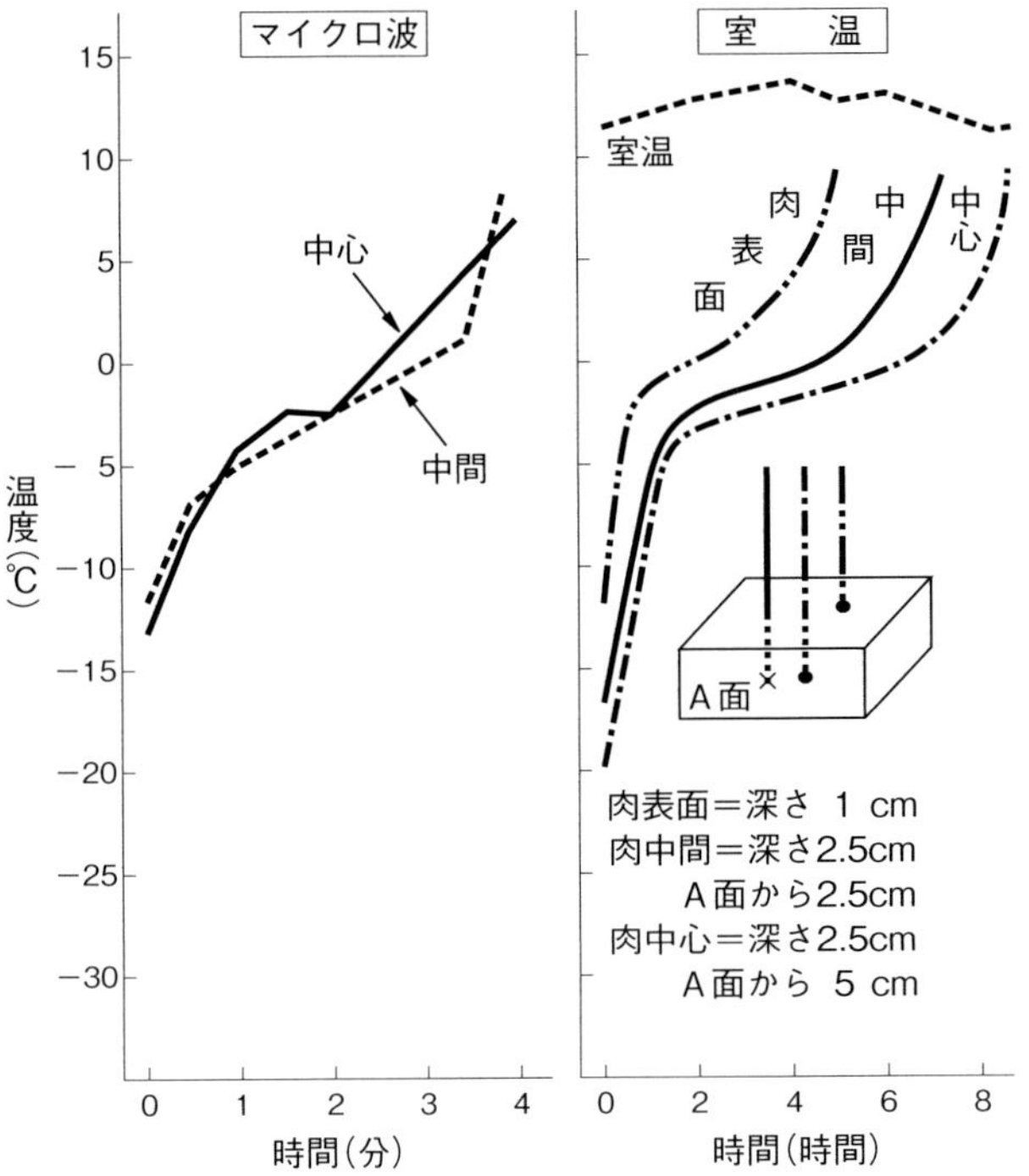

マイクロ波解凍後のドリップ量

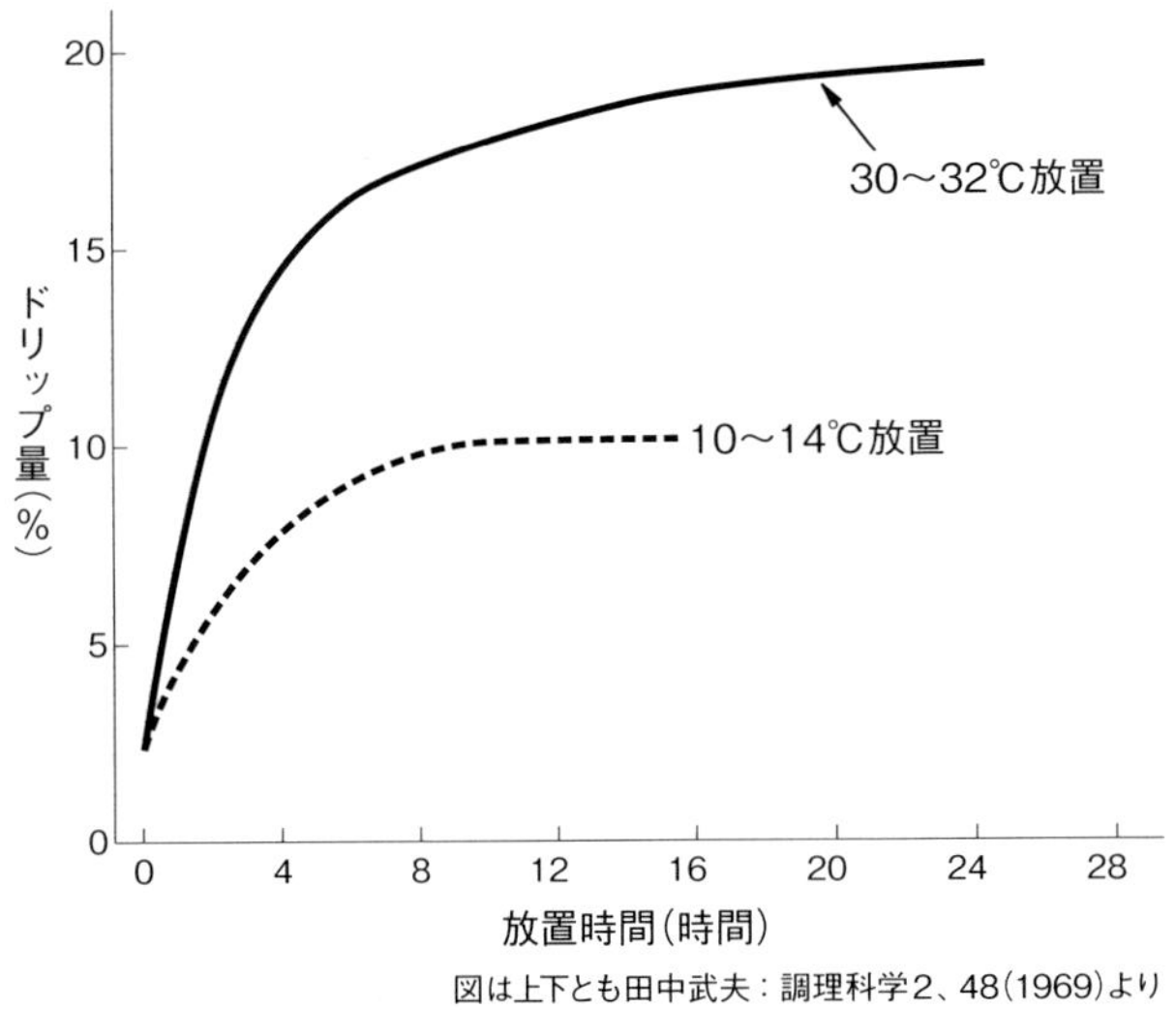

図は上下とも田中武夫：調理科学2、48(1969)より

が多くなってきたため、急速解凍の価値が再認識されてきました。したがって、冷蔵庫で自然にとかした場合は数日かかるものが、電子レンジで短時間で解凍できれば、その意義はきわめて大きいといえます。

電子レンジで解凍するときには、加熱しすぎないこと、大型の材料を選ぶことがたいせつです。少し加熱が長びくと部分的に温度ムラができ、はしのほうは煮えてしまうこともあります。また、大型の材料こそ表面と内部が一様にとけてくるマイクロ波が望ましいわけで、その場合も、間けつ加熱（二二三ページ）や、部分的にアルミ箔を巻くなどの処理が必要なことがあります。

なお、解凍のよし悪しは、とかすときの条件だけではなく、その後の処理に大きく影響されます。クジラ肉を電子レンジで急速解凍したものは、マイナス五～〇℃を苦もなく通過して温度が上昇し、室温では七時間以上かかる解凍をたった三分で終わり、内部の温度ムラもほとんどなく（図を参照）、ドリップ量もわずか三パーセントですが、これを室温に放置しておくと、高温のものはたちまち黒く変色し、くさみも出てくることが報告されています。

レンジ内部の温度のちがい

水を入れたいくつかのコップを加熱すると、おいた場所によってわき方がちがうのはなぜでしょう

コップの水にかぎらず、電子レンジの加熱ムラは、メーカー、消費者ともに頭を悩ます点です。マグネトロンから出る電波は、もともと第二次大戦中レーダーに使われていたほどで、強い指向性をもっており、いつも一方向にだけ出ていくわけです。

そこで、電子レンジのボックス内にムラなく電波を分散させるため、ボックス内の電波の入口で金属のプロペラをまわしてやります（二一九ページの図の攪拌翼というのがそのプロペラです）。マイクロ波はこのプロペラにあたって反射し、ボックスの金属の壁で反射して、どの部分にも平均にゆきわたるようになるわけです。

しかし、プロペラがまわっても、どの部分も全く同じになるというわけにはいきません。どうしてもムラができるため、コップをおく位置により発熱のはやさが異な

電子レンジの回転台

るわけです。

数人分の料理を一度に加熱するとき、ひとつずつでき上がりの時間がちがってくることはたいへん不便ですが、電波ムラを完全になくす方法はまだありません。

そこで、現在の電子レンジは、材料をおく台のほうを回転させるという方法で、この問題を解決しています。写真に示したものはその一例です。このターンテーブルをつけると、電波ムラの起きやすい四隅には自然にものをおかなくなるというのもひとつのねらいです。ただし、最近は技術がすすんで、ターンテーブルもしだいにいらなくなってきました。とくに内容量の小さいコンパクトなタイプには、回転台はほとんどみられません。

電子レンジの普及率は、都市では九〇パーセントを超え、多くの機種がオーブンやトースターの機能を兼ね備えており、形は小型に価格は安く、と進歩して、現代の調理にすっかり定着しました。

15 味つけ

食卓塩に炒り米を

食卓塩に炒り米を入れておくのはなぜでしょう

食塩は化学的には塩化ナトリウムという、水にとけやすい物質ですが、ほかに塩化マグネシウム（にがり）、その他の不純物を含んでおり、これが塩化ナトリウム以上に吸湿性の強いものです。

かつて粗塩《あら》とよんでいた、漬けものや加工食品用の食塩は、これらの不純物を五パーセントちかくも含んでおり、いつもしめり気をもっています。また普通の調理用の食塩は精製塩といって、不純物を一パーセント以下にしてあるので比較的吸湿性が少ないのですが、それでも長い間おくと、ベタベタになってきます。このため食塩を焼いてにがりを酸化し、酸化マグネシウムにして吸湿性をなくしたものが焼き塩です。

食卓に出す塩は、特に吸湿性の少ないことがたいせつです。このためわが国の食卓塩や精製塩には、純粋な食塩に塩基性炭酸マグネシウムをまぶし、空気との接触をさけるようにして湿気を防いでいます。

このように食塩の吸湿を防ぐ方法はいろいろあるわけですが、卓上調味料として食塩をいつも出しておく西洋料理では、昔から炒り米のような穀物の粒を塩に混ぜておくことによって、それらが食塩の水分を吸い取って、いつもサラサラとかわいた状態に保つということが行なわれてきました。

塩の種類と品質規格・使いわけ

種類	塩化ナトリウム	その他	おもな用途
食卓塩	99%以上	塩基性炭酸マグネシウム 0.4%	家庭（卓上用）
クッキングソルト	99.5%以上	塩基性炭酸マグネシウム 0.15%	家庭（料理用）
特級精製塩	99.8%以上	—	マヨネーズ バター
精製塩	99.5%以上	塩基性炭酸マグネシウム 0.15%	家庭・業務用
食塩 並塩	99%以上 95%以上	— —	家庭・味噌・調味 味噌・漬け物
漬け物塩	95%以上	リンゴ酸 0.05% クエン酸 0.05%	家庭用漬け物

食卓塩と吸いものの濁り

食卓塩を吸いものなどの味つけに使うと、白く濁ることがあるのはなぜでしょう

かつて食卓塩には防湿のため、炭酸マグネシウムと炭酸カルシウムがまぶしてありました。この炭酸カルシウムは、いわゆるコロイド性で、細かい粒子となって水に分散しますが、本来は水にとけないものです。そこですまし汁のような透明な汁ものにこれを使うと、液が白く濁るわけです。現在の食塩の品質規格では食卓塩にも炭酸カルシウムは加えていないのでこの心配はなくなりました(二三〇ページ)。調理室では食卓塩ではなく普通の食塩を使うようにしましょう。

なお、精製した塩は味に深味がないともいわれています。調理によっては微量の塩化マグネシウムや塩化カルシウムを含む並塩などを使ったほうがよい結果が得られます。これを「粗塩《あら》」とも呼びます。

味つけの目的

調味料を使う目的には次の三つの場合があり、味つけの際には、よくその目的を考えて使い分けることがたいせつです。

① 食品になかった新しい味を加える
② 食品のもっている味を引き立てる
③ 食品の味とともに新しい味をつくる

吸いもの

漬けものには粗塩《あら》を

漬けものに使う食塩は、精製塩よりも粗塩のほうがよいのはなぜでしょう

焼き魚のところでも精製した食卓塩より普通の塩のほうがよいと述べたのと同じように（一〇七ページ）、漬けものの場合もやはり、不純物である塩化マグネシウム（にがり）その他の物質を含んだ粗製の食塩のほうがよいといわれます。

漬けものに塩を使うのは、有害微生物の繁殖を防いで乳酸菌の生育を助けること、浸透圧を調節して香りや味を材料に十分浸透させることなどが目的です。

ところで、塩に漬けこんだ野菜は、長時間たつと水分がしだいに引き出されて組織がしなやかになり、これが過ぎると野菜特有の歯ざわりを失ってしまいます。マグネシウムやカルシウム分を含む食塩を使うと、野菜の細胞膜のペクチンがこれらの塩類と結合して、水にとけにくい塩をつくるため、野菜はかたさを保ち歯ざわりを失いません。

このため精製塩や食卓塩よりも並塩、漬け物塩とよばれる食塩のほうが好ましいわけです（二三〇ページ）。

各種漬けものの食塩濃度

漬け方	野菜	食塩量g
塩漬け	ハクサイ	2.3
	タカナ	5.8
	ノザワナ	1.5
	ヒロシマナ	2.1
ぬかみそ漬け（水洗い後）	カブ（葉）	3.8
	カブ（根）	2.2
	ダイコン	3.8
	ナス	2.5
奈良漬け	シロウリ	4.3
味噌漬け	ダイコン	11.2
たくあん漬け	ダイコン	4.3
梅干し	ウメ	22.1

（数値は100gあたりの食塩相当量）
五訂日本食品標準成分表より

北国と塩味

かつて東北の人は濃い塩味を好むといわれましたが、もちろん体質的なのではなく、環境によるものでした。長い冬の間を、魚は塩蔵魚、野菜は漬けもの、それに味噌汁を常食することが、塩味への好みを代々つくりあげてきたものといえましょう。現代ではこれも昔ばなしになりました。

だし汁をこすのにひとつまみの塩

だしをとり終わってだし汁をこす前に、塩をひとつまみ入れるのはなんのためでしょう

カツオブシを煮立った湯のなかでほんの数分間加熱すると、カツオに含まれているさまざまな成分のなかから、うま味の本体であるイノシン酸だけが出てきて、おいしいだし汁ができます（一八一ページ）。

ところが、時間が長びけば、魚臭などイノシン酸以外のよけいな成分も汁のなかにとけ出て、いわゆるアクの強い味になってきます。また、カツオブシが水を吸収するのにつれて、いったんとけ出たうま味の一部は、時間がたてばふたたびカツオのだしがらに吸いこまれます。

ちょうどよくだしが出たところで、塩をひとつまみ入れると、カツオブシとの濃度差が小さくなり、とけ出たうま味成分が再吸収されるのは、多少おさえられ、うま味が保持されます。

こうして、うま味が元のだしがらにもどらないうちに、さっさとこしてしまうわけです。

スイカやおしるこに塩

スイカやおしるこに塩を加えるのはなぜでしょう

甘味にわずかな塩味が加わると、いっそう甘くなる現象があります。これを「味の対比効果」とよんでいます。スイカに塩をつけると、甘味が強くなるのもこのためです。

おしるこの場合は、甘味が強くなる効果もありますが、むしろ、味全体が引き締まる効果があります。おしるこにかぎらず、あんこ、甘酒など、甘味を主体としたものにも塩を入れるのが普通です。ほんとうに甘味だけのものは、あめ玉、氷砂糖など、純然たるお菓子の類だけです。

対比効果は、甘味と塩味の場合だけでなく、うま味と塩味、苦味と酸味などの間にもおこります。だし汁の味は塩味が加わってはじめていきてきますし、酸味の強い酒を味わうと苦味も強く感じられてきます。

塩は比較的対比効果をおこしやすい性質があり、料理の際、食品本来の持ち味を引き立てるのに役だちます。塩だけでは感じないくらいの少量を加えて、ほかの味を引き立てる効果をあらわしてくれるので、よく、「かくし塩」として用いられるのです。

対比効果でたいせつなことは、一方の味が十分に強く、これに対して他方の味は、ごくわずかであることです。甘味と塩味の場合でも両者が同等に混じった場合には、煮もののように、いわゆる「あまからい味」になり、互いに味をおさえ合っているという結果になります。

このように二種以上の異なる味を混ぜたとき、対比効果とは逆に、一方または両方の味が弱められるのを抑制効果といいます。たとえば普通に入れたコーヒーをそのまま味わうと、かなり強い苦味をもっていることがわかりますが、砂糖を入れて飲むと、それほど強い苦味は感じなくなります。また、すっぱい夏ミカンや梅ぼしに砂糖をつけると、酸味がおだやかになりますが、これも抑制効果のためです。一般に、砂糖はほかの味をやわらげる働きがありますが、塩も酸味といっしょになると、酸の強い刺激をやわらげるほうに働きます。酢のものや梅干しに必ず食塩を加えるのはこのためです。以上二つの現象に、コンブとカツオブシの混合だしのところで述べた相乗効果（一八一ページ）を加えた三種の効果を味の混合効果といいます。

砂糖（20%溶液）の味に対する食塩の対比効果

食塩添加量	甘味の順位
0%	6
0.1%	5
0.3%	3
0.5%	1
0.7%	2
1.0%	4
1.2%	7
1.5%	8

川俣：食品工業5巻より

呈味物質による混合効果

相乗効果	甘味（砂糖とサッカリン）
	うま味（コンブとカツオブシ）
抑制効果	苦味と甘味（コーヒーと砂糖）
	酸味と甘味（夏ミカンと砂糖）
対比効果	甘味と塩味（スイカと食塩）
	うま味と塩味（だし汁と食塩）
	苦味と酸味（日本酒と酸）

コンブを水にひたすとき酢を

コンブを水にひたすとき、酢を加えることがあるのはなぜでしょう

コンブはうま味が強く、そのためにだしとして用いられるくらいですから、いつまでも水につけておくと、うま味のもとであるグルタミン酸が、つけ水のほうへどんどん逃げ去ってしまいます。また、うま味ばかりでなく、ヨウ素（ヨード）やカルシウムのようなミネラルも、多いときには七〇～八〇パーセントまで失われることがあります。これを防ぐには、なるべく手ばやく洗い、もどすときも短時間で行なう必要があります。しかし、乾燥コンブはあまり短時間の浸漬では十分やわらかくすることはできません。

コンブの組織をつくっている炭水化物の中心であるアルギン酸という物質は、酸を加えると膨潤してやわらかくなり、水をよく吸いこむ性質があります。そこで、つけ水に少量の酢を加えておき、短時間でなかまでやわらかくなるようにするのです。

コンブの浸漬

コンブの浸漬によるカルシウムの溶出

浸漬時間	溶出率
5分	9%
10分	10%
30分	10%
60分	10%
120分	11%
240分	10%
360分	11%

大西正三:調理科学、1、27（1968）

酢漬け魚の白い表面

酢漬けにした魚の表面が白くなるのはなぜでしょう

魚肉のおもな成分は蛋白質です。蛋白質の多くは、熱をかけると凝固する性質があり、これを変性といいます（四一ページ）。

変性は蛋白質の分子の形が熱によって変化するためにおこるもので、栄養価にはほとんど影響がありません。

変性は、熱だけではなく、ほかの刺激によってもおこることがあります。酸を加えるのもそのひとつです。酸を加えると、そのなかの水素イオンがプラスの電気を帯びており、これが蛋白質の分子のもっているマイナスの電気を中和してなくしてしまうため、それまでマイナス同士で互いに反発し合っていた蛋白質分子の障害物が取り除かれたような形になり、互いに引き合ってひとかたまりになろうとします。

そのため魚を酢につけておきますと、いままで細胞のなかで水にとけて、コロイド液の状態になっていた蛋白質のある種のものが水にとけなくなり、白く細かい粒子が寄り集まった状態になります。このために、酢漬け魚の表面は白くなるのです。

魚にかぎらず、牛乳をはじめ肉、卵などの蛋白質はすべて同じ性質をもっています。

酸による蛋白質の変性

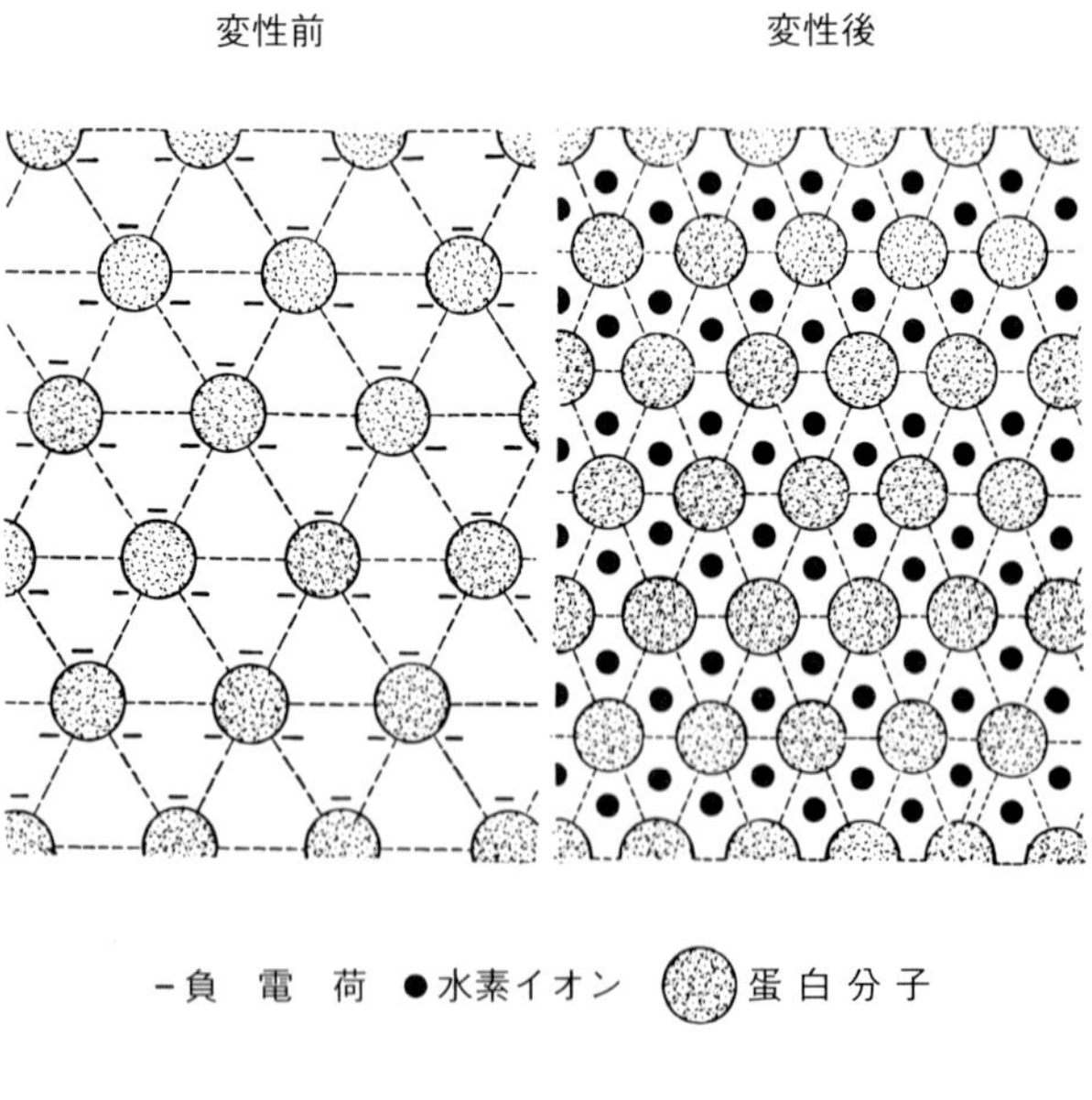

キュウリの板ずり、塩もみ

キュウリを板ずりしたり、塩でもんでからサラダや酢のものに使うのはなぜでしょう

キュウリは皮の部分の組織がかたく、じょうぶなので、大きく切ってサラダドレッシングをかけても、皮の部分は味がなじみにくいのです。

ところが塩をふって板ずりをすると、いぼが取れ、表面の組織が少し壊れて、調味料の味と結びつきがよくなります。また、塩をふることにより、緑色もきれいに仕上がります（一六六ページ）。

一方、キュウリもみのように切ってから塩をふるのは、水気をしぼり出して身を引き締めるためです。

松元氏によると、一～二パーセントの食塩を加えて五分間おくと、キュウリの水分の二〇～三〇パーセント、一五分間では四〇パーセントちかくが外へ引き出されます（グラフ参照）。

食塩の量とキュウリの放水量

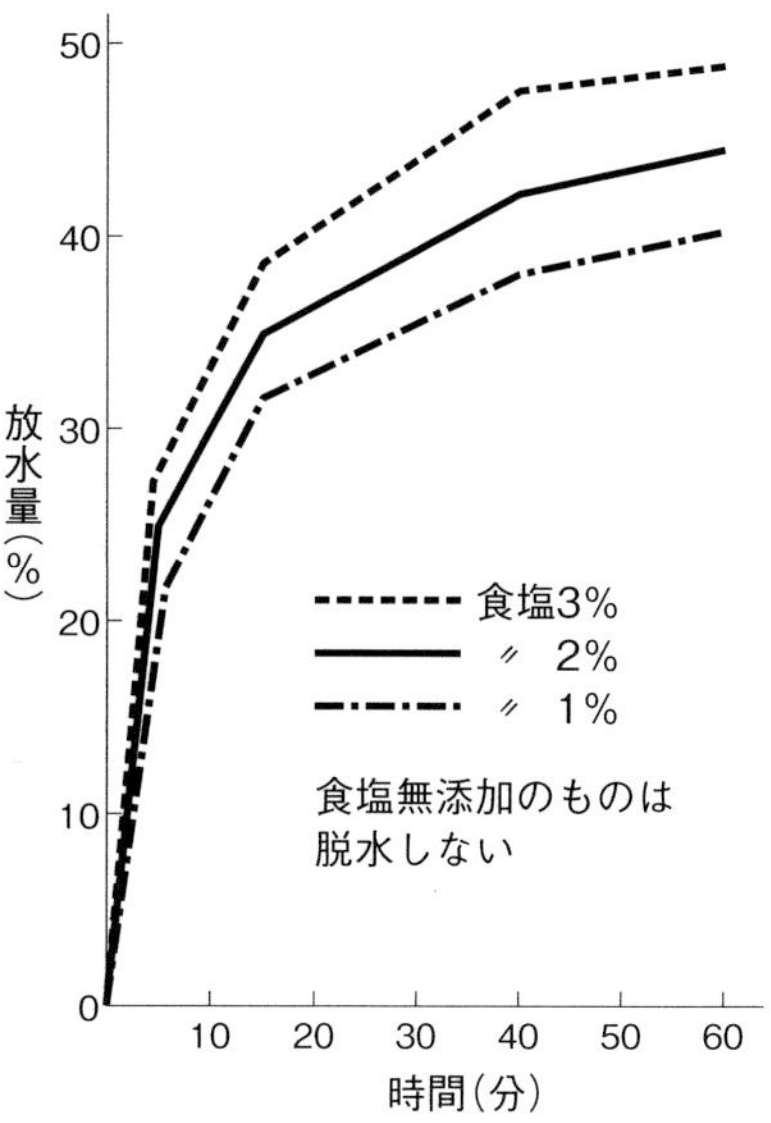

松元文子：調理と水、23(1963)より

塩の効用

食塩は塩味以外にいろいろな効用がありま す。おもなものをまとめてみましょう。

① 微生物の発育をおさえ、腐敗を防ぐ
② 蛋白質の凝固をはやめ、凝固物をかたくする
③ 小麦粉のグルテンの粘性と弾性を高める
④ 水分の多い食品から水を引き出す
⑤ クロロフィルの緑色を安定に保つ
⑥ ポリフェノール系物質の褐変を防ぐ
⑦ 魚やサトイモのぬめり、粘りを取り除く
⑧ グロブリン系の蛋白質の溶解性を高める
⑨ 氷に加え零下二〇℃以下に冷やす

野菜サンドは先に塩ふり

サンドイッチに野菜をはさむとき、あらかじめ濃いめの塩をふっておくのはなぜでしょう

野菜に塩をふっておくと表面が濃い食塩水におおわれた状態になり、浸透圧の関係で水分が外へ引き出されてくることはよく知られています（二六ページ）。

野菜に二～三パーセントの食塩をふっておくと、一五～二〇分で野菜の内外の濃度は平衡に達し、それ以後はほとんど脱水がおこりません。もし食塩濃度を四～五パーセントに多くすると、脱水はもっとはやくなります。

サンドイッチは、つくってから食べるまでに長くおくことが多いので、塩を加えてなくても、時間がたつと水分がにじみ出てパンのほうへ吸収されます。パンにバターをぬってあるのでこれはかなり防げますが（二六九ページ）、そうすると、今度は中身そのものが水っぽくなっておいしく食べられません。

そこで、はさむ前にあらかじめ塩を加えて強制的に脱水しておき、それをパンの間にはさむようにすれば、こういう現象を防ぐことができるのです。上記の数字でもわかるように、あまり長時間おく必要はないわけですが、脱水が終わりきらないうちにはさんだのでは、パンのなかに水がにじみ出て、逆効果になる点に注意してください。

野菜のサンドイッチ

ヒラメ、タイラ貝の紙塩

ヒラメやタイラ貝に紙の上から塩をふることがあるのはなぜでしょう

　魚を焼いたり煮たりするときに必ず塩をふる理由はすでに述べましたが（一〇六ページ）、この塩のまぶし方にはいろいろあります。

　普通は粗塩をふりかけるだけで十分ですが、たとえば、焼きもののヒラメや、吸いものに使うタイラ貝のように外見を重くみるものは、なるべくムラなく塩をまぶさないと、部分的に身が締まったり形が悪くなったりして、味を悪くします。

　立て塩といって、魚を濃い食塩水に漬ければムラなく浸透しますが、これに長時間をかけますと、その間にうま味がとけ出したり、多量の食塩が必要になったりして、あまり好ましくありません。

　そこで皿に塩をふり、その上に和紙をのせ、水を軽くふりかけた上に食品をのせて、さらに上から紙をかぶせて、水と塩をふっておきます。こうすると、和紙が濃い食塩水をいっぱいに吸いこんだかたちになり、魚の表面はちょうど食塩水の膜でおおったように、ふり塩でいながら立て塩と同じようにムラなく塩をかけることができ、しかもうま味のとけ出しは防げるわけです。

　この方法を紙塩といい、日本料理で塩をするときの重要な一手法となっています。

紙塩

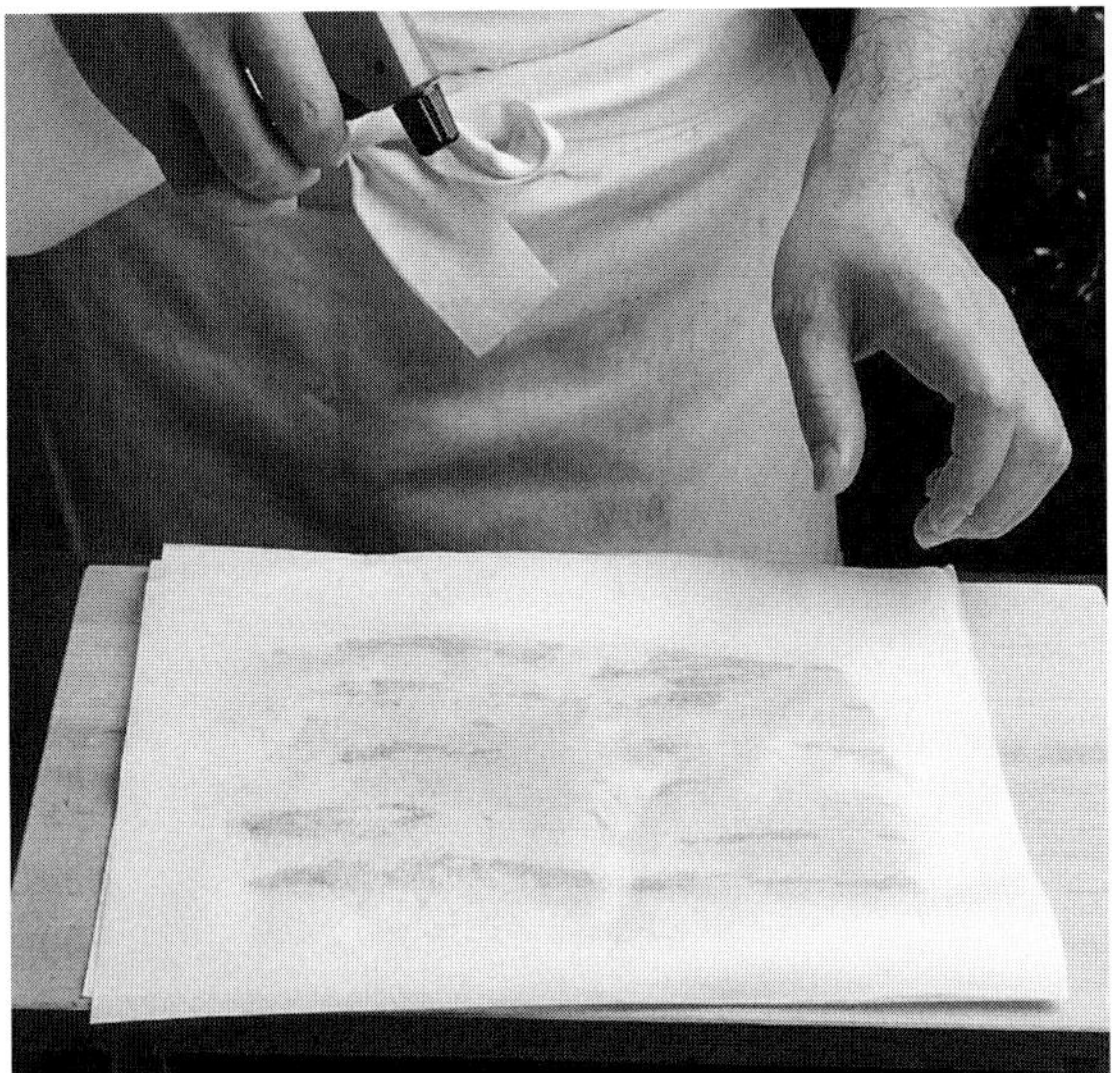

うすい紙をかぶせて上から塩をふり、平らにならす

酢づけ魚の前の塩締め

魚肉を酢につける前に、必ず塩締めにするのはなぜでしょう

魚を酢で締めるのは、なまぐさみを消し、保存性を高め、酢の味をつけることを目的としていますが、酢だけを単独で用いることはなく、必ず塩締めしてから行ないます。

酢の作用は前に述べたように（二三六ページ）、魚肉蛋白質の変性、凝固をすすめるためですが、このときに酢だけを加えて調べてみますと、中性より少し酸性側にかたむいたとき、最も凝固が強くおこり、それより酸性が強くなるとかえって膨潤し、凝固しにくくなります。

ところが、あらかじめ食塩を加えておくと、食塩が魚肉にしみこんで蛋白質が食塩水にとけたかたちになり、全体がややわらかいゲル（七七ページ）になります。こういう魚肉は、酢を多く加えて強い酸性になっても凝固性を失わず、かえって凝固しやすくなります。

このように魚が酢で凝固するのは、食塩と酢の共同作用によるものですから、まず塩締めをしたあとで酢を加えるのです。

図は、金田氏らがアジとイカについて、水素イオン濃度（ペーハー）をいろいろに変えて、肉の膨潤の程度を調べたもので、アジではペーハー五・六、イカでは四・八で最もよく凝固します（数字の低いほど酸性が強い）。ところが、食塩とよく似た塩化カリウム（KCl）が加わると膨潤度を増しますが、酸性ではかえって凝固しやすくなることがわかります。

魚肉の膨潤とPH

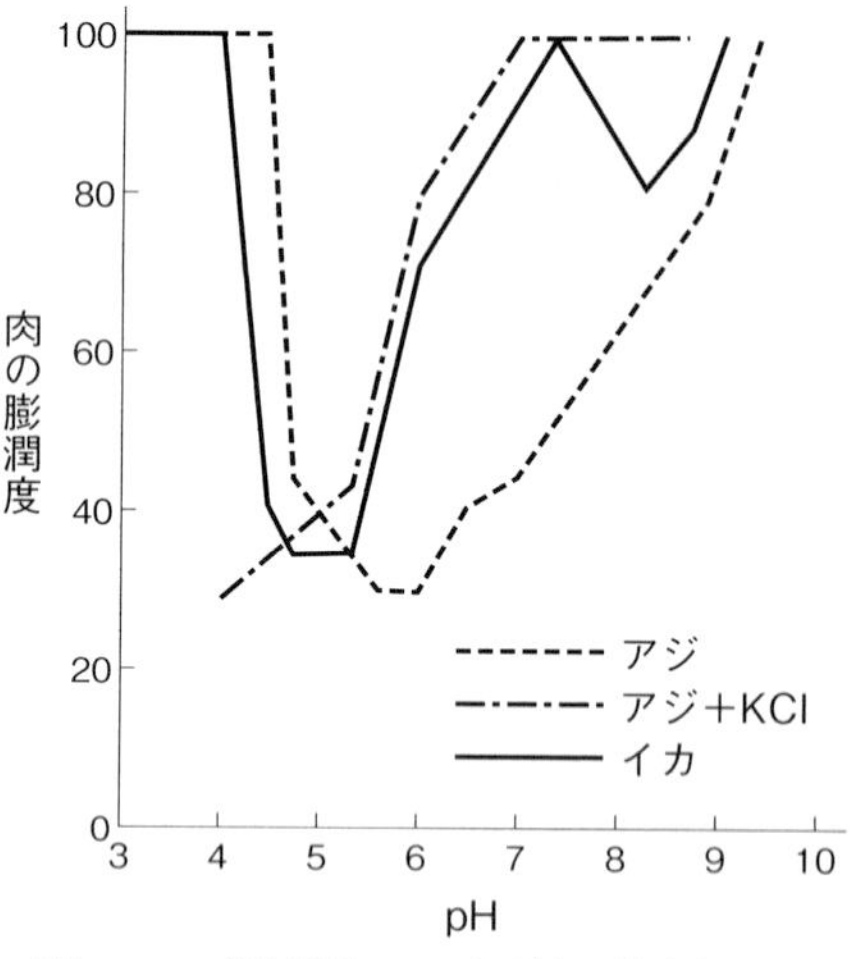

pH（ペーハー）は酸性・アルカリ性の強さをあらわす。pH7が中性、それ以下は酸性、それ以上はアルカリ性

金田尚志：基礎調理学Ⅱ、75（1962）

ワカメとしらす干しの酢のもの

ワカメとしらす干しの酢のものをつくるとき、合わせ酢に煮だし汁を加えてうすめるのはなぜでしょう

酢のものは、酢が材料の表面をおおって、あまりなかまでしみこまないほうが材料の持ち味をいかす点で望ましいのですが、野菜とちがってワカメやしらす干しは吸水性が強いので、合わせ酢をどんどん吸いこんでいきます。

合わせ酢に、酢と同量の煮だし汁を加えておくと、なかまでしみこんでも酢の刺激がやわらかくて味がおちつくばかりでなく、煮だし汁のうま味も加わっておいしい酢のものができるわけです。

酢の効用

酢の効用には食塩と共通点が多くあります。

① 防腐、蛋白質の凝固促進、褐変防止、粘質物（ぬめり）の除去などは食塩と同じ
② フラボノイドは無色、アントシアンは赤
③ 小魚の骨をやわらかくする

煮ものの味つけは塩より砂糖が先

煮ものの味つけをするとき、塩よりも砂糖を先に入れるのはなぜでしょう

よく、調味料は、「サ（砂糖）、シ（塩）、ス（酢）、セ（醤油）、ソ（味噌）」の順に加えるのがよいといわれます。

食塩は砂糖よりも分子量が小さいので、ダイコンとジャガイモの例をグラフに示したように、食品の内部まではやく浸透します。したがって、塩を先に入れると、食品のなかの水分に塩がとけて、あとからはいろうとする砂糖を受けつけませんので、砂糖がしみこみにくくなってしまいます。

そのうえ、塩は一般に食品中の水を引き出して組織を引き締め、かたくする傾向がありますので、いったん塩が十分にしみこんだ食品は、なかなか砂糖がなじみません。逆に、砂糖を先に加えるとこういう心配がなく、砂糖が浸透したあとで塩を加えても、塩は十分に浸透していきます。

なお、この順序は、あくまでも食品の内部まで味をム

食塩と砂糖の浸透速度

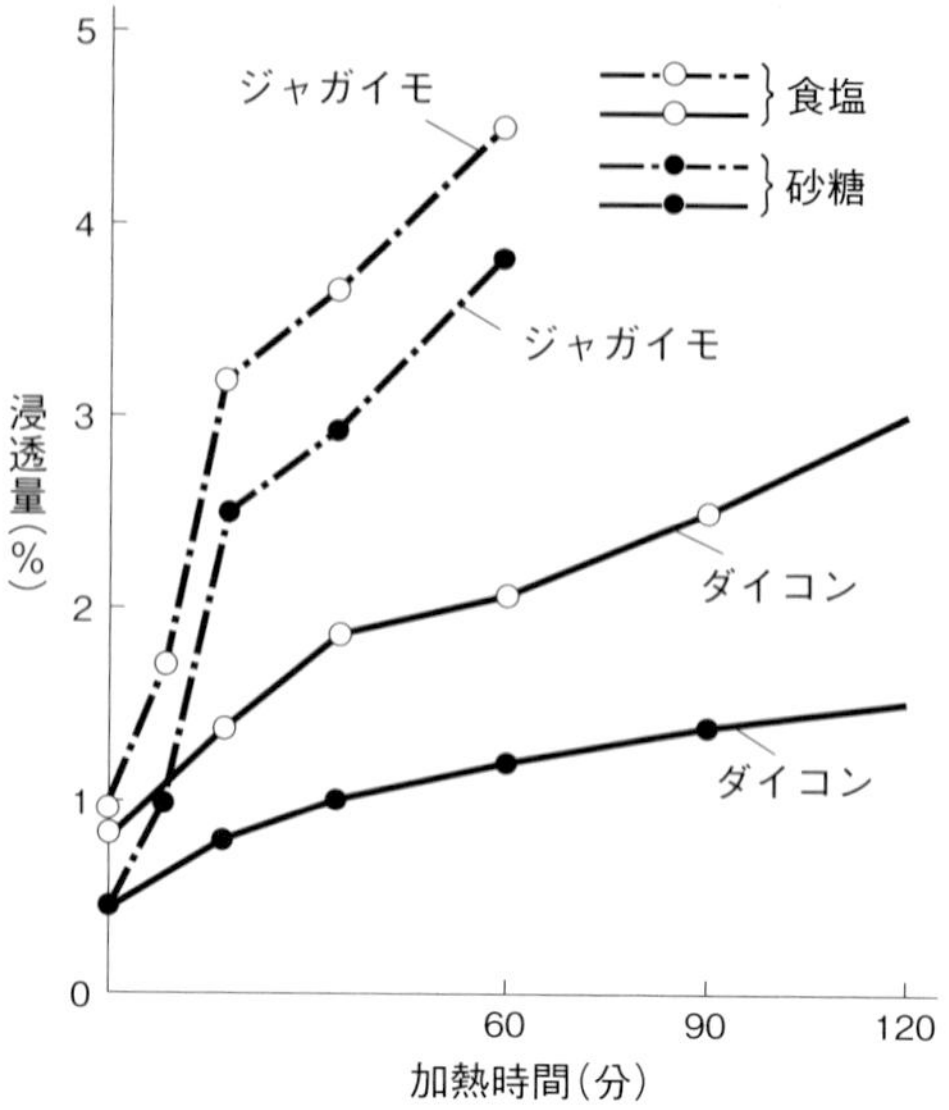

ダイコン各3%、ジャガイモ各5%溶液中で加熱

ラなく浸透させたい場合のことです。煮魚のように、あまり内部まで味がはいりこんでいかないほうがよい料理や、酢のもののように、表面にだけ味をからませたほうがよいもの、あるいは照り焼き、つけ焼きのように、醤油やみりんを加熱したときにできる味、色、香りを目的とした料理では、はじめから合わせて用いることはいうまでもありません。

アイスコーヒーは先に砂糖を

アイスコーヒーにあらかじめ砂糖を入れておくのはなぜでしょう

砂糖は温度が高いほど水によくとける性質があります。グラフからわかるように、一〇〇グラムの水に対して、〇℃では一七九・二グラム、一〇〇℃のときは四八七・二グラムと、溶解する量に大差があります。

溶解度に差があるだけでなく、溶解するはやさもちがっています。

コーヒーのなかの砂糖は、せいぜい八パーセント程度ですから、単に溶解度の数字だけからいえば、コーヒーが冷たくても結局はとけるはずです。ところが、飲むときにスプーンで入れたのでは、とけるのに時間がかかり、いつまでかき混ぜていても、底に沈んだものはなかなか溶けてきません。

そこで、コーヒーを入れて、まだあついうちに砂糖を加えておくわけです。冷たいコーヒーにかぎらず、ホットコーヒーも、運ばれたら、砂糖だけはすぐ入れるようにします。

なおついでながら、食塩や酢にはこのような現象がみられず、温度が変わってもとけ方にはあまり差がないので、「溶解」の点だけからいえば、いつ入れてもさしつかえありません。

溶ける速度は、このほかに砂糖の粒子の大きさにも関係します。コーヒーなどにはなるべく粒の細かいグラニュー糖を、逆にゆっくりとけていってもらいたい梅酒のようなものには氷砂糖をというぐあいに、目的によって使う砂糖の種類を変えます。

砂糖の温度と溶解度

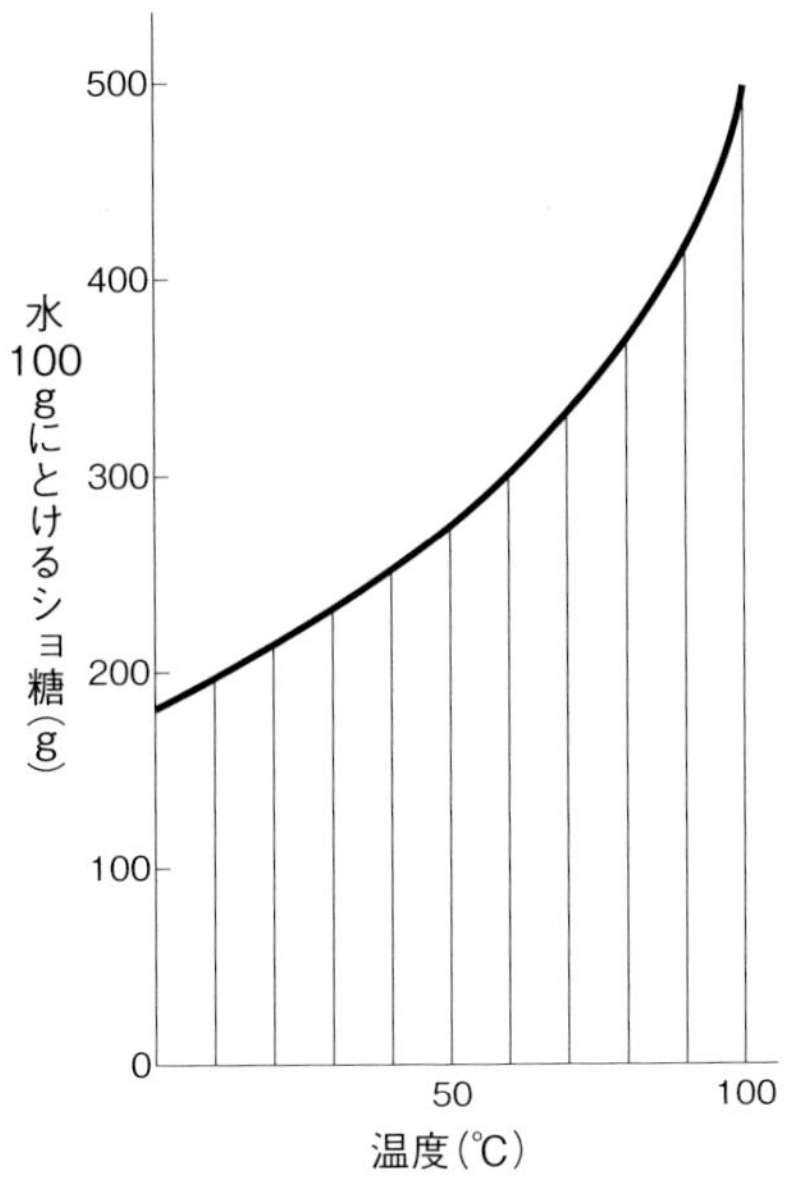

牛乳かんと砂糖シロップの量

牛乳かん（牛奶豆腐）をつくるとき、砂糖シロップがうすいと、全体が沈むのはなぜでしょう

牛乳かんに約一〇~二〇パーセントの砂糖を用いて牛乳と寒天を固めた場合、牛乳かん自体の比重は約一・〇五~一・一になりますが、牛乳かんをつけるシロップのほうは、砂糖濃度が約五〇パーセントの場合、比重は一・二三程度になり、牛乳かんのほうが軽いため、浮き上がります。

これを上部のひろがった器に入れ、斜めに切り目を入れておくと、浮き上がったとき、切り口にすきまができて、きれいな模様になります。

もし、牛乳かんの砂糖濃度が高く、砂糖シロップの濃度が低いときは、両者の比重がちかづいて、思うように浮き上がらず、したがって切り目にもすきまができません。このため、砂糖シロップがうすいと、牛乳かんは沈んでしまうのです。

ショ糖溶液の濃度と比重（15℃）

濃度	比重
0%	1.00000
10%	1.03925
20%	1.08233
30%	1.12863
40%	1.17837
50%	1.23173
60%	1.28884
70%	1.34976

化学便覧　基礎編Ⅱより

牛奶豆腐

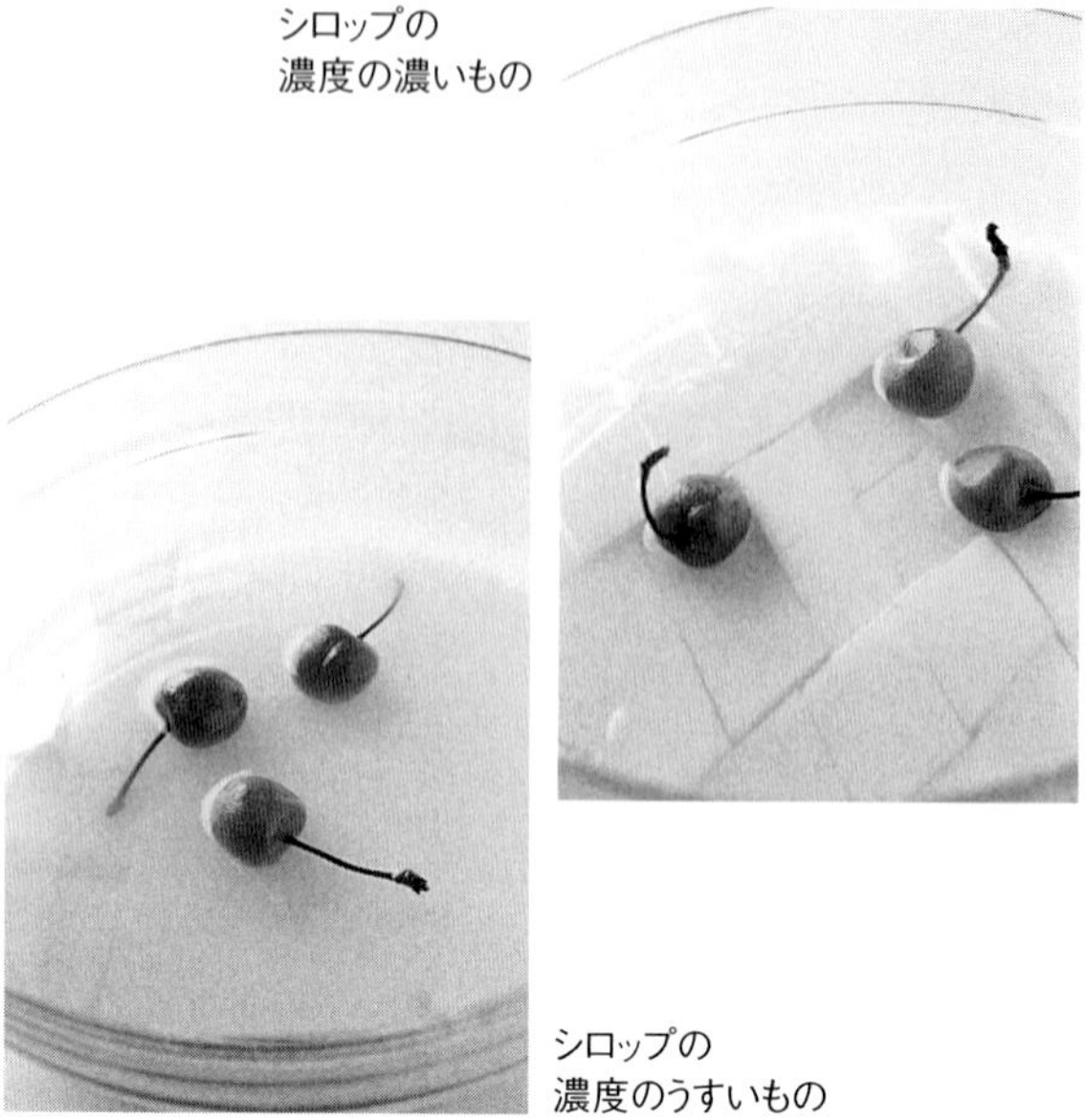

寒天に砂糖を入れるコツ

寒天に砂糖を入れるとき、寒天がとけたらすぐ加えるほうが、あとで加えるよりよいのはなぜでしょう

寒天が固まるのは、寒天の分子と水の分子が互いに結びついて、分子全体が動けなくなるためです。砂糖を加えると、砂糖の分子も水と結びつき、分子のからみ合いをいっそうしっかりさせて、ゼリー（ここでは寒天の凝固物をいう）を強くする作用があります。

寒天をとかして煮詰めている間に、このような水の分子との結びつきはしだいにすすむので、おろしぎわに砂糖を入れるより、あらかじめ加えておいたほうが、ちょうど適当な濃さに煮詰めたとき、ゼリー形成もスムーズにすすみ、できたゼリーの強さも増すわけです。

山崎氏の実験では、次のページの表のように砂糖をあとから加えたもの（A）と、はじめから加えておいたもの（B）のゼリーの強さは、明らかにBのほうが二〜三割強くなっていることがわかります。

砂糖を入れる時期とゼリーの強さ
（単位:g ／ cm²）

砂糖濃度	A	B
0%	203	203
10%	212	—
20%	247	265
30%	289	314
40%	357	388
50%	422	459
60%	498	530
70%	606	647

A…寒天と水だけで25分、砂糖を入れて5分加熱
B…はじめから砂糖も加えて30分加熱

山崎清子・島田キミエ：調理と理論、385（1967）

果実混和酒

焼酎に砂糖を加え、そのなかに果実や薬用植物などを浸漬した一種のリキュールを果実混和酒といいます。梅酒はその代表的なもので発酵はせず、酒税の対象になりません。次のような果実がよく使われ、多くは保健、強壮剤として用いられています。

ウメ、ミカン、イチゴ、スモモ、マタタビ、カリン、サルナシ、クワ、グミ、シソ、ニンニク、クコ、トチ

梅酒と氷砂糖

梅酒をつくるとき、氷砂糖を使うのはなぜでしょう

梅酒は、焼酎《しょうちゅう》に砂糖をとかした液にウメの果実を入れて長い間保存し、ウメの酸味と香りを十分に液のほうに引き出したものです。

新鮮なウメをいきなり濃い砂糖液のなかに入れますと、ウメの水分は浸透圧の違いのため、急激に外へしぼり出され、砂糖液をうすめようとします。

一方、砂糖液のほうはウメの実のなかへそれほど急激にはいりこむわけにはいかないので、ウメはかたく小さくしなびてきます。

こういうことを防いで、ウメのなかの水分と砂糖液とがゆっくりと入れかわるためには、ごくうすい砂糖液から始めて、しだいに濃くしていくのが望ましいのです。氷砂糖を入れておくと、初めはとけないで下に沈み、少しずつとけて濃い砂糖液になってくれますのでつごうがよいわけです。

味噌汁と味噌煮の味噌

味噌汁の味噌は最後に加えますが、味噌煮の味噌は、はじめから加えることが多いのはなぜでしょう

味噌や醤油は、塩味料としてよりも、むしろ、うま味料としての役割のほうがたいせつです。うま味と同時に味噌には特有の香りがあり、これが料理の際に風味を引き立てる役割を果たしています。

また、一方では、いやな匂いを吸着して取り除く働きもありますので、なまぐさみのある貝や魚、あるいは肉（特にイノシシのような野獣）の匂いを消すためにも用いられます。

味噌汁は、なんといっても味噌の香りを味わうものです。そこで、はじめから味噌を入れていつまでも煮立てますと、すっかり風味がなくなり、塩からいだけのものになってしまいます。

ところが、味噌煮は、おもになまぐさみを消すために味噌を用いています。そのためには、加熱の最初から味噌を加えることが必要なわけです。したがって、あっさりした白味噌より、どちらかといえば味や香りの濃い豆味噌（たとえば八丁味噌）や麦味噌（仙台、信州味噌）などが味噌煮には向いています。

味噌だけでなく、醤油も香りをいかすためには仕上がる間ぎわに加えることが必要ですが、煮しめのように内部まで十分に醤油の味を浸透させたいときは、最初に加えなければなりません。そこで、大部分の醤油は最初に加えて、一部残しておいた醤油を仕上がり直前に加えるわけです。

味噌の蛋白質

味噌の栄養的な特徴は、なんといっても蛋白質にあり、動物性食品のとり方の少なかった昔のわが国の人たちには、蛋白質の供給源として絶対に欠かせないものでした。一〇〇グラム当たりの蛋白質の量は、甘味噌九・七グラム、辛味噌（淡色）一二・五グラム、同（赤色）一三・一グラム、豆味噌一七・二グラムで、ダイズを多く使った味噌ほど多くなっています。

みりんの煮切り

みりんや日本酒を調味料として使うとき「煮切り」を行なうのはなぜでしょう

みりんはこうじと蒸したもち米を焼酎のなかにつけて、ゆっくりと熟成させたものです。焼酎の濃いアルコールのために、一般の微生物の発育がおさえられている間に、コウジカビの酵素アミラーゼがゆっくりと澱粉を分解し、甘味と複雑なうま味を出してくれます。日本料理の煮ものには、甘味料でもあり、うま味料でもあるみりんは欠かせません。

ところで、おとそのように酒の一種としてみりんを飲むときはともかく、調味料として使うときはアルコール分はいりません。煮切りみりんというのは、このアルコールを除くために行なうもので、鍋にみりんを煮立て、火をつけてアルコール分を燃してしまうのです。

みりんは約一三～一四パーセントのアルコールを含んでいますが、アルコールの沸点は七八・三℃と低いので、煮立てただけでも十分揮発させてしまうことができます。

したがって、必ずしも火をつける必要はないのですが、急ぐときや、みりんを軽くこがして香りを高めたいときには火をつける方法をとるのです。

みりんの煮切り

イカなどの煮ものの味つけにかたくり粉

イカやエビなどの煮ものの味つけにかたくり粉を用いるのはなぜでしょう

イカやエビを長く煮ると、身が締まってかたくなるので、なるべく短時間で加熱を終わることがたいせつです。しかし、煮え上がるまで加熱しても、汁の味はいくらもしみこみません。煮汁を上からかけるのも一方法ですが、かけても表面に付着せずに流れてしまいます。

煮汁に三〜六パーセントの澱粉を加えて粘りをもたせると、材料の表面全体に味をからませることができます。そうすれば、短時間で加熱をやめたやわらかい身を、煮汁といっしょに口へ運ぶことができます。イカにもエビにもこの方法は利用され、古来吉野くずを用いたので「吉野煮」とよばれています。豆腐のあんかけも同じ目的であることはいうまでもありません。

中国料理の酢豚の味つけも原理は同じで、ころも揚げの肉や、炒め野菜の、形や歯ざわりを保ちながら、短時間で加熱をやめ、澱粉のあんで味をつけるのです。

なまパイナップルと牛乳

なまのパイナップルに牛乳を加えると、特有の匂いが出てくるのはなぜでしょう

九〇ページですでに述べたように、パイナップルには、ブロメリンという酵素があって、蛋白質を分解する働きがあります。この酵素の作用は、胃液のレンニンという消化酵素によく似ており、酸性になると牛乳の蛋白質カゼインを凝固させます。なまパイナップルに牛乳を加えると、同じように酸を含むほかの果実、たとえばイチゴよりもはやく凝固がおこるのはこの酵素の働きのためです。

この凝固はカゼインが加水分解される第一段階ともいえるので、なまパイナップルのゼラチンゼリーが凝固しにくいことからもわかるように、いったん凝固した牛乳も時間がたつとしだいに分解され、やわらかくなってきます。このときペプチドや、アミノ酸などの分解物が増えてきますので、ちょうど肉を分解したときのような匂いがするわけです。

料理と味と味覚

料理の味をみるとき、舌先だけで味わうと実際よりうすい味に感じるのはなぜでしょう

食べものの味は甘、酸、塩、苦という四つの味が基本になり、これにうま味、辛味などの味が加わって、さらにかたさ、温度、弾力、粘りなどの物理性と、形、色、香り、食べる環境や体の条件などの生理的、心理的条件が総合されておいしさが決まってくると考えられます。

ところで、この基本になる四つの味は舌で感じるのですが、舌の部分によって感じ方がちがっているといわれます。たとえば、甘味は舌先で強く感じ、酸味は舌の両側、苦味は舌の根元で強く感じるのです。塩味は舌の周辺全体でまんべんなく感じるようですが、それでも舌全体にひろげたときと、舌先だけで味わったときとでは感じる刺激の強さは必ずしも同じではありません。

お料理の味をみるとき、舌先だけで味わっただけではわからないという第一の理由はこれです。

つぎに、食物を口に入れると、たくさんのだ液が口中

舌の味覚の分布(Häning)

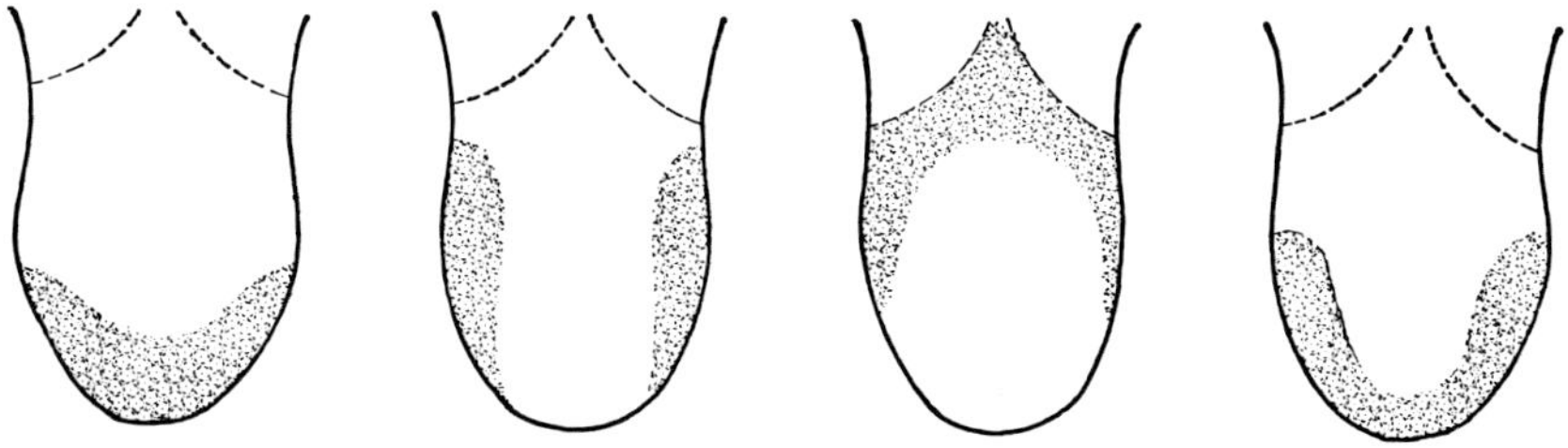

甘（舌端部）　酸（舌縁部）　苦（舌根部）　塩（舌端から舌縁部）

味の分類

化学的な味	水溶液による味覚神経への刺激	「甘、酸、塩、苦」、旨、辛、渋
物理的な味	口腔内に与えられる物理的刺激	温度、硬軟、粘弾性、触感、可塑性など
生理的な味	身体条件による刺激の感じ方	空腹感、渇感、疲労感、健康状態など
心理的な味	心理的要因の味覚への影響	外観、色、香り、環境、個人的嗜好など

に分泌されてきます。そこで、少量の汁などを舌先でいつまでも味わっていると、たちまち唾液でうすまって、本来の味よりうすいと判断してしまいます。

ほんとうに味をみるには、まず口のなかの調子をよくととのえて、ある程度の量をぱっと舌の上全体にひろげ、そのときの一瞬の味を注意して記憶したら、あとはさっさと飲みこむか吐き出すかしたほうが、正確な味がわかるのです。一日に数十～数百種もの酒を見分ける「きき酒」のような場合には、ひとつひとつ口に含んで考えこみ、飲みこんでいたのでは、とても正しい判断はできません。

なお、調理の手順が悪いと、味をみたときにちょうどよくても、食卓に出したときは前より煮詰まって、味が濃くなったりしている場合も少なくないので注意が必要です。汁ものでも煮ものでも、調理室で味をみたときには少しうす味ではないかと思う程度のほうが、食卓に出したとき、かえってちょうどよくなると思ってまちがいありません。

コーヒーとミルクやクリーム

コーヒーにミルクやクリームを入れるのはなぜでしょう

コーヒーの苦味は、コーヒー豆に約一・五パーセント含まれているカフェインによるもので、砂糖を入れずに味わってみると、かなり強烈なものであることがわかります。

この苦味をやわらげるために砂糖を入れますが（一三四ページ）、同時にミルクを入れることにより、苦味物質や渋味などの一部を吸着し、おだやかな風味となめらかな舌ざわりを出すわけです。

ウインナーコーヒーには生クリームを入れますが、これは水にとけませんので、上に集まって液の表面をおおい、さめるのと香りが逃げてしまうのを防ぎます。この場合、あとからかきまわさなくてもすむように、砂糖はあらかじめ入れておくことが必要です。

16 保存・加工

ヘットやラードをとるとき

ヘットやラードをとるとき、水を加えて煮ることがあるのはなぜでしょう

牛や豚のあぶら身を、鉄板の上で加熱すると脂肪がとれますが、炒めずに湯のなかで煮る方法もあり、これを煮とり法とよんでいます。牛のあぶらの融点は五〇℃以下、豚は四〇℃以下なので、一〇〇℃の湯で煮れば容易にとけ、水より軽いので上部に層となります。これを冷やして固めればヘットやラードになるのです。

この方法の利点はこげないこと、肉や筋の破片などが油に混じりこまないこと、一〇〇℃という低温なので油のいたみも少ないこと、味や香りの成分が水のほうへとけ去り、純粋な油が得られることなどです。

しかし、この方法は時間がかかるので、すぐに炒めものや揚げものにこの油を使いたいときには、無理に煮とりをしなくてもよろしいでしょう。市販の純良なヘットやラードが手にはいる今日では、あまり重要な方法ではありません。

ぬかみそ床をかきまわす

ぬかみそ床をかきまわすのはなぜでしょう

ぬかみそ床に発育する微生物はおもに乳酸菌で、これが酵母などと協力して、ぬかみその酸味や風味をつくっています。これらの微生物は空気があってもなくても生存できる、いわゆる半嫌気性菌なのです。

ところが、ぬかみそ床をかきまわさないと、酪酸菌というバクテリアが繁殖を始めます。この菌は、炭水化物を分解して酪酸という異様な臭気をもった物質をつくり出します。

この酪酸菌は極度の嫌気性菌で、酸素にふれると数分間で死んでしまいます。ぬか床をかきまわすのは、酪酸菌の繁殖を防ぐのが主目的で、一日に一回かきまわして底のほうまで空気を混ぜてやるだけで、酪酸菌の発育を完全に防ぎ、ぬか床がくさくなるのを予防できます。

なお、ぬか床に水がたまっていると、かきまわしても空気がはいらず、効果がありません。手まめに水をすくい出すこともたいせつです。

ナスの漬けものに古くぎ

ナスの漬けものに古くぎやミョウバンを入れると色がきれいになるのはなぜでしょう

ナスの色素はナスニンというもので、アントシアン系の色素の一種です。この色素は、アルミニウムや鉄のイオンと結びつくと色があざやかな紫色になることが知られています。黒豆にも同じような色素があり、古くぎを入れて煮ると色がきれいに仕上がることは述べましたが（二〇一ページ）、ナスも同じで、古くぎから出る鉄イオンやミョウバンのアルミニウムイオンが、ナスニンの分子に直接結びついて青紫色の化合物をつくるためです。

古くぎは味にほとんど影響しませんが、ミョウバンは入れすぎると味を悪くします。井戸水や水道水には金属イオンがとけているので、必ずしも古くぎやミョウバンを使わなければならないというものではありません。

青紫色を長く保たせるためには、皮に傷のない新鮮なものを用いることがたいせつです。ナスの果肉には酸化酵素が含まれており、皮に傷があると、この酵素がナスニンに作用し、色があせるおそれがあります。また野菜類一般に含まれるクロロゲン酸という物質が、皮に傷があると空気にふれて褐変をおこすので（一〇ページ）、全体の色調がひどくそこなわれてしまいます。

そのほか、ぬか床には普通〇・一～〇・五パーセントの乳酸などが含まれていますが、あまりすっぱいぬか床では、酸のためにナスニンが変化して赤みを帯びてくるようになるので注意が必要です。

漬けものと塩

漬けものに必ず塩を用いるのは

① 材料の水を引き出して細胞膜を殺し、外からの味をしみこみやすくし

② 微生物の発育をおさえて腐敗を防ぎ、塩に強い乳酸菌などを適度の速度で発育させ

③ 好ましい塩味をつける

などが目的です。したがって長く漬けるほど塩は多く用い、即席漬け二～三パーセント、ぬかみそ、ハクサイ漬けなどが四～五パーセント、一ヵ月以上の漬けものはそれ以上二五パーセントに及ぶこともあります。

梅干しはなぜ赤くなる

ショウガの酢漬けや、梅干しにシソの葉を加えたものの色が赤くなるのはなぜでしょう

シソの葉にはシソニンというアントシアン系の色素が含まれています。アントシアンに共通な性質は、二〇一ページにも述べたように、酸を加えると赤くなり、アルカリ性にすると青くなることです。シソの葉を梅といっしょに漬けこんでおくと、シソの葉のシソニンは、梅のなかに三・二～三・四パーセントも含まれるクエン酸や〇・八～一・五パーセント含まれるリンゴ酸のため、赤く変色してきれいな梅干しの色になるわけです。

酢漬けのショウガがほんのりと赤くなるのも同じくアントシアンのためで、これをさらに食紅などで強調したのが紅ショウガということになります。

梅干しやショウガの酢漬けでたいせつなことは、必ず食塩を加えることです。食塩は酸化酵素の働きをおさえてアントシアンの色のあせるのを防ぐ作用があり、これを入れないとあざやかな赤色を保つことはできません。

納豆の粘り

納豆はダイズを原料にしてつくるものなのにどうして粘るのでしょう
また、どうすれば長持ちしますか

納豆は蒸したダイズに納豆菌というバクテリアをうえつけて発酵させたもので、特有の粘りはこの菌がつくり出すものです。

納豆菌は普通の腐敗菌とは全然ちがいますから、豆が腐ったというわけではありません。ねかせておく間に蛋白質は分解して、ペプチッドやアミノ酸になり、うま味が出ると同時に消化もよくなります。煮豆の蛋白質の消化率は六五パーセント程度ですが、納豆では九〇パーセントちかくまで高くなります（二〇三ページ）。

納豆菌は生きものですから、できあがったものを長くおきますと、さらに蛋白質の分解がすすみ、ついにはアンモニアの匂いがしてきます。

次のページのグラフはそういう分解のようすを調べたもので、蒸しダイズの窒素化合物の八六パーセントまでが蛋白質であるのに対し、納豆ではそれが半分以下の三九パーセントにまで下がり、その分がほとんどアミノ酸になっているのがわかります。また蛋白質がアミノ酸になる途中のペプチドや、アミノ酸がこわれてできるアンモニアも増えています。

ですからなるべくはやく食べるのがよいのですが、もし、数日もたせたいときは、とにかく低温に保って納豆菌の活動を少しでもおさえておくことです。

蒸しダイズと納豆の蛋白質の分解
（窒素化合物全体を100とする）

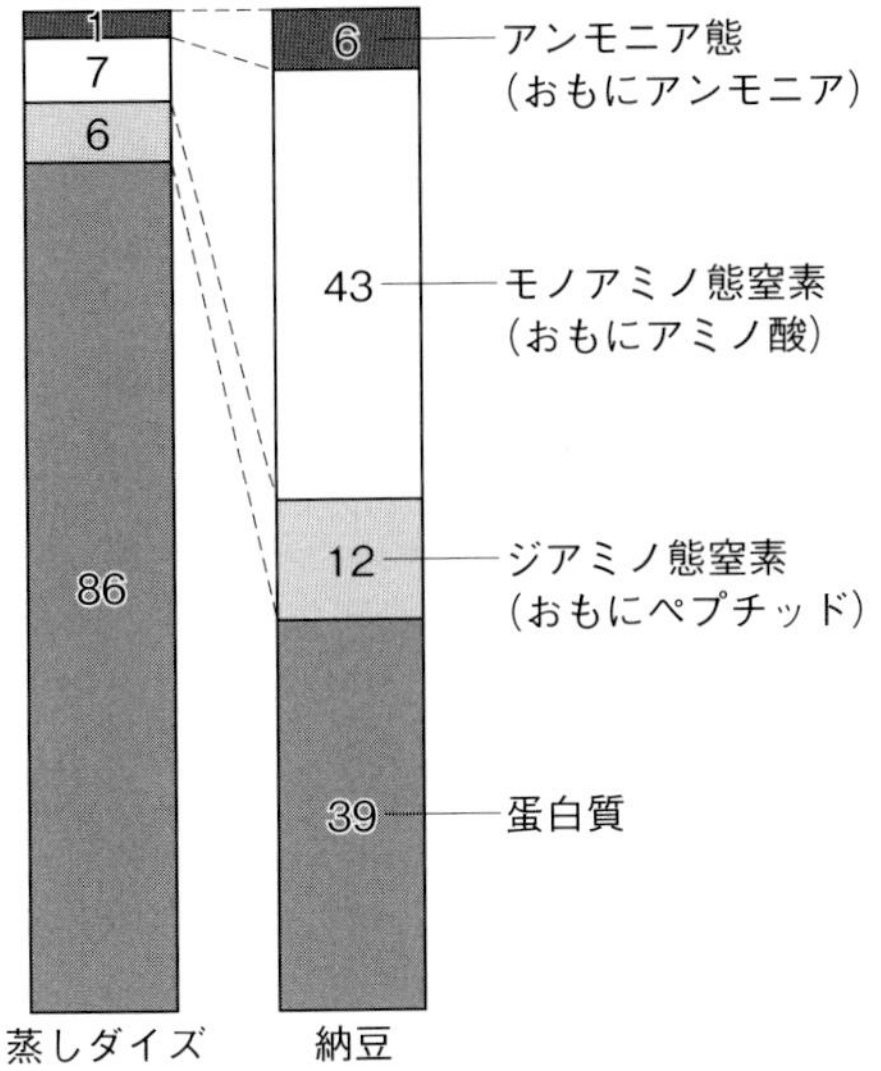

岩田久敬・総論・各論食品化学、324（1955）より作成

豆乳は固まらず、豆腐は固まる

豆乳を煮ても固まりませんが、豆腐が固まるのは、どうしてでしょう

豆腐は、ダイズをすりつぶして煮たものをこし分けた「豆乳」を原料としてつくります。

ダイズの蛋白質、グリシニンは、熱をかけると固まる性質がありますが、卵の蛋白質のように水分を含んだまま全体がひとかたまりになることはありません。いくら動かさないように注意深く加熱しても、やっと表面にうすい膜ができる程度です（これを集めたものがゆば）。

ところが、グリシニンは塩化マグネシウム（にがり）や硫酸カルシウム（すまし粉）を加えますと、すぐ凝固して全体がやわらかいかたまり（ゲル）になります。豆腐は、この性質を利用してつくるのです。

昔は、おもににがりでしたが、近ごろではほとんどすまし粉、その他の添加物が用いられます。できたかたまりを穴のあいた木箱に詰めて軽く押し、水をしぼって四角に切ったものが「木綿《もめん》ごし」、しぼらずに全体をそっ

豆腐と牛乳の栄養成分（100g中）

	エネルギー Kcal	水分 g	たんぱく質 g	脂質 g	炭水化物 g	灰分 g	無機質 カルシウム mg	無機質 ナトリウム mg	無機質 リン mg	無機質 鉄 mg	ビタミン A（レチノール当量） mg	ビタミン B_1 mg	ビタミン B_2 mg
豆腐（木綿）	72	86.8	6.6	4.2	1.6	0.8	120	13	110	0.9	0	0.07	0.03
豆腐（絹ごし）	56	89.4	4.9	3.0	2.0	0.7	43	7	81	0.8	0	0.10	0.04
牛乳（普通牛乳）	67	87.4	3.3	3.8	4.8	0.7	110	41	93	0.02	39	0.04	0.15

五訂日本食品標準成分表より

と固めたものが「絹ごし」です。

こうしてできた豆腐には、ダイズの全蛋白質の七七パーセント前後が残って、淡白な味のわりには脂質も多く、動物性食品の少ない私たち日本人の食生活に、古くから栄養食品として重要な役割を果たしてきました。豆腐と水分量のほぼ等しい牛乳との栄養成分と比べると、豆腐がいかにすぐれた食品であるかがわかります。

ダイズの用途

ダイズの調理加工がわが国ほどすすんでいる国はありません。味噌、醤油をはじめ、豆腐、油揚げ類、ゆば、納豆、それにきな粉や煮豆、さらに最近の分離蛋白質素材まで加えると、まさに用途は無限です。

「豆腐と油揚げの味噌汁に納豆と醤油」という朝食をみれば、われわれがダイズなしでは生きられないことがわかります。このダイズをなんと九五パーセントまで輸入にたよっており、その八割までが製油用になります。もちろん油揚げもダイズ油で揚げてつくります。

高野豆腐にアンモニアの匂い

高野豆腐にアンモニアの匂いがするのはなぜでしょう

高野豆腐も昔とちがい、現在ではほとんど冷凍室で急速凍結によってつくられています。

高野豆腐をもどすときアルカリを加えると、蛋白質がやわらかくなり、大きくふくらみます。そこで、昔はもどすとき重曹を用いたりしました。これは煮豆に重曹を使うのと同じです（二三ページ）。

乾燥の終わった豆腐は、アンモニア室に入れて、ガスを吸収させます。高野豆腐を密閉室で一定時間アンモニアガスにさらすと、内部まで完全にアンモニアガスを吸いこみ、気泡のなかの空気とおきかわります。こうして保存しておけば、高野豆腐に三三パーセントも含まれている脂肪も、空気にふれないので酸化を受けず、保存性も高まります。そして、もどすときには湯を加えるとちょうどアルカリ（アンモニア水）にひたしたのと同じ状態になり、短時間でやわらかく大きくふくれあがるわけです。

このような理由からかつては、高野豆腐でアンモニアの匂いがするものは、新しく品質もよいので、袋の口を開けたら、アンモニアガスが逃げないように注意して保存するようにといわれてきました。しかし最近はアンモニアの代わりに中華めんに使うアルカリ性の梘水《カンスイ》（六八ページ）に浸して膨潤させる方法が普及して、こちらの方が主力になっています。

高野豆腐の印籠蒸し

開けた缶詰の保存

開けた缶詰を保存するとき、ほかの容器に移しかえるのはなぜでしょう

缶詰は開けるまではなんの心配もないのですが、いったん缶を開けて空気にふれると、それまで無菌であっただけにかえっていたみやすいものです。

肉や魚の缶詰は、殺菌のとき一一〇℃以上に加熱されているので、普通の煮ものより食品成分の分解が大きく、空気中での変化は、普通の煮ものよりむしろはやく、おこります。

缶を開けたらすぐ食べるのが原則ですが、ときには、数日間保存しなければならないこともあります。こんなとき、缶のままでおくと、酸化が非常にはやくなります。缶の切り口は鉄がむきだしで、中味の食品が酸性だったりすると、鉄ばかりでなく、メッキスズがとけ出すおそれがあります。缶詰の中身は、陶器やプラスチックのふたつきの容器に入れて、冷蔵庫に保存するようにします。

マヨネーズの保存

マヨネーズを保存するとき、冷蔵庫より室内のほうがよいのはなぜでしょう

マヨネーズの酢と油をうまく結びつける役割をしているのは、卵黄のレシチンです。

この乳化状態は一〇～三〇℃ぐらいの室温のときがいちばん安定しており、それ以上あたたかいところや、冷たいところへおくと、かえって不安定で分離しやすくなります。マヨネーズには、卵がはいっていますが、同時に酢もはいっているので、分離しないかぎり腐る心配はありません。逆に、分離すると油、酢、卵は別々になって酢の殺菌力は全体にゆきわたらなくなり、油も酸化されて、いたみははやくなってしまいます。

マヨネーズを保存するときは、以上のような理由で冷蔵庫に入れるのをさけたほうがよいのです。市販のマヨネーズとちがって、手づくりのものはかき混ぜる力が弱く、油の粒子が大きいので、どうしても分離しやすく、特に冷やしすぎないように、注意がたいせつです。

サンドイッチのパンは一日おいたもの

サンドイッチのパンは一日おいたものがよいといわれるのはなぜでしょう

できたてのパンはやわらかくふわふわしていますが、時間がたつにつれて少しずつかたくなり、もろさが出てきます。これをパンの老化といい、糊化した澱粉がなまの状態にもどってしまうのがおもな理由です。

サンドイッチのパンをひと晩おいたほうがよいのは、うす切りにしやすいこと、耳を落としやすいことがおもな理由で、そのほかには前の項で述べたように、パンが水分を吸収してしっとりするため、むしろ少しかわいた状態のほうがよいというのも理由にあげられます。

しかし、昔の重く、ぼってりしたパンならばともかく、よく火の通った軽い良質のパンを使えば、むしろ新しいほうが香りもよく、おいしいサンドイッチになります。特に、つくってすぐ食べる場合には水分の吸収もすすみませんので、ぜひ新しくやわらかいパンを使うようにしたほうがよいと思われます。

古い卵は塩水に入れると浮く

古い卵を塩水に入れると、浮き上がりますがどうしてでしょう

卵は、いわば生きものですから、時間がたつといろいろな変化がおこります。

まず、卵白も卵黄もやわらかくなって流動性を増し、殻の外に水分が蒸発し、卵の丸いほうの端の気室が大きくなってきます（三ページ）。さらに時間がたつと、呼吸によって生じた二酸化炭素もたまり、いっそう大きくなります。

その結果、非常に古くなりますと、新しいときには一・〇八～一・〇九の比重があった卵も、一・〇二以下になってしまいます。したがって、比重一・〇二七ぐらいの食塩水（水一リットルに食塩六〇グラムを加えたもの）に入れると浮いてくるわけです。

次のページの図は、この食塩水に卵を入れたときのようすを示したものです。この図からもわかるように、一週間を過ぎるとそろそろ気室はガスがたまり、そのほう

食塩による卵の新鮮度の鑑別

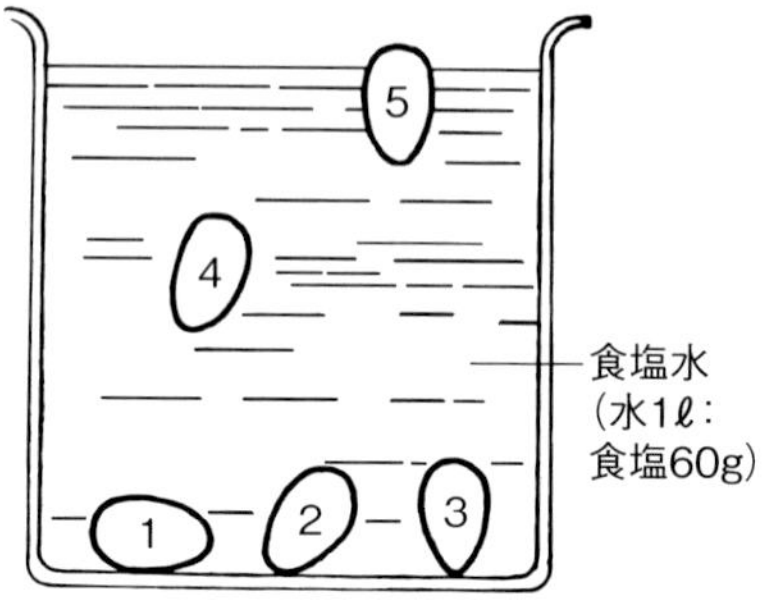

① 産卵直後は横にころがり沈む
② １週間後は鈍端を少し上げて沈む
③ 普通の卵で鈍端を上方に上げて沈む
④ 古い卵で鈍端を上方にして浮く
⑤ 腐敗卵で鈍端を水面から出して浮く

井上吉之監修日本食品事典、220（1968）

の端が浮き始めます。

端がもし②、③のように多少持ち上がっても、底についていれば食用にしてさしつかえありません。④のように底から離れて浮かび上がってきたものは、腐敗寸前まで近づいてきたわけで、要注意といえます。もちろん⑤のように表面に浮いてしまったものは使用できません。

卵の新鮮度を見分けるには、ほかにも光にすかして明るいもの、殻のザラツキの多いもの、割ってみて卵黄の盛り上がりの大きいものなどが新しい卵であるといった判定法もあります。

卵は使う直前に割る

卵は使う直前に割るのがよいのはなぜでしょう

前項で述べたとおり、卵は殻のなかで生きています。そして殻は呼吸作用を調節し、細菌の侵入などを防ぎ、卵の腐敗を防いでいます。

卵を割ると、このような殻の作用が一度に失われ、呼吸作用で生じた水分や二酸化炭素は空気中へ逃げるので呼吸の速度はさらに進み、それに伴って卵白のなかの濃厚卵白（三ページ）の部分が弾力を失って水様化し、粘りとコシを失っていきます。

一方、殻がなくなれば空気中の細菌はたちまち栄養たっぷりの卵のなかに飛びこみ、どんどん発育を始めます。

こうして、殻があれば何日もかかったような変化が、割っておくとあっというまにすすみ、せっかく新しい卵を使っても、古いものと変わらなくなってしまうわけです。したがって、めんどうでも卵の割りおきはせず、使用の都度割るようにします。

牛乳を放っておくと

牛乳を放っておくと、ヨーグルトのように固まってしまうのはなぜでしょう

牛乳は完全に殺菌すると風味や栄養価までそこなわれるので、普通は規則で定めた一定の殺菌法で、冷蔵庫にある程度の期間おいても安全に飲めるという程度の殺菌をしたものが配達されます。

殺菌には下表のような方法があり、いずれも牛乳を長時間ぐらぐら煮立てるのをさけて、細菌のほとんどを殺しながらも、牛乳の味や栄養価は失わないようにしようとするものです。

温度を上げた場合には時間は短くてすみ、最近は3の高温短時間加熱がひろく行なわれるようになりました。しかしこうして殺菌した牛乳は、熱に強い胞子まで完全に死滅するわけではありません。

そこで、このような牛乳を数日おくと、一部生き残った菌が繁殖を始め、味がおちて、いわば腐りかかった状態になります。

ところが、そのころから牛乳のなかで最も繁殖しやすい乳酸菌が少しずつ増えて、ほかの細菌をおさえはじめます。乳酸菌は牛乳のなかの乳糖を原料にして乳酸という酸をつくるため、全体が酸性になってほかの微生物は発育できません。

こうなったものは、味はともかくとして、人体への害はあまり心配がなくなります。

さらに、乳酸発酵がすすんで六パーセント以上の乳酸が含まれるようになってくると、牛乳の蛋白質のなかでも最も多く含まれているカゼインが酸のため凝固して、豆腐のような白いかたまりになり、透明な母液と分離してしまいます。

ヨーグルトはこの原理を利用して、はじめから清潔な牛乳に純粋な乳酸菌を発育させてつくったものなのです。

市販牛乳の殺菌の仕方

1. 低温殺菌法	63～65℃／30秒
2. 高温殺菌法	75℃／15秒
3. 高温短時間殺菌法	120～140℃／2～4秒

肉は腐る直前がおいしい

肉は腐る直前がおいしいといわれるのはなぜでしょう

　動物を屠殺してそのままおくと、しだいに筋肉がかたくなり、かたさが最大に達したあと、やがて少しずつやわらかくなって食べられるようになります。これが死後硬直（八五ページ）です。

　硬直がとけたあと、肉の蛋白質は酵素の働きで少しずつやわらかくなり、それとともに筋肉内のＡＴＰという物質が分解して、イノシン酸その他のうま味成分もふえてきます。

　ところが、これがさらにすすむと肉自体の酵素のほか、肉についた微生物の作用も加わって、腐敗へとすすんでいくわけです。死後硬直がとけて肉がやわらかくなることを肉の熟成とよんでいますが、熟成と腐敗の間には厳密な境界線があるわけではなく、少しずつ連続的に進行するものです。

　肉のおいしさは、風味とやわらかさによって決まるといわれます。したがって、熟成がすすんでやわらかくなり、うま味が増してくるほどおいしい肉になりますが、腐敗が始まってしまうと、今度は逆に味がおちていきます。

　そこで理屈のうえからは、熟成が十分すすんで、しかも腐敗はまだ始まっていない時期、すなわち「腐る直前」が最もおいしいということになります。しかし、いまも述べたとおり、熟成と腐敗の間にははっきり区切りがあるわけではないので、あまり腐る直前にこだわるのは、りこうではありません。

死後硬直が最大になる時期と食べごろ

	死後硬直が最大の時期
牛, 馬	12～24時間
豚	3日間
鶏	6～12時間
魚	1～4時間

	食べごろ(冷蔵した場合)
牛, 馬	7～13日目
豚	3～5日
鶏	1～2日
魚	早いほどよい

せんべいはいつまでも食べられる

米飯は冷えるとポロポロになりますが、せんべいはいつまでおいても食べられるのはなぜでしょう

米飯を放置すると、糊化された米の澱粉がもとのβ（ベータ）澱粉にもどろうとする老化が始まります（五二ページ）。この変化は水分が三〇〜六〇パーセントのとき最も大きく、水分六五パーセントの米飯もほぼこの条件に合っています。また、温度は〇℃付近が最もおこりやすく、冷蔵庫内だといっそうポロポロになります。

ところが、糊化された澱粉をそのまま急速に乾燥して、水分一〇〜一五パーセントにすると、澱粉はそのままα（アルファ）の状態を保ち、老化はおこりません。せんべいやビスケット、乾燥アルファ米などはこれを利用したものです。これらは澱粉が糊化されているので、そのまま食べても消化がよく、携帯用の主食としても利用することができます。したがって、せんべいの保存には湿気を吸わせないことがたいせつで、吸湿するとβ化がおこってくる可能性が出てきます。

きんとんなどの砂糖ひかえは腐りやすい

きんとんや練りようかんに砂糖をひかえると腐りやすいのはなぜでしょう

きんとんには約四〇〜五〇パーセント、練りようかんには四〇〜七〇パーセントの砂糖が含まれています。すなわち、一本のようかんは半分以上が砂糖からできているわけです。砂糖がこんなに大量に含まれていると、食品の浸透圧は非常に高まり（二六ページ）、微生物は一種の脱水状態に陥って発育できなくなります。これはジャムやくだものの砂糖漬けも同様で、砂糖が五〇パーセント以上含まれているような食物では一般の細菌は繁殖できず、七〇パーセント以上含まれていればカビもはえないといわれています。

たまには酵母の一種で八〇〜九〇パーセント以上の砂糖のなかで発育できるものもありますが、普通はそこまで考慮することはありません。きんとんや練りようかんに砂糖をひかえると腐りやすくなるというのは、砂糖のこのような防腐効果が期待できなくなるためです。

砂糖の効用

塩と同様、砂糖にも甘味以外に多くの効用があります。それをまとめてみましょう。
- 煮ものや菓子の粘りとつやを出す
- 蛋白質の変性を遅らせ、やわらかく凝固
- あんなどの澱粉の老化（β化）を防ぐ
- ケーキ・菓子類の水分を保持。乾燥を防ぐ
- 卵白の泡立ちや乳化を助ける

その他カラメル化、ペクチンゼリーの形成、防腐作用、パンの発酵を助けるなど。

菓子や料理に使われる砂糖の量

ジャム	65%
ねりようかん	50%
カステラ	40%
ケーキ・ドーナッツ	30%
しるこ	30%
水ようかん	25%
ゼリー	20%
アイスクリーム	15%
飲料（ジュース・コーヒーなど）	10%

河野友美：食品事典6（1968）より

あつい料理のべんとう

べんとうは、ごはんや料理をさましてから入れるほうが、腐りにくいのはなぜでしょう

ちょっと考えると、できたてのあついものを詰めたほうがよいと思われますが、実際は逆で、むしろ全部を室温にさましたほうがよいのです。その理由は、あついものを入れても、いつまでもあついわけではなく、しだいにさめてなまあたたかい状態がかなり長く続くので、この間に細菌がどんどん増えていくからです。また、なかにこもった水蒸気がごはんの表面で冷えて、飯粒が水分の多いぬれた状態になり、保存性、味ともに低下します。

ごはんもおかずもともにあついうちに、きれいな容器に入れれば別ですが、煮豆や佃煮まであつくして入れるのはまず無理なので、やはりさましたほうがよいということになります。コンビニエンス店の持ち帰りべんとうは、工場で真空冷却法まで利用して、急速にさましています。逆にあついうちに詰める「ほか弁」は、時間をおかずなるべくはやく食べましょう。

ジャガイモの皮や芽は毒か

ジャガイモの皮や芽は、きれいにとっておかないと毒だそうですが、ほんとうでしょうか

ジャガイモにはソラニンという毒素が〇・〇一〜〇・〇四パーセント含まれていますが、普通、この程度なら害はありません。

ところが、芽が出るときは、芽自身やその近くの皮の部分にソラニンが非常に増え、約〇・一〜〇・五パーセントと、ふだんの一〇〜五〇倍になることがあります。

ソラニンの中毒をおこす量は約〇・三パーセント程度なので、こういう部分を食べると中毒をおこしてしまいます。ソラニンは日光にあたるとクロロフィル(葉緑素)に変わるため、ソラニンの多い部分は緑色に変わっており、苦味があり、調理してもまずくて食べられません。

ソラニンはゆでたり、煮たりすると、一部は溶出して失われますが、皮つきのままではほとんど残っていますので、調理の際は芽や、そのまわりの皮の青くなった部分はきれいに取っておくようにします。

澱粉にはあまり虫がつかない

米や小麦粉にはすぐ虫がついて困るのに澱粉にはあまりつかないのはなぜでしょう

穀物や粉には、コクゾウ、コクヌストモドキ、コナダニなどの害虫がつきやすく、これらの虫は、その穀物や粉から栄養分を取って成長します。

米や小麦粉には蛋白質、脂質、ビタミンなどの栄養素が含まれています。ところが澱粉というのは、穀物やイモ、クズの根などから澱粉そのものをぬき出したものですから、次のページの表を見てもわかるように、澱粉の質が上等で、混じりけのないものほど、虫にとっては栄養素が不足しているわけです。

したがって、穀物中ではよく育つ害虫も、澱粉のなかでは、蛋白質やビタミンの不足から思うように発育ができません。これが澱粉に虫のつきにくい理由です。

現在穀物の防虫には人体には無害で殺虫効果のある、ピペロニルブトキサイドという薬品がただ一種だけ許可されています。

精白米,小麦粉と澱粉の栄養成分(100g中)

種類＼栄養成分	水分 g	たんぱく質 g	脂質 g	炭水化物 g	灰分 g	無機質 カルシウム mg	無機質 リン mg	無機質 鉄 mg	ビタミン B_1 mg	ビタミン B_2 mg
精白米(水稲)	15.5	6.1	0.9	7.1	0.4	5	94	0.8	0.08	0.02
小麦粉(薄力1等)	14.0	8.0	1.7	75.9	0.4	23	70	0.6	0.13	0.04
ジャガイモ澱粉	18.0	0.1	0.1	81.6	0.2	10	40	0.6	0	0
サツマイモ澱粉	17.5	0.1	0.2	82.0	0.2	50	8	2.8	0	0
トウモロコシ澱粉(コーンスターチ)	12.8	0.1	0.7	86.3	0.1	3	13	0.3	0	0

五訂日本食品標準成分表より

17　食品の組み合わせ

食い合わせ

ウナギと梅干しを食べると中毒するなどという「食い合わせ」の言い伝えがありますが、これはなぜでしょう

むかしから、「食い合わせ」といわれるものは数多く知られていますが、結論的には、科学的な根拠のあるものは比較的少ないようです。

元山正氏は、かつてウナギ二〇〇グラムと梅干し四〇グラムを組み合わせて、いろいろな料理をつくって食べてみましたが、別に何の影響もなかったといっています。

ただ、大正から昭和のはじめごろまで、食当たりが何よりも恐しい病気であったことを考えなければなりません。赤痢、腸チフス患者の三分の一は死亡し、治る場合も一ヵ月、二ヵ月の療養が必要でした。こどもの疫痢は毎年、何万人という犠牲者を出しています。

一方、冷蔵庫もなく、夏に氷を使うことなど考えられなかった時代には、魚、野菜、くだものなど、すべて危険な食品でした。缶詰でさえ大正のころまで危険なもののひとつでしたし、つくりおきの食物はみな一応警戒しなければならなかったのです。こうしたなかで、脂肪の多いウナギのように消化不良をおこしやすいもの、未熟な梅干しのように微量の青酸などを含んでいるもの、さらにスイカとてんぷらのように水気の多いものと油ものの組み合わせ、貝類やカニのように腐敗しやすい食べもの、キノコのように中毒をおこすことのある食べものなどを警戒する自然の知恵が、数々の食い合わせの言い伝えを生み出したのではないかと思われます。

「食い合わせ」の例

食品	食い合わせになるもの
ウナギ	梅干し、スイカ
梅干し 青ウメ	ウナギ、アワビ、黒砂糖
スイカ	ウナギ、てんぷら、干ダラ
そば うどん	ヤマモモ、スイカ、クルミ、ナツメ、タニシ、イノシシ
キノコ	ホウレンソウ、エビ、カニ、アサリ
カニ	あずき飯、シイタケ、フキ、柿
タコ	ワラビ、柿、浅漬け
ハマグリ	トウモロコシ、ミカン
エビ	カキ、キノコ
ヤマイモ	ドジョウ、アヒル
黒砂糖	タケノコ、青ウメ、リンゴ

サンドイッチのバター

サンドイッチのパンにバターをいちめんにぬるのはなぜでしょう

バターをぬるのは、サンドイッチに、なめらかな舌ざわりと風味を与えるのが目的ですが、それだけなら、必ずしもいちめんにムラなくぬらなくてもよいわけです。それを壁ぬりのようにいちめんにぬるのは、防水のためで、パンに水を吸わせないように、まさに壁をつくっているわけです。

河野友美氏によると、パンにドライカレー、キュウリ、ミカンをはさんで吸水を調べた結果、下の図のとおり、バターをぬらないときには、ミカンをはさんだときのように、パンの重さの一五パーセントも吸水することがありますが、バターをぬると吸水はその半分以下にとどまるばかりではなく、パンとはさんだ具との接触面がベトつくことが全くありません。

この例でもわかるように、特に、水分の多い野菜のサンドイッチには、バターをまんべんなくぬっておくこと

サンドイッチのパンの吸水率

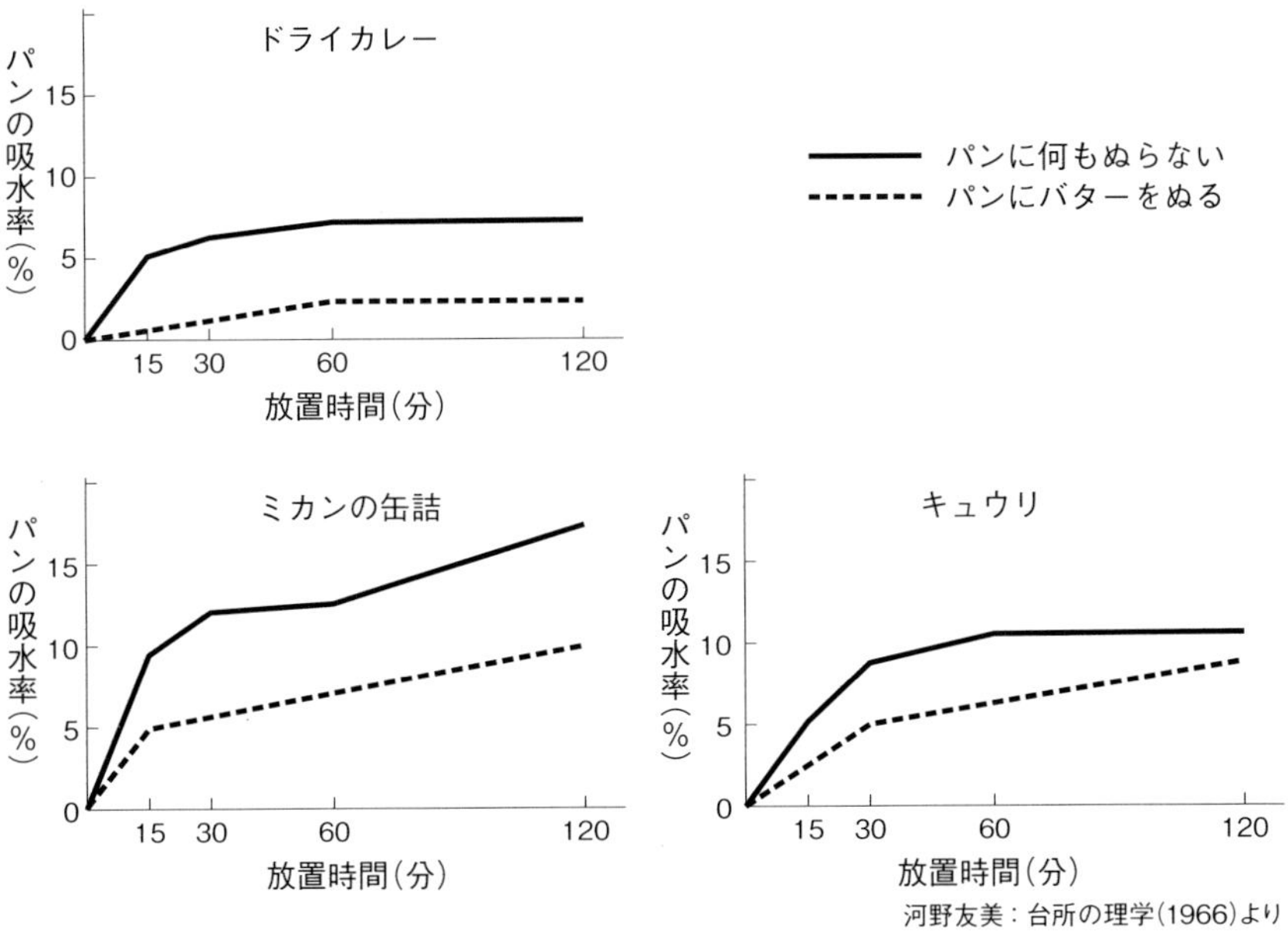

河野友美：台所の理学(1966)より

が必要です。キュウリ、レタス、トマトなど、いずれも水分が九五〜九六パーセントも含まれているため、これがみんなパンに吸いこまれるとダンゴのようになってしまいますので、べんとうなどに用いるときは特に注意しなければなりません。

このため、サンドイッチに野菜を使うときには、野菜にあらかじめ四〜五パーセントという濃いめの塩をふって二〇〜五〇分おき、余分な水を引き出しておいてから用いるようにします。こうすると、約三〇分で四〇〜五〇パーセントちかくの水分が放出されてくるため、パンに吸いこまれる水は大幅に減ります。

バターにからしや水あめ、砂糖などを混ぜてよく練ったバター・クリームにも同様の防水などの効果があります。しかしマヨネーズは水のなかに細かい油の粒が無数に分散した水中油滴型のコロイドなので（七七ページ）、水を防ぐ力はなく、これだけをパンにぬっても効果はありません。

なお、バターはその粘着力により、パンの中にはさむ具の性質によっては、こぼれ出るのを防ぐ接着剤の役目もつとめています。

肉より先に魚を出す

西洋料理のコースで、肉よりも魚を先に出すのはなぜでしょう

単にそれぞれの料理の味そのものを味わうだけならば、どちらを先に出してもさしつかえないわけです。事実、日本料理や中国料理ではいろいろな料理を交互に食べることができるようになっています。

しかし、前菜から始まってデザートで終わる西洋料理のコースでは、いわばコース全体をひとつの料理として取り扱っているわけです。この点は中国料理がコースのなかの、ひとつひとつの料理にかなり独立性をもたせているのとは対照的です。

味というのは舌という感覚器官で受けとめる一種の刺激で、その刺激が味覚神経を経て脳に伝えられたとき、私たちはそれを甘いとかからい、あるいはおいしいとか、まずいと判断するわけです。

舌に感じる刺激は、単に甘いとかからいという単純な味ばかりでなく、あつさ、冷たさ、かたさ、やわらかさ、

ディナー・メニュー（夏）

一、オードブル・フロアー（アペリチーフ用シェリー酒など）
　小エビ酢油漬け
　パイナップルのハム巻き
　サラミ・ソーセージ
　キュウリの詰めもの

二、スープ
　コンソメ・ロワイヤル

三、魚料理（白ブドウ酒添え）
　ヒラメのムニエル

四、肉料理（赤ブドウ酒添え）
　牛フィレ肉蒸し焼き、野菜のつけ合わせ

五、季節サラダ

六、デザート
　ババロア、くだもの

七、コーヒー

八、フレンチ・パン

西洋料理のセットの一例

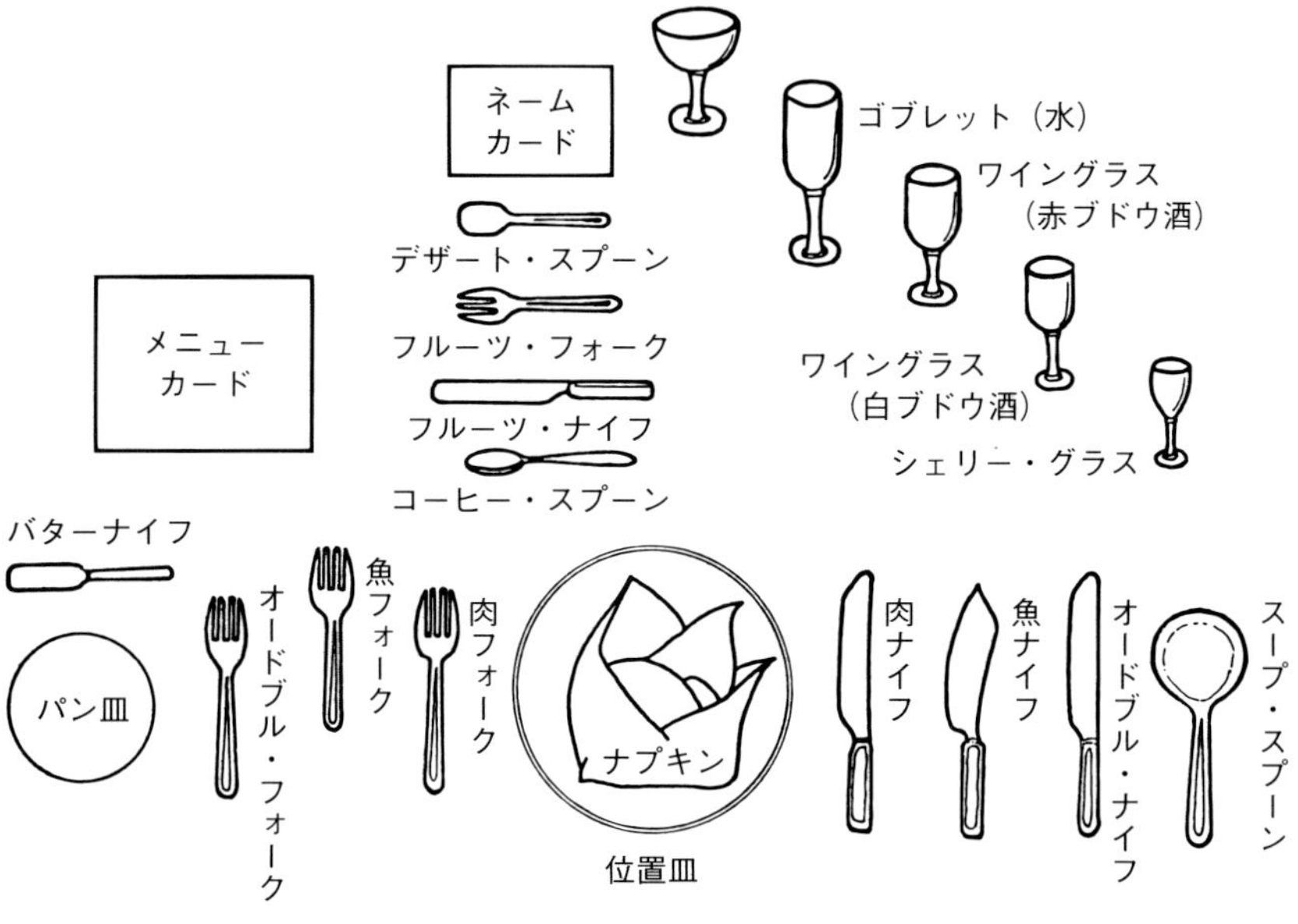

粘り、弾力性、なめらかさなどの物理的な性質も、化学物質による味以上においしさを支配します（二四九ページ）。

さらに食べる人の健康状態、空腹感といった生理的な条件、および料理の色、香り、形、盛りつけ、部屋の環境、いっしょに食べる仲間といった心理的な条件もおいしさに大きく関係することは、だれでも知っている通りです。

西洋料理のコースというのは、これらの条件を完全にととのえるため、客の招き方に始まり、テーブルかけ、食卓の花、座席にいたるまで、数百年がかりでヨーロッパに完成されたひとつの秩序で、その約束ごとにもとづいて、料理の順序もおのずから定まってきたわけです。二七一ページに示した例は、その典型的なものです。

このなかで魚が肉よりも先に出されるのは、味としての刺激の強い濃厚な肉料理よりも、淡白な味の魚料理を先に出したほうが、そのあとの料理を味わう妨げにならないからなのです。これを逆にしますと、濃厚な肉料理の刺激のあとで、淡白な魚料理の味がものたりなくなるわけです。

白ワインと赤ワインの使い分け

魚料理には白ワインを、肉料理には赤ワインを出すのはなぜでしょう

ここでいうワインとは、生《き》ブドウ酒のことで、甘味、アルコール、色素などを加えた、いわゆる甘味ブドウ酒とはちがいます。赤ワインは赤色または紫黒色のブドウを原料として、果汁だけでなく皮や果肉や種もいっしょに発酵させたもので、白ワインは緑色または色のうすいブドウのしぼり汁だけを発酵させたものです。

コクがあり、渋みも強い赤ワインを使うと、淡白な魚料理の持ち味を消すことになります。ワインはあくまでも料理の味を引き立たせるためのものですから、淡白な魚料理には、色がうすく渋味も少ない白ワインを、濃厚な肉料理には、味や香りの濃い赤ワインを添えるのがよいわけです。

なお甘味の強いポート・ワイン（甘味ブドウ酒）は、むしろ食前のアペリティフや、食後のコーヒーのあとの酒として使われます。

ワインの種類と温度

白ワインは冷やして出し、赤ワインは室温で出すのはなぜでしょう

白ワインは、あっさりした魚料理に添えて出すもので、あまりくせのある味や香りは好まれません。あたためると香りの発散が強まり、同時にアルコールの揮発も盛んになるので、一〇～一二℃に冷やしてすすめます。

これに対して濃厚な肉料理に添える赤ワインは、少し高い温度で香りも味もある程度強くなったほうが、肉の風味とよく調和します。そこで、赤ワインは原則として室温に近い温度で出すようにします。

香りはこのように温度と関係が深いので、一般に酒類は、あたためて飲むか冷やして飲むかが味の決め手となるものです。

なお、いくら白ワインでも、極端に冷たくすると、せっかくの香りを殺してしまうことになりますから注意しなければなりません。

西洋料理のデザート

西洋料理のデザートでは、くだものを丸のまま食卓に出すのはなぜでしょう

濃厚な肉料理のあとに出されるデザートのくだものは、さわやかな甘味と酸味で、口のなかをさっぱりとさせるものです。

栄養的にみたくだものの特徴は、無機質やビタミンにあって、その役目は野菜とそれほど変わりないのですが、野菜とちがって必ず単独で用いられるのは、その味と香りに理由があります。くだものの甘味はおもにブドウ糖と果糖が混じったもの（一部のくだものはショ糖、八一ページ）、酸味のほうはおもにクエン酸（かんきつ類）、リンゴ酸（一般の果実）によるものです（ブドウは酒石酸が多い）。

この甘味と酸味は野菜と異なり、ほかの食品と組み合わせるよりも、単独で味わってこそ、その特徴がいかされてきます。香りも全く同様で、それぞれのくだものが独自の香りをもち、ショートケーキやフルーツパンチに

するときでも、なるべくそのくだものの香りをいかすような使い方をします。

つぎに果実のもうひとつの特徴であるあざやかな色は、おもにアントシアン系の色素で、水にとけやすく熱にも弱いので、これもいろいろ調理をしているうちに失われることが多いのです。そのほか果実独特の歯切れのよさも、加熱をしたりすると失われてしまいます。

このようにみてくると、くだものの特性をいかした最もよい食べ方は、そのままなまで食べるのだということになります。

西洋料理の席でくだものを皮つきのままで丸ごと食卓に出すのは、まず果実の色がほとんど皮の部分にあり、これをむいてしまうとせっかくのいろどりが失われること、皮をむくと香りも逃げること、切り口が空気中の酸素によって酸化されて、褐色に変わりやすいこと（一〇ページ）などが理由です。

日本料理のようにすぐ食べられるようにして出すのを原則とする料理では、くだものもリンゴなどのようにむいて出しますが、この場合は皮を一部残したり、食塩水につけて褐変を防いだりするわけです。

デザート

このようにくだものは、手をかけずそのまま食べるのが原則ですから、おいしく食べさせるには、まず材料のよいものを選びだすことが第一条件となります。また香り、甘味、酸味のバランスをよくするには冷やし方がたいせつで、最後に出るくだものの味で前の料理の印象が大きく変わりますから、種類や季節により、冷やし方に神経を使うのがくだものの調理の要点といえます。

澱粉の使い分け

澱粉にはいろいろな種類がありますが、調理ではどのように使い分ければよいでしょうか

澱粉には、イモ澱粉（サツマイモ、ジャガイモ）、コーンスターチ（トウモロコシ）、葛粉（クズ）、小麦澱粉（小麦粉）などいろいろありますが、その性質は種類によってかなりちがいます。

これらのなかで比較的低温で糊化しやすいのは、ジャガイモ澱粉と米澱粉で、逆に高い温度で糊《のり》になるのは小麦澱粉と、トウモロコシの澱粉です。

また、いったん糊になってからの粘りはジャガイモが高く、小麦、トウモロコシなどが最低です。小麦澱粉は粘りそのものはそれほど強くないのですが、その粘りが比較的長もちします。すなわち、澱粉のもどり、すなわち老化が遅いわけです。葛粉は粘りも強く、もどりも遅いので、調理には適しています。

最近使用が伸びているコーンスターチをカマボコなど加工食品に使うときは、老化のはやいのが悩みです。

澱粉全体の七割を占めるイモ澱粉は、塩、酢、うま味調味料などを加えると粘りが減ることがあり、注意が必要になります。

なお、葛もちのように、あんを包みやすく、しかも糊が流れず、手にもつかないという条件が求められるものでは、粘りの強い葛粉やコーンスターチと、比較的さらりとしたイモ澱粉とを混ぜ合わせるのも一方法です。

澱粉分子の形と大きさ

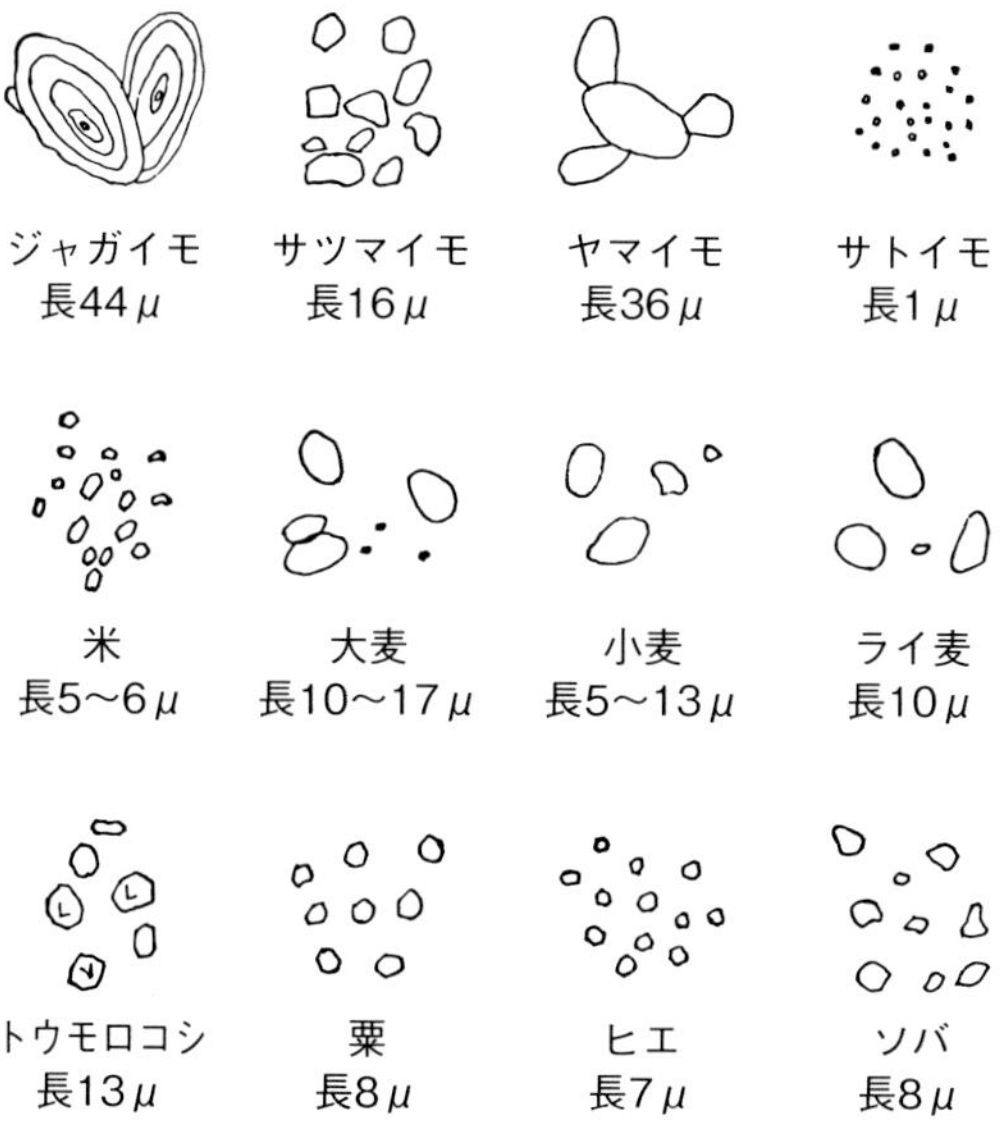

ビールをつぐとき

ビールをつぐとき コップを傾けるのはなぜでしょう

ビールの味は風味のほかに、泡の出方によって決まるといってもよいでしょう。ビールをおいしく飲むためには、いつも泡をよい状態にしておくことがたいせつです。

泡の本体はビール中の二酸化炭素（炭酸ガス）で、温度により出方がちがってくることは九四ページに述べましたが、そのほか、いつも油気の全くないジョッキやグラスを使うこと、そのためには洗ったあと布でふかず、自然乾燥をするなど、いろいろと気をつかうわけです。

理想的なのは、なるべくきめの細かい泡が、クリーム状にこってりとビールの表面をおおっており、ビール八割、泡が二割ぐらいで山盛りになっているときだ、といわれます。泡がビールの香りの逃げるのを防ぎ、ホップの苦味やアルコールの刺激をやわらげてくれます。ビールを飲むときには、グラスを勢いよく傾けて、泡の下のビールを一気に飲むとよいのです。

ビールのつぎ方と泡の厚さ

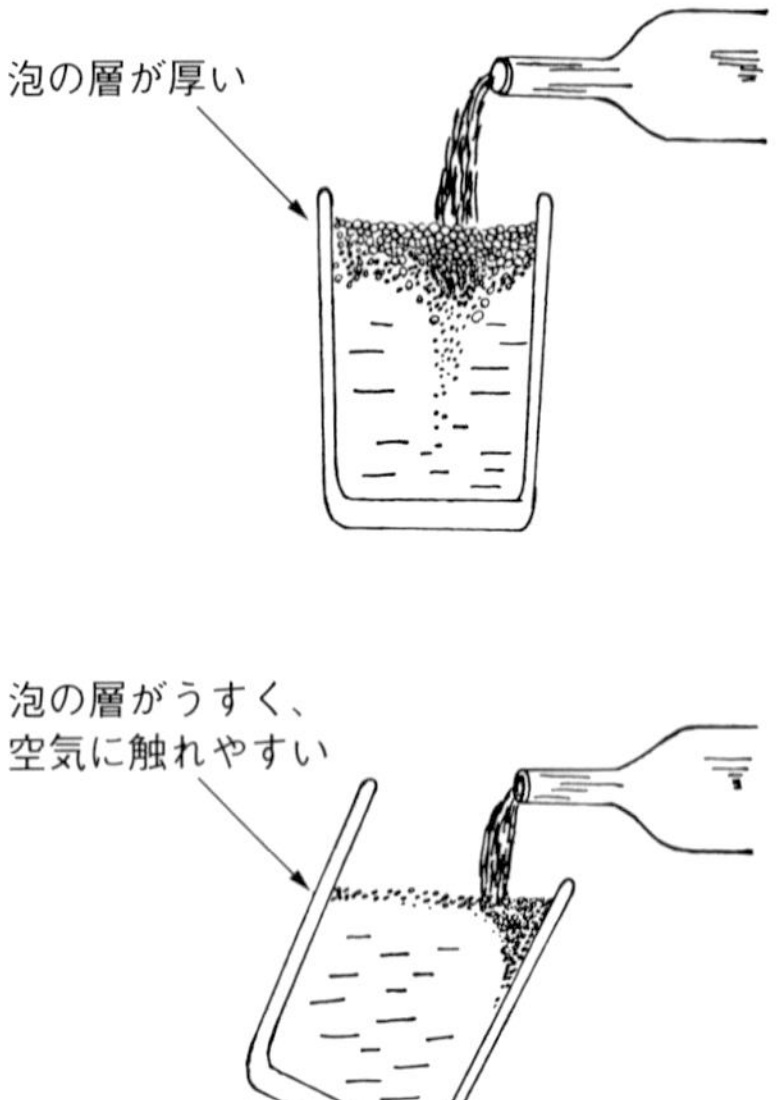

ビールをつぐときコップを傾けるのは、二つの意味が考えられます。ひとつは垂直につぐよりも、へりから静かに流しこむことができるので、泡が激しく出すぎないこと、もうひとつは傾けたほうがビールの表面積が広くなり、その分だけ炭酸ガスが逃げやすくなるので、極端な泡立ちをおさえ、吹きこぼれしにくくなることです。

この二つの理由は、いずれも絶対必要とはいえません。コップを垂直に立てて、ビールをへりから静かにつぐようにしたほうが、かえって空気との接触が少なく、大切な泡や香りの損失も少ないといえます。

ビールのつぎたしは禁物

ビールのつぎたしは
絶対禁物といわれるのはなぜでしょう

　静かについだビールでも、飲んでいるうちに炭酸ガスはしだいに抜けて、泡はだんだん減っていきます。コップのへりに料理の油気などがついたときは、みるみるうちに泡がなくなり、ビールの表面は直接空気にふれてしまいます。たとえこの時間が短くても、コップのビールは酸化され風味はかなりおちているはずです。

　これに上から新しいビールをつぎたすのは、おいしいビールをわざわざまずいビールでうすめるようなものです。つぎたすときに、いわばかき混ぜるような結果になるので、コップのなかには空気が混じり、つぎたしたほうのビールも酸化がはやめられてしまいます。

　つぎたしは禁物というのは、あくまでもビールの味をおいしく保つためにいわれることなのです。

主要参考図書

『栄養学講座4・5』朝倉書店
『調理科学講座1〜5』朝倉書店
『食品の調理科学』医歯薬出版
『調理の科学』医歯薬出版
『新編日本食品事典』医歯薬出版
『調理と水』家政教育社
『台所の理学』光生館
『食品の味』光琳書院
『食品の色』光琳書院
『調理科学』コロナ社
『調理の化学』三共出版
『食品事典6〈調味料〉』真珠書院
『調理と理論』同文書院
『総論各論食品化学』養賢堂
『新版調理実験』柴田書店
『全訂調理学』柴田書店
『ロウの調理実験』柴田書店
『五訂日本食品標準成分表』科学技術庁資源調査会
『調理科学事典』医歯薬出版
『調理科学ハンドブック』学建書院
『調理科学』光生館
『調理のコツの科学』講談社
『総合調理科学事典』光生館
『改訂調理用語辞典』全国調理師養成施設協会

ゆ

よ

ら

り

る

れ

ろ

わ

ま

み

む

め

も

や

ひ

ふ

へ

ほ

さくいん

あ

い

う

く

け

こ

さ

し

す

せ

そ

た

ち

つ

て

と

な

に

ぬ

ね

の

は

使用写真初出一覧

6　『素材と日本料理3』
26　『紅茶ドリンク246』　岩本道代
34　『刺身と活造り・姿造り』（守屋泰祐・宮本源司）
35　『素材と日本料理3』（平井和光）
36　『新・料理百科10』（たい樹）
38　『素材と日本料理5』（遠藤十士夫）
44　『穀菜和食』　松本光司
49　『お通し前菜便利集』　田中博敏
50　『完全理解　日本料理の基礎技術』　野﨑洋光
58　『日本料理　献立のこつ』　遠藤十士夫
63　『プロのためのわかりやすいフランス菓子』
　　辻製菓専門学校　川北末一
65右『プロのためのわかりやすいフランス菓子』
　　辻製菓専門学校　川北末一
65左『穀菜和食』　松本光司
75　『調味料全書』（孫　成順）
76　『新・料理百科10』（ロコブルー）
84　『シェフズレシピ』（ラタトゥイユ）
85　『素材と日本料理3』（佐藤眞三・安海久志）
87　『素材と日本料理3』（平井和光）
110　『シェフズレシピ』（スクレ・サレ）
112　『素材と日本料理3』（佐藤眞三・安海久志）
114　『シェフズレシピ』（オザミ・デ・ヴァン）
120　『シンプル、おいしい中国おかず』
　　辻調理師専門学校　吉岡勝美
122　『シンプル、おいしい中国おかず』
　　辻調理師専門学校　吉岡勝美
124　『フランス　地方のおそうざい』　大森由紀子
126　『プロのためのわかりやすいフランス料理』
　　辻調理師専門学校　水野邦昭
131　『料理百科28』（煉瓦亭）
134　『別冊専門料理　日本料理技術百科第3巻』
　　（天ぷら魚新）
135　『梁さんのおいしい中国家庭料理』　梁　超華
138　『鶏料理』（共著）　谷　昇
139　『日本料理　献立のこつ』　遠藤十士夫
143　『新・料理百科7』（煉瓦亭）
144　『完全理解　日本料理の基礎技術』　野﨑洋光

153『素材と日本料理2』（赤坂とゝや魚新）
160『素材と日本料理6』（遠藤十士夫）
168『素材と日本料理5』（佐藤眞三・安海久志）
172『すしの技　すしの仕事』　小澤　諭
175『プロのためのわかりやすいフランス菓子』
辻製菓専門学校　川北末一
177『素材と日本料理6』　遠藤十士夫
183左『鶏料理』（共著）　谷　昇
185『中国料理秘伝帳』　脇屋友詞
189『素描するフランス料理』　谷　昇
191『魚料理』　野﨑洋光
192『すしの技　すしの仕事』　小澤　諭
196『完全理解　日本料理の基礎技術』　野﨑洋光
197『野菜調理の基礎』　奥田高光
200『完全理解　日本料理の基礎技術』　野﨑洋光
209『素材と日本料理4』　遠藤十士夫
231『素材と日本料理5』（佐藤眞三・安海久志）
238『cafe sweets vol.57』（カフェ空）
239『完全理解　日本料理の基礎技術』　野﨑洋光
247『料理百科39』（とらたつま）
257『穀菜和食』　松本光司

※数字は、本書における掲載頁数、『　』内は、初出の書籍名および雑誌名。併せて著者名も記した。
（　）内は、取材協力。全て、柴田書店刊。

著者略歴　杉田浩一（すぎた　こういち）

一九五四年　東京農工大学農学部農芸化学科卒業・ひきつづき同校専攻科修了

同　東京栄養食糧専門学校に勤務

一九五八年　昭和女子大学に勤務　講師・助教授をへて、一九九六年まで生活科学部教授、調理学、生活文化史担当。二〇〇三年没

おもな著書　『調理の科学』『調理科学事典』『新編日本食品辞典』（医歯薬出版）『二〇〇一年の調理学』（光生館）『調理の文化』（ドメス出版）『講座食の文化3「調理とたべもの」』（味の素食の文化センター）ほか。

新装版監修者略歴　村山篤子（むらやま　あつこ）

一九五五年　日本女子大学家政学部食物学科卒業。東京農業大学短期大学部講師、川村短期大学助教授・教授、新潟医療福祉大学教授を歴任。博士（農芸化学）・管理栄養士・新潟医療福祉大学名誉教授

新装版「こつ」の科学　初版発行・一九七一年四月五日　一一四版印刷発行・二〇〇五年五月十五日
—調理の疑問に答える—　新装版初版発行・二〇〇六年十一月三十日　新装版十二版発行・二〇二二年三月一〇日

著者©　杉田浩一
発行者　丸山兼一
発行所　株式会社柴田書店　東京都文京区湯島三―二六―九　イヤサカビル　〒一一三―八四七七
電話　書籍編集部　〇三―五八一六―八二六〇　営業部　〇三―五八一六―八二八二（注文・問合せ）
ホームページ　URL https://www.shibatashoten.co.jp
印刷所・株式会社文化カラー印刷　製本所・協栄製本株式会社